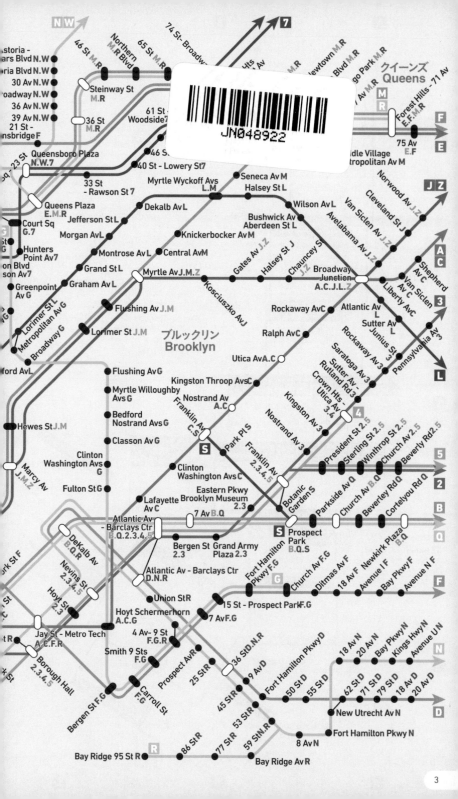

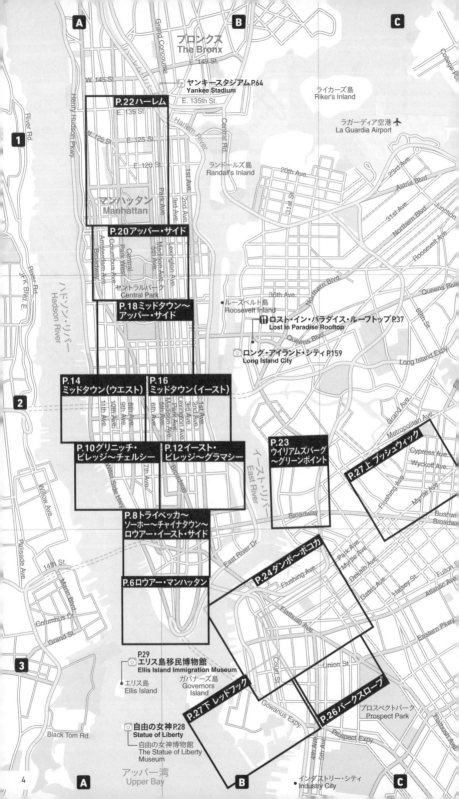

A **B** **C**

グランド・コンコース
Grand Concourse

ブロンクス
The Bronx

W. 145 St.
E. 149 St.

ヤンキースタジアム P.64
Yankee Stadium

ライカーズ島
Riker's Inland

P.22 ハーレム

E. 135 St.

ラガーディア空港 ✈
La Guardia Airport

E. 125 St.
W. 125 St.

E. 120 St.

ハーレム川
Harlem River

ランドールズ島
Randall's Inland

1

リバー・ロード
River Rd.

ハドソン・リバー
Hudson River

マンハッタン
Manhattan

P.20 アッパー・サイド

セントラルパーク
Central Park

ルーズベルト島
Roosevelt Inland

36th Ave.

P.18 ミッドタウン〜
アッパー・サイド

ロスト・イン・パラダイス・ルーフトップ P.37
Lost in Paradise Rooftop

ロング・アイランド・シティ P.159
Long Island City

2

P.14
ミッドタウン（ウエスト）

P.16
ミッドタウン（イースト）

P.10 グリニッチ・
ビレッジ〜チェルシー

P.12 イースト・
ビレッジ〜グラマシー

P.23
ウイリアムズバーグ
〜グリーンポイント

P.27 上 ブッシュウィック

イースト・リバー
East River

P.8 トライベッカ〜
ソーホー〜チャイナタウン〜
ロウアー・イースト・サイド

14th St.

P.6 ロウアー・マンハッタン

P.24 ダンボ〜ボコカ

P.29
エリス島移民博物館
Ellis Island Immigration Museum

エリス島
Ellis Island

ガバナーズ島
Governors Island

P.27 下 レッドフック

P.26 パークスロープ

プロスペクトパーク
Prospect Park

3

自由の女神 P.28
Statue of Liberty

自由の女神博物館
The Statue of Liberty
Museum

Black Tom Rd.

アッパー湾
Upper Bay

インダストリー・シティ
Industry City

4

A **B** **C**

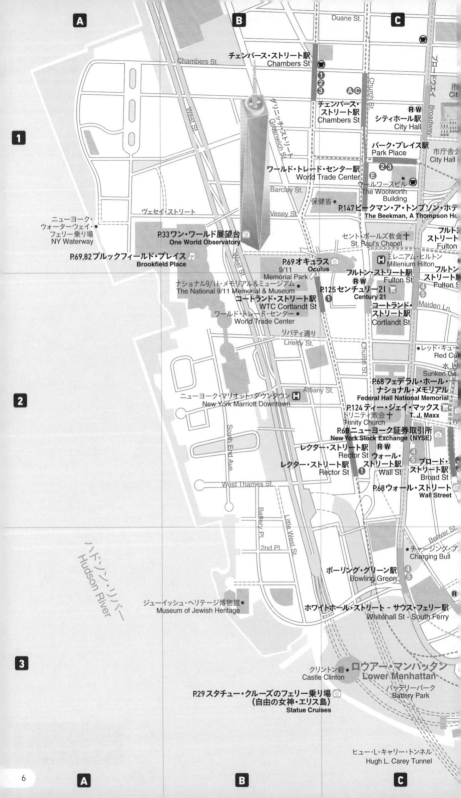

A
B
Duane St.
C

チェンバース・ストリート駅
Chambers St

Chambers St.

チェンバース・
ストリート駅
Chambers St

① ② ③
Ⓐ Ⓒ

シティホール駅
City Hall

Ⓡ Ⓦ

1

パーク・プレイス駅
Park Place

② ③

市庁舎公
City Hall

ワールド・トレード・センター駅
World Trade Center

Barclay St.

ウールワースビル
The Woolworth
Building

Ⓔ

ヴェセイ・ストリート

Vesey St.

保健省 • P.147ビークマン・ア・トンプソン・ホテ
The Beekman, A Thompson Ho

ニューヨーク・
ウォーターウェイ・
フェリー乗り場
NY Waterway

P.33ワン・ワールド展望台
One World Observatory

セント・ポールズ教会十
St. Paul's Chapel

フルト
ストリート
Fulton

P.69,82ブルックフィールド・プレイス
Brookfield Place

P.69オキュラス
Oculus

ミレニアム・ヒルトン
Millenium Hilton

Ⓗ

9/11
Memorial Park

フルトン・ストリート駅
Fulton St

Ⓡ Ⓦ

フルトン・
ストリート
Fulton S

ナショナル9/11・メモリアル&ミュージアム
The National 9/11 Memorial & Museum

コートランド・ストリート駅
WTC Cortlandt St

P.125センチュリー21
Century 21

①

④ ⑤

Maiden Ln.

ワールド・トレード・センター •
World Trade Center

コートランド・
ストリート駅
Cortlandt St

2

リバティ通り
Liberty St.

• レッド・キュー
Red Cu

水
Sunken Ga

ニューヨーク・マリオット・ダウンタウン Ⓗ
New York Marriott Downtown

Albany St.

P.68フェデラル・ホール・
ナショナル・メモリアル
Federal Hall National Memorial

South End Ave.

トリニティ教会十
Trinity Church

P.124ティー・ジェイ・マックス
T. J. Maxx

P.68ニューヨーク証券取引所
New York Stock Exchange (NYSE)

レクター・ストリート駅
Rector St

Ⓡ Ⓦ

ウォール・
ストリート駅
Wall St

④ ⑤

ブロード・
ストリート駅
Broad St

レクター・ストリート駅
Rector St

①

West Thames St.

P.68ウォール・ストリート
Wall Street

Battery Pl.

Little West St.

2nd Pl.

• チャージング・ブ
Charging Bull

ボーリング・グリーン駅
Bowling Green

④ ⑤

ジューイッシュ・ヘリテージ博物館 •
Museum of Jewish Heritage

ホワイトホール・ストリート - サウス・フェリー駅
Whitehall St - South Ferry

ハドソン・リバー
Hudson River

3

クリントン砦
Castle Clinton

ロウアー・マンハッタン
Lower Manhattan

バッテリーパーク
Battery Park

P.29スタチュー・クルーズのフェリー乗り場
（自由の女神・エリス島）
Statue Cruises

ヒュー・L・キャリー・トンネル
Hugh L. Carey Tunnel

A
B
C

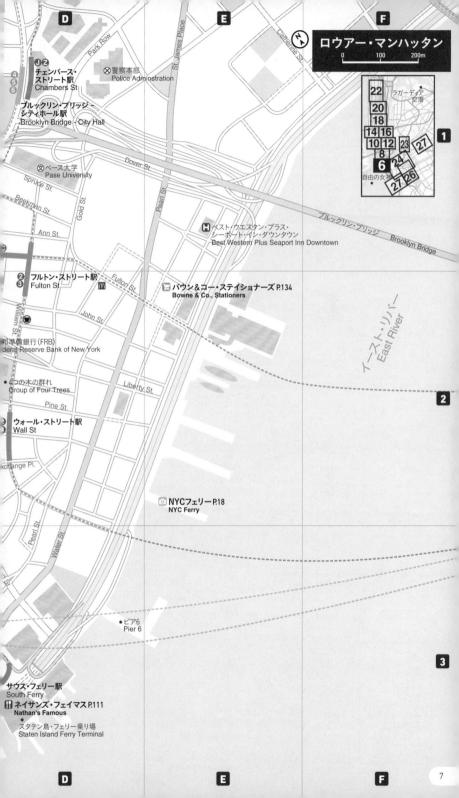

ロウアー・マンハッタン

0　100　200m

D

J Z チェンバース・ストリート駅
Chambers St

Park Row
St. James Place
Catherine St

⊗ 警察本部
Police Adminstration

E

F

ブルックリン・ブリッジ ‐ シティホール駅
Brooklyn Bridge - City Hall

Dover St.

⊗ ペース大学
Pase University

Sprude St.

Pearl St.

Beekman St.

Ann St.

Gold St.

H ベスト・ウエスタン・プラス・
シーポート・イン・ダウンタウン
Best Western Plus Seaport Inn Downtown

ブルックリン・ブリッジ
Brooklyn Bridge

2 フルトン・ストリート駅
3 Fulton St

Fulton St.

William St.

John St.

🏠 バウン＆コー・ステイショナーズ P.134
Bowne & Co., Stationers

イースト・リバー
East River

連邦準備銀行 (FRB)
deral Reserve Bank of New York

Liberty St.

• 4つの木の群れ
Group of Four Trees

Pine St.

ウォール・ストリート駅
Wall St

Exchange Pl.

Pearl St.

Water St.

📷 NYCフェリー P.18
NYC Ferry

• ピア6
Pier 6

サウス・フェリー駅
South Ferry

🍴 ネイサンズ・フェイマス P.111
Nathan's Famous

• スタテン島・フェリー乗り場
Staten Island Ferry Terminal

D

E

F

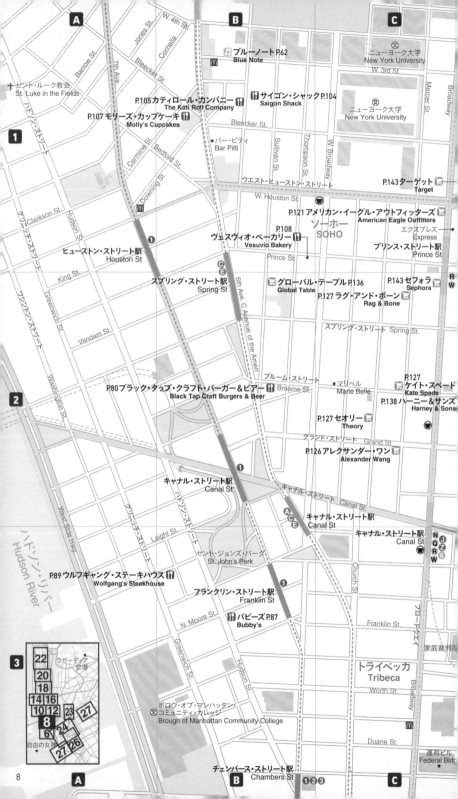

A

W. 4th St.

Jones St.

Cornelia St.

Barrow St.

7th Ave.

Bleecker St.

† セント・ルーク教会
St. Luke in the Fields

Carmine St.

Bedford St.

Downing St.

P.105 カティロール・カンパニー
The Kati Roll Company

P.107 モリーズ・カップケーキ
Molly's Cupcakes

1

Clarkson St.

ハドソン・ストリート

Hudson St.

King St.

Greenwich St.

ヒューストン・ストリート駅
Houston St

スプリング・ストリート駅
Spring St

Vandam St.

Washington St.

West Side Hwy.

2

ハドソン・リバー
Hudson River

P.80 ブラック・タップ・クラフト・バーガー＆ビアー
Black Tap Craft Burgers & Beer

キャナル・ストリート駅
Canal St

Laight St.

P.89 ウルフギャング・ステーキハウス
Wolfgang's Steakhouse

N. Moore St.

Greenwich St.

3

22
20
18
14 16
10 12
8
6
27 26
24

ラガーディア空港

自由の女神

B

♪ ブルーノート P.62
Blue Note

Ⓜ

P.105 カティロール・カンパニー

🍴 サイゴン・シャック P.104
Saigon Shack

Bleecker St.

Sullivan St.

Thompson St.

• バー・ピティ
Bar Pitti

ウエスト・ヒューストン・ストリート
W. Houston St.

P.108
ヴェスヴィオ・ベーカリー 🍴
Vesuvio Bakery

Prince St.

Ⓔ Ⓒ

6th Ave. C. Avenue of the Amer

🏬 グローバル・テーブル P.136
Global Table

ブルーム・ストリート
Broome St. 🍴

• マリベル
Marie Belle

P.127 セオリー 🏬
Theory

グランド・ストリート Grand St.

P.126 アレクサンダー・ワン 🏬
Alexander Wang

キャナル・ストリート
Canal St.

Ⓐ Ⓒ Ⓔ
キャナル・ストリート駅
Canal St

フランクリン・ストリート駅
Franklin St

🍴 バビーズ P.87
Bubby's

ボロウ・オブ・マンハッタン・
コミュニティ・カレッジ
Brough of Manhattan Community College

チェンバース・ストリート駅
Chambers St ①②③

C

⊗ ニューヨーク大学
New York University

W. 3rd St.

Mercer St.

Broadway

⊗ ニューヨーク大学
New York University

P.143 ターゲット 🏬
Target

P.121 アメリカン・イーグル・アウトフィッターズ 🏬
American Eagle Outfitters

ソーホー
SOHO

エクスプレス
Express

プリンス・ストリート駅
Prince St

P.143 セフォラ 🏬
Sephora

P.127 ラグ・アンド・ボーン
Rag & Bone

スプリング・ストリート Spring St.

P.127
ケイト・スペード 🏬
Kate Spade

P.138 ハーニー＆サンズ
Harney & Sons

♨

キャナル・ストリート駅
Canal St

Church St.

トライベッカ
Tribeca

Worth St.

Franklin St.

Broadway

家庭裁判所

Duane St. Ⓜ

連邦ビル
Federal Bldg.

8

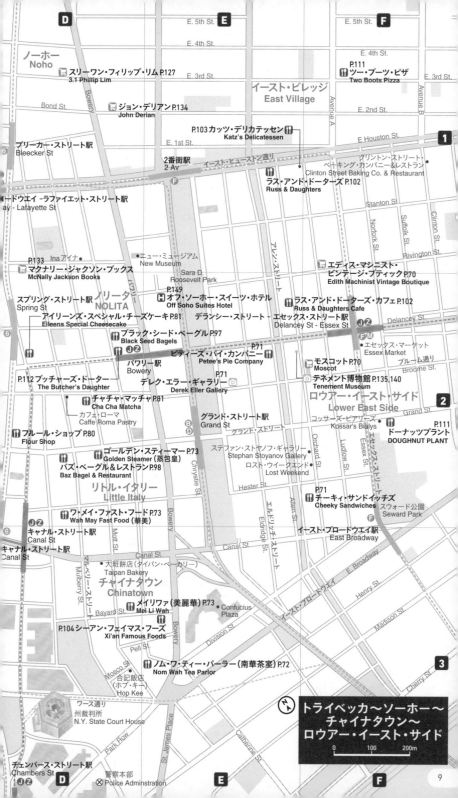

D | E. 5th St. | E | E. 5th St. | F

E. 4th St.

ノーホー
Noho

スリーワン・フィリップ・リム P.127
3.1 Phillip Lim

E. 3rd St.

P.111
ツー・ブーツ・ピザ
Two Boots Pizza

E. 3rd St.

Bond St.

ジョン・デリアン P.134
John Derian

イースト・ビレッジ
East Village

E. 2nd St.

ブリーカー・ストリート駅
Bleecker St

P.103 カッツ・デリカテッセン
Katz's Delicatessen

E Houston St.

2番街駅
2 Av

イースト・ヒューストン通り

クリントン・ストリート・
ベーキング・カンパニー＆レストラン
Clinton Street Baking Co. & Restaurant

E. 1st St.

ラス・アンド・ドーターズ P.102
Russ & Daughters

ウェイ -ラファイエット・ストリート駅
ay - Lafayette St

P.133 Ina アイナ

マクナリー・ジャクソン・ブックス
McNally Jackson Books

ニュー・ミュージアム
New Museum

Sara D.
Roosevelt Park

エディス・マシニスト・
ビンテージ・ブティック P.70
Edith Machinist Vintage Boutique

スプリング・ストリート駅
Spring St

ノリータ
NOLITA

P.149
オフ・ソーホー・スイーツ・ホテル
Off Soho Suites Hotel

ラス・アンド・ドーターズ・カフェ P.102
Russ & Daughters Cafe

アイリーンズ・スペシャル・チーズケーキ P.81
Eileens Special Cheesecake

ブラック・シード・ベーグル P.97
Black Seed Bagels

デランシー・ストリート - エセックス・ストリート駅
Delancey St - Essex St

ピティーズ・パイ・カンパニー P.71
Petee's Pie Company

バワリー駅
Bowery

エセックス・マーケット
Essex Market

ブルーム通り

P.112 ブッチャーズ・ドーター
The Butcher's Daughter

デレク・エラー・ギャラリー P.71
Derek Eller Gallery

モスコット P.70
Moscot

テネメント博物館 P.135,140
Tenement Museum

ロウアー・イースト・サイド
Lower East Side

チャチャ・マッチャ P.81
Cha Cha Matcha

カフェ・ローマ
Caffe Roma Pastry

グランド・ストリート駅
Grand St

グランド・ストリート

コッサーズ・ビアリーズ
Kossar's Bialys

P.111
ドーナッツプラント
DOUGHNUT PLANT

フルール・ショップ P.80
Flour Shop

ゴールデン・スティーマー P.73
Golden Steamer (蒸包皇)

バズ・ベーグル＆レストラン P.98
Baz Bagel & Restaurant

ステファン・ストヤノフ・ギャラリー
Stephan Stoyanov Gallery

ロスト・ウイークエンド
Lost Weekend

リトル・イタリー
Little Italy

Hester St.

P.71
チーキィ・サンドイッチズ
Cheeky Sandwiches

スウォード公園
Seward Park

ワ・メイ・ファスト・フード (華美) P.73
Wah May Fast Food

キャナル・ストリート駅
Canal St

Canal St.

イースト・ブロードウェイ駅
East Broadway

キャナル・ストリート駅
Canal St

大班餅店 (タイパン・ベーカリー)
Taipan Bakery

チャイナタウン
Chinatown

メイリワァ (美麗華) P.73
Mei Li Wah

Confucius
Plaza

P.104 シーアン・フェイマス・フーズ
Xi'an Famous Foods

Pell St.

ノム・ワ・ティー・パーラー (南華茶室) P.72
Nom Wah Tea Parlor

合記飯店
(ホプ・キー)
Hop Kee

ワース通り
州裁判所
N.Y. State Court House

トライベッカ〜ソーホー〜
チャイナタウン〜
ロウアー・イースト・サイド

0　　100　　200m

チェンバース・ストリート駅
Chambers St

警察本部
Police Adminstration

9

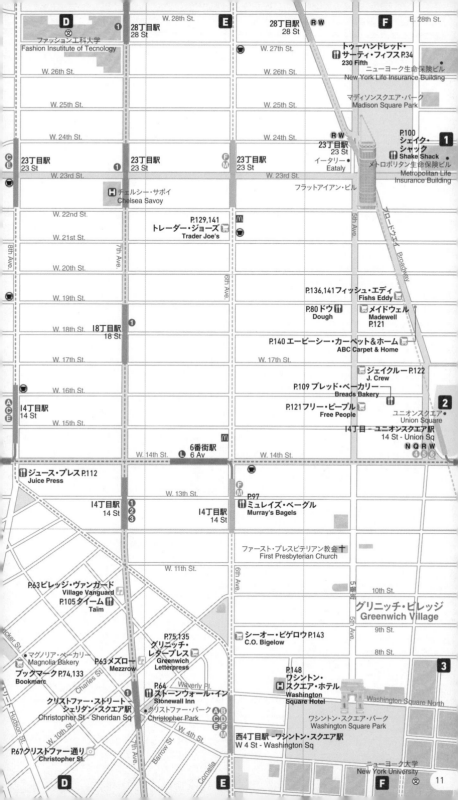

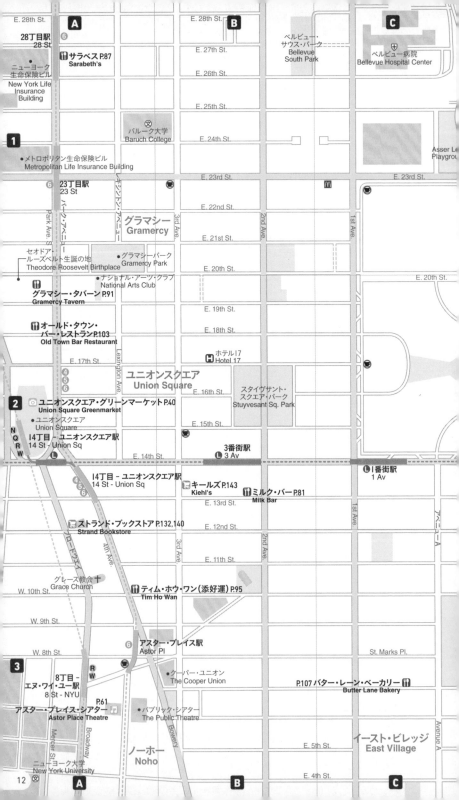

A

E. 28th St.

E. 28th St.

28丁目駅
28 St ⑥

🍴サラベス P.87
Sarabeth's

ニューヨーク
生命保険ビル
New York Life
Insurance
Building

E. 26th St.

バルーク大学
Baruch College

1

●メトロポリタン生命保険ビル
Metropolitan Life Insurance Building

⑥ **23丁目駅**
23 St

グラマシー
Gramercy

セオドア・
ルーズベルト生誕の地
Theodore Roosevelt Birthplace

●グラマシーパーク
Gramercy Park

🍴**グラマシー・タバーン P.91**
Gramercy Tavern

●ナショナル・アーツ・クラブ
National Arts Club

🍴**オールド・タウン・**
バー・レストラン P.103
Old Town Bar Restaurant

E. 17th St.

④⑤⑥

ユニオンスクエア
Union Square

2

📷**ユニオンスクエア・グリーンマーケット P.40**
Union Square Greenmarket

●ユニオンスクエア
Union Square

N
Q
R
W

14丁目 – ユニオンスクエア駅
14 St - Union Sq

14丁目 – ユニオンスクエア駅
④⑤⑥ 14 St - Union Sq

🛍**キールズ P.143**
Kiehl's

📚**ストランド・ブックストア P.132,140**
Strand Bookstore

グレース教会 ✝
Grace Church

🍴**ティム・ホウ・ワン（添好運）P.95**
Tim Ho Wan

⑥ **アスター・プレイス駅**
Astor Pl

3

8丁目 –
エヌ・ワイ・ユー駅
8 St - NYU

R
W

●クーパー・ユニオン
The Cooper Union

P.61
🎵**アスター・プレイス・シアター**
Astor Place Theatre

●パブリック・シアター
The Public Theatre

ニューヨーク大学
New York University

ノーホー
Noho

B

B

E. 28th St.

E. 27th St.

ベルビュー・
サウス・パーク
Bellevue
South Park

E. 25th St.

E. 24th St.

E. 23rd St.

E. 22nd St.

E. 21st St.

E. 20th St.

E. 19th St.

E. 18th St.

🏨ホテル17
Hotel 17

スタイヴサント・
スクエア・パーク
Stuyvesant Sq. Park

E. 16th St.

E. 15th St.

🚇**3番街駅**
Ⓛ 3 Av

🛍**ミルク・バー P.81**
Milk Bar

E. 13rd St.

E. 12nd St.

E. 11th St.

St. Marks Pl.

E. 5th St.

E. 4th St.

C

C

ベルビュー病院
Bellevue Hospital Center

E. 20th St.

Ⓛ**1番街駅**
1 Av

P.107 **バター・レーン・ベーカリー**🍴
Butter Lane Bakery

イースト・ビレッジ
East Village

Asser Le
Playgrou

イースト・ビレッジ〜グラマシー

0   100   200m

22
ラガーディア
空港
20
18
14 16
10 12 23 27
8
6 24
自由の女神
27 26

1

Franklin D. Roosevelt Dr.

イヴェサント・タウン
Stuyvesant Town

イースト・リバー
East River

2

E. 14th St.

E. 13rd St.

E. 12nd St.

アベニューB

● ダシア・ギャラリー
Dacia Gallery (bef.AvenueB&C)

, 11th St.

アベニューD

E. 10th St.

アベニューC

E. 9th St.

ンプキンス・
エア・パーク
ompkins
uare Park

E. 8th St.

3

E. 7th St.

East River Park

E. 6th St.

Avenue B

Avenue C

Avenue D

E. 5th St.

E. 4th St.

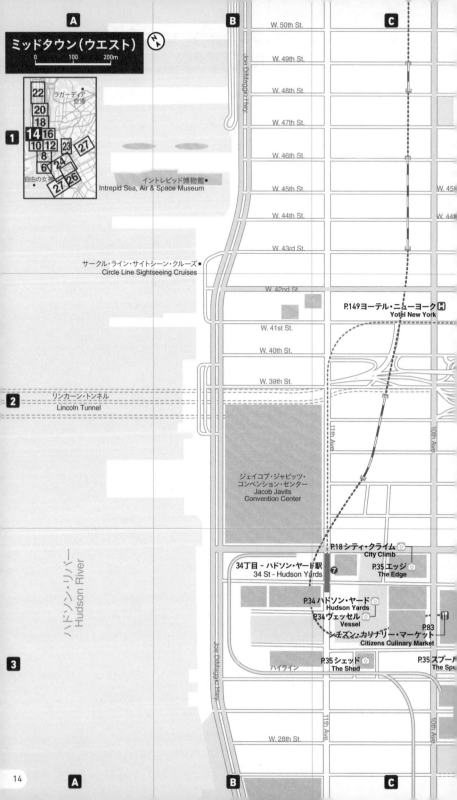

ミッドタウン（ウエスト）

0　100　200m

A

22
20
18
14 16
10 12 23
8
6
24 27
27 26

ラガーディア空港

自由の女神

イントレピッド博物館 •
Intrepid Sea, Air & Space Museum

サークル・ライン・サイトシーン・クルーズ •
Circle Line Sightseeing Cruises

1

2

リンカーン・トンネル
Lincoln Tunnel

ハドソン・リバー
Hudson River

ジェイコブ・ジャビッツ・
コンベンション・センター
Jacob Javits
Convention Center

3

W. 50th St.
W. 49th St.
W. 48th St.
W. 47th St.
W. 46th St.
W. 45th St.
W. 44th St.
W. 43rd St.
W. 42nd St.
W. 41st St.
W. 40th St.
W. 39th St.

W. 45
W. 44

P.149 ヨーテル・ニューヨーク 🏨
Yotel New York

Joe DiMaggio Hwy.

11th Ave.
10th Ave.

P.18 シティ・クライム 📷
City Climb

34丁目 - ハドソン・ヤード駅
34 St - Hudson Yards
7

P.35 エッジ 📷
The Edge

P.34 ハドソン・ヤード 📷
Hudson Yards
P.34 ヴェッセル 📷
Vessel

P.83
シチズン・カリナリー・マーケット 🍴
Citizens Culinary Market

ハイライン

Joe DiMaggio Hwy.

P.35 シェッド
The Shed

P.35 スプー
The Spu

11th Ave.
10th Ave.

W. 28th St.

B

C

A

B

C

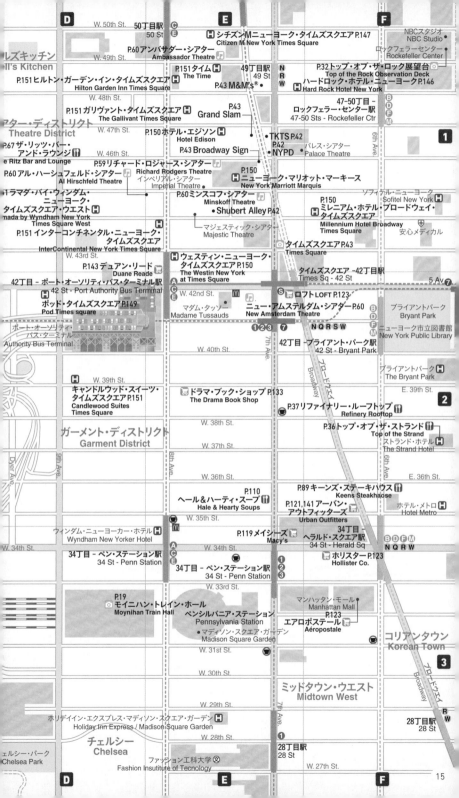

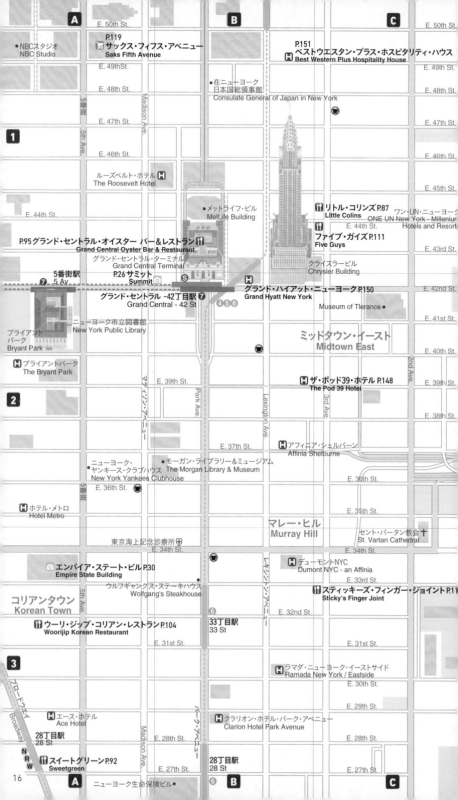

● NBCスタジオ
NBC Studio

P.119
🛍 サックス・フィフス・アベニュー
Saks Fifth Avenue

P.151
Ⓗ ベストウエスタン・プラス・ホスピタリティ・ハウス
Best Western Plus Hospitality House

E. 49thSt.

E. 48th St.
● 在ニューヨーク
日本国総領事館
Consulate General of Japan in New York

E. 47th St.

1　E. 46th St.

ⓗ ルーズベルト・ホテル Ⓗ
The Roosevelt Hotel

E. 45th St.

● メットライフ・ビル
MetLife Building

Ⓗ リトル・コリンズ P.87
Little Colins

ワン・UN・ニューヨーク
ONE UN New York – Milleniur
Hotels and Resort

P.95 グランド・セントラル・オイスター バー＆レストラン 🍴
Grand Central Oyster Bar & Restaurant

E. 44th St.

🍴 ファイブ・ガイズ P.111
Five Guys

グランド・セントラル・ターミナル
Grand Central Terminal
P.26 サミット
Summit

クライスラービル
Chrysler Building

5番街駅
5 Av

⑦

グランド・セントラル ～42丁目駅 ⑦
Grand Central - 42 St
④⑤⑥

Ⓗ グランド・ハイアット・ニューヨーク P.150
Grand Hyatt New York

Museum of Tlerance ●

E. 41st St.

ニューヨーク市立図書館
New York Public Library

ブライアント
パーク
Bryant Park

ミッドタウン・イースト
Midtown East

E. 40th St.

Ⓗ ブライアントパーク
The Bryant Park

2

Ⓗ ザ・ポッド39・ホテル P.148
The Pod 39 Hotel

E. 39th St.

E. 38th St.

E. 37th St.

Ⓗ アフィニア・シェルバーン
Affinia Shelburne

ニューヨーク・
ヤンキース・クラブハウス
New York Yankees Clubhouse

● モーガン・ライブラリー＆ミュージアム
The Morgan Library & Museum

E. 36th St.

Ⓗ ホテル・メトロ
Hotel Metro

マレー・ヒル
Murray Hill

セント・バータン教会 ✝
St. Vartan Cathedral

E. 35th St.

東京海上記念診療所 ⊞
E. 34th St.

3

📷 エンパイア・ステート・ビル P.30
Empire State Building

Ⓗ デューモントNYC
Dumont NYC - an Affinia

E. 33rd St.

ウルフギャングス・ステーキハウス
Wolfgang's Steakhouse

🍴 スティッキーズ・フィンガー・ジョイント P.1
Sticky's Finger Joint

コリアンタウン
Korean Town

E. 32nd St.

🍴 ウーリ・ジップ・コリアン・レストラン P.104
Woorijip Korean Restaurant

33丁目駅
33 St

E. 31st St.

Ⓗ ラマダ・ニューヨーク・イーストサイド
Ramada New York / Eastside

E. 30th St.

E. 29th St.

Ⓗ エース・ホテル
Ace Hotel

Ⓗ クラリオン・ホテル・パーク・アベニュー
Clarion Hotel Park Avenue

E. 28th St.

28丁目駅
28 St

28丁目駅
28 St

E. 27th St.

Ⓝ
Ⓡ
Ⓦ

🍴 スイートグリーン P.92
Sweetgreen

ャパン・ソサエティ
Japan Society

国連本部
United Nations Headquarters

Franklin D. Roosevelt Dr.

1st Ave.

クイーンズ・ミッドタウン・トンネル
Queens-Midtown Tunnel

NYCフェリー P.159
NYC Ferry

イースト・リバー
East River

ニューヨーク大学医療センター
New York University Medical Center

Franklin D. Roosevelt Dr.

22
20
18
14 16
10 12 23 27
8
6 24
27 26
ラガーディア空港
自由の女神
ミッドタウン（イースト）
0   100   200m

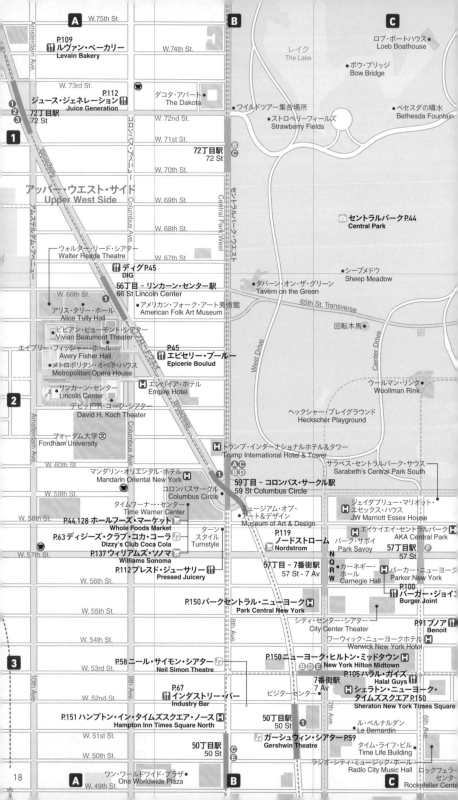

A W.75th St.

P.109
ルヴァン・ベーカリー
Levain Bakery

W.74th St.

B

C

ロブ・ボートハウス
Loeb Boathouse

レイク
The Lake

W. 73rd St.

ボウ・ブリッジ
Bow Bridge

P.112
ジュース・ジェネレーション
Juice Generation

ダコタ・アパート
The Dakota

72丁目駅
72 St

W. 72nd St.

ワイルドツアー集合場所

ベセスダの噴水
Bethesda Fountain

ストロベリーフィールズ
Strawberry Fields

W. 71st St.

1

72丁目駅
72 St

W. 70th St.

W. 69th St.

セントラルパーク P.44
Central Park

アッパー・ウエスト・サイド
Upper West Side

W. 68th St.

ウォルター・リード・シアター
Walter Reade Theatre

W. 67th St.

シープメドウ
Sheep Meadow

ディグ P.45
DIG

66丁目 – リンカーン・センター駅
66 St Lincoln Center

タバーン・オン・ザ・グリーン
Tavern on the Green

W. 66th St.

65th St. Transverse

アリス・タリー・ホール
Alice Tully Hall

アメリカン・フォーク・アート美術館
American Folk Art Museum

回転木馬

ビビアン・ビューモント・シアター
Vivian Beaumont Theater

エイブリー・フィッシャー・ホール
Avery Fisher Hall

P.45
エピセリー・ブールー
Epicerie Boulud

メトロポリタン・オペラ・ハウス
Metropolitan Opera House

エンパイア・ホテル
Empire Hotel

ウールマン・リンク
Woollman Rink

2

リンカーン・センター
Lincoln Center

デビッド・H・コーク・シアター
David H. Koch Theater

ヘックシャー・プレイグラウンド
Heckscher Playground

フォーダム大学
Fordham University

W. 60th St.

トランプ・インターナショナルホテル&タワー
Trump International Hotel & Tower

サラベス・セントラルパーク・サウス
Sarabeth's Central Park South

マンダリン・オリエンタル・ホテル
Mandarin Oriental New York

59丁目 – コロンバス・サークル駅
59 St Columbus Circle

W. 59th St.

コロンバスサークル
Columbus Circle

ジェイダブリュー・マリオット・エセックス・ハウス
JW Marriott Essex House

タイムワーナー・センター
Time Warner Center

ミュージアム・オブ・アート&デザイン
Museum of Art & Design

エイケイエイ・セントラルパーク
AKA Central Park

P.44,128 ホールフーズ・マーケット
Whole Foods Market

ターンスタイル
Turnstyle

P.119
ノードストローム
Nordstrom

パーク・サボイ
Park Savoy

57丁目駅
57 St

P.63 ディジーズ・クラブ・コカ・コーラ
Dizzy's Club Coca Cola

N
Q
R
W

P.137 ウィリアムズ・ソノマ
Williams Sonoma

57丁目 – 7番街駅
57 St - 7 Av

カーネギー・ホール
Carnegie Hall

パーカー・ニューヨーク
Parker New York

P.112 プレスド・ジューサリー
Pressed Juicery

P.100
バーガー・ジョイント
Burger Joint

W. 55th St.

P.150 パークセントラル・ニューヨーク
Park Central New York

シティ・センター・シアター
City Center Theater

P.91 ブノア
Benoit

W. 54th St.

フーウィック・ニューヨークホテル
Warwick New York Hotel

3

W. 53rd St.

P.58 ニール・サイモン・シアター
Neil Simon Theatre

P.150 ニューヨーク・ヒルトン・ミッドタウン
New York Hilton Midtown

P.105 ハラル・ガイズ
Halal Guys

W. 52nd St.

P.67
インダストリー・バー
Industry Bar

7番街駅
7 Av

シェラトン・ニューヨーク・タイムズスクエア P.150
Sheraton New York Times Square

P.151 ハンプトン・イン・タイムズスクエア・ノース
Hampton Inn Times Square North

ビジターセンター

ル・ベルナルダン
Le Bernardin

W. 51st St.

50丁目駅
50 St

50丁目駅
50 St

タイム・ライフ・ビル
Time Life Building

W. 50th St.

ガーシュウィン・シアター P.59
Gershwin Theatre

ラジオ・シティ・ミュージック・ホール
Radio City Music Hall

ロックフェラー・センター
Rockefeller Center

A W. 49th St.

ワン・ワールドワイド・プラザ
One Worldwide Plaza

B

C

アッパー・サイド

P.56 アメリカ自然史博物館
American Museum of Natural History

A

0　100　200m

22
20
18
14 16
10 12
8
6
24
27 26
27 23
27

ラガーディア空港

自由の女神

B

Columbus Ave.

W. 97th St.

W. 96th St.

96丁目駅
96 St

W. 95th St.

W. 94th St.

W. 93rd St.

W. 92nd St.

Sol Bloom
Playground

W. 91st St.

W. 90th St.

W. 89th St.

W. 88th St.

W. 87th St.

アッパー・ウエスト・サイド
Upper West Side

86丁目駅
86 St

バーニー・グリーングラス
Barney Greengrass

W. 86th St.

W. 85th St.

Amsterdam Ave.
アムステルダム・アベニュー

W. 84th St.

コロンバス・アベニュー

W. 83rd St.

W. 82nd St.

エクセルシオール・ホテル
The Excelsior Hotel

W. 81st St.

ゼイバーズ P.130,141
Zabar's

W. 80th St.

P.56 アメリカ自然史博物館
American Museum of Natural History

79丁目駅
79 St

W. 79th St.

3

W. 78th St.

W. 77th St.

ホテル・ベルクレア P.148
Hotel Belleclaire

W. 76th St.

マスト・マーケット P.171
Mast Market

シタレラ
Citarella

W. 75th St.

ホテル・ビーコン P.149
Hotel Beacon

Broadway
ブロードウェイ

W. 74th St.

C

97th St. Transverse

ヘルス・ウオーキング
Health Walking

Central Park West

ジャクリーン・ケネディ
オナシス貯水池
Jacqueline Kennedy
Onasiss Reservoir

West Drive

85th St. Transverse

グレート・ローン(芝生大広
The Great Lown

86丁目駅
86 St

セントラルパーク・ウエスト

シェークスピア劇
Shakespeare in the Park
デラコルテ・シアター
Delacorte Theater

81丁目 - 自然史博物館駅
81 St - Museum of Natural History
シェークスピア・ガーデン
Shakespeare Garden

79th St. Transverse

タートル・ポンド
Turtle Pond

ベルベデーレ・キャッ
Belvedere Castle

セントラルパーク
Central Park

Central Park West

レイク
The Lake

ロブ・ボートハウ
Loeb Boathou

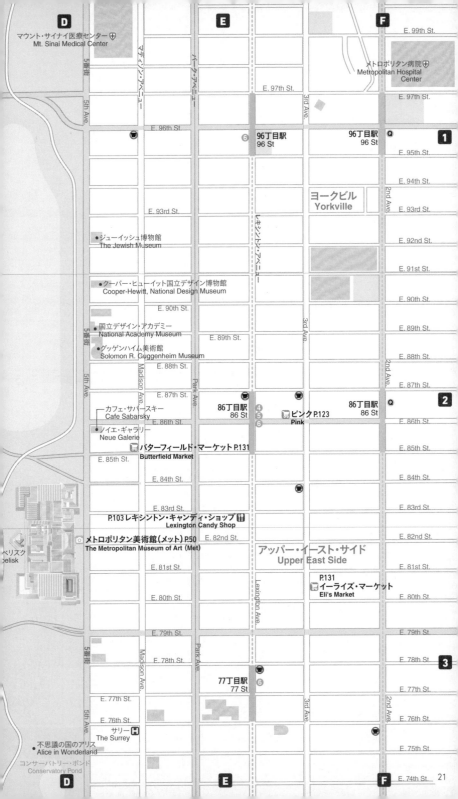

マウント・サイナイ医療センター ⊞
Mt. Sinai Medical Center

メトロポリタン病院 ⊞
Metropolitan Hospital Center

E. 99th St.

E. 97th St.

E. 96th St.

E. 97th St.

96丁目駅
96 St

96丁目駅
96 St

Q　**1**

E. 95th St.

E. 94th St.

E. 93rd St.

ヨークビル
Yorkville

E. 93rd St.

●ジューイッシュ博物館
The Jewish Museum

E. 92nd St.

E. 91st St.

●クーパー・ヒューイット国立デザイン博物館
Cooper-Hewitt, National Design Museum

E. 90th St.

E. 90th St.

●国立デザイン・アカデミー
National Academy Museum

E. 89th St.

E. 89th St.

●グッゲンハイム美術館
Solomon R. Guggenheim Museum

E. 88th St.

E. 88th St.

E. 87th St.

E. 87th St.

━カフェ・サバースキー
Cafe Sabarsky

86丁目駅
86 St

🚇ピンク P.123
Pink

86丁目駅
86 St

Q　**2**

E. 86th St.

●ノイエ・ギャラリー
Neue Galerie

E. 86th St.

🏬バターフィールド・マーケット P.131
Butterfield Market

E. 85th St.

E. 85th St.

E. 84th St.

E. 84th St.

E. 83rd St.

E. 83rd St.

P.103 レキシントン・キャンディ・ショップ 🏮
Lexington Candy Shop

E. 82nd St.

E. 82nd St.

📷メトロポリタン美術館(メット) P.50
The Metropolitan Museum of Art (Met)

アッパー・イースト・サイド
Upper East Side

ベリスク
belisk

E. 81st St.

E. 81st St.

P.131
🏬イーライズ・マーケット
Eli's Market

E. 80th St.

E. 80th St.

E. 79th St.

E. 79th St.

E. 78th St.

E. 78th St.

77丁目駅
77 St

3

E. 77th St.

E. 77th St.

サリー 🏨
The Surrey

E. 76th St.

E. 76th St.

●不思議の国のアリス
Alice in Wonderland

E. 75th St.

コンサーバトリー・ポンド
Conservatory Pond

W. 142th St.
W. 141th St.
W. 140th St.
W. 139th St.

シュガー・ヒル・
ハーレム・イン
Suger Hill Harlem Inn

❶ 137丁目 - シティ・カレッジ駅
137 St - City College

アビシニアン・バプティスト教会✝
Abyssinian Baptist Church
W. 137th St.

シティカレッジ✕
City College of New York

1

ⒷⒸ 135丁目駅
135 St

❷❸ 135丁目駅
135 St

W. 135th St.

W. 135th St.

セント・ニコラス・パーク
Saint Nicholas Park

W. 134th St.

W. 131st St.

ハーレム・リバー
Harlem River

ハーレム・リバー・ドライブ
Harlem River Drive

❶ 125丁目駅
125 St

W. 129th St.

W. 127th St.

W. 125th St.

ⒶⒷⒸⒹ 125丁目駅
125 St

アポロ・シアター
Apollo Theater

❷❸ 125丁目駅
125 St

❹❺ 125丁目駅
125 S

グレーター・レフュージ・テンプル教会✝
Grater Refuge Temple

W. 124th St.

2

Ⓗ アロフト・ハーレム
Aloft Harlem

マルクス・ガーベイ
パーク
Marcus Garvey Park

コロンビア大学✕
Columbia University

モーニング・
サイド・パーク
Morningside Park

W. 121st St.

P.46 ベテル・ゴスペル・アセンブリー 📷
Bethel Gospel Assembly

W. 118th St.

❶ 116丁目 -
コロンビア大学駅
116 St - Columbia University

Ⓑ 116丁目駅
Ⓒ 116 St

P.47
エイミー・ルース 🍴
Amy Ruth's

❷❸ 116丁目駅
116 St

❹❺ 116丁目
116 S

✝
メモリアル・
バプティスト教会
Memorial Baptist Church

W114th St.

Ⓗ コミュニティ・フード・アンド・ジュース P.86,101
Community Food & Juice ✝ セント・ジョン・ディバイン大聖堂
The Cathedral Church
of St.John the Devine

W. 112th St.

セントラル・パーク・ノース(110丁目)駅
Central Park North

❷❸

イースト・ハーレム
East Harlem

❶ カテドラル・パークウェイ
(110丁目)駅
Cathedral Pkwy (110 St)

カテドラル・パークウェイ
(110丁目)駅
Cathedral Pkwy (110 St)

セントラルパーク・ノース Central Park North
フレデリック・ダグラス・サークル
Frederick Douglass Circle

E. 110th St.

❶10丁目
110 S

Harlem Meer

P.109
シルバー・ムーン・ベーカリー
Silver Moon Bakery

3

❶ 103丁目駅
103 St

マンハッタン・ヴァレー
Manhattan Valley

Ⓑ Ⓒ 103丁目駅
103 St

The Pool

セントラルパーク
Central Park

22
20
18
14 16
10 12
8
6
27 26
23
21
25

Frederick
Douglass
Playground
W. 100th St.

N

ハーレム

0   150   300m

22

マウント・サイナイ医療センター ✚
Mt. Sinai Medical Center

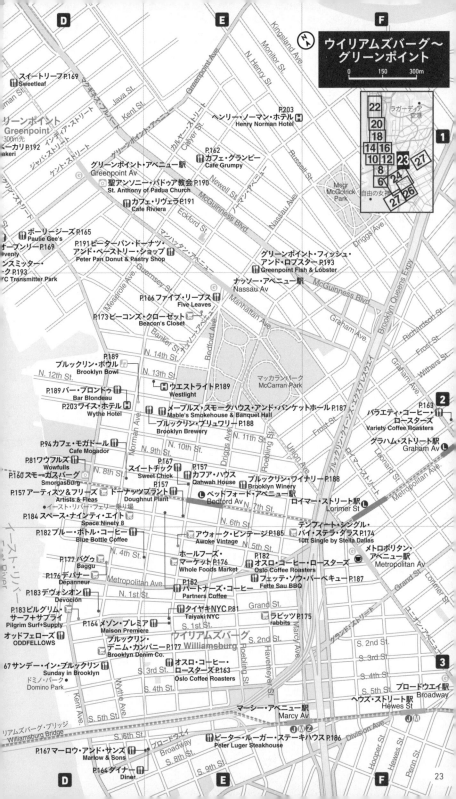

ワラバウト湾
Wallabout Bay

D **E** **F** **1**

Commodore
Barry Park

フラッシング・アベニュー
Flushing Ave.

P.163 パーラー・コーヒー
Parlor Coffee

ブルックリン・ロースティング・カンパニー P.163
Brooklyn Roasting Company

ブルックリン・クィーンズエクスプレスウェイ
Brooklyn Queens Expy

Kent Ave.

マートル・アベニュー
Myrtle Ave.

クリントンヒル
Clinton Hill

フォートグリーン
Fort Greene

Willoughby Ave.

ウィロビー・アベニュー

Fort Greene Park

ロングアイランド
ユニバーシティ
Long Island
University

ブルックリン病院
The Brooklyn Hospital Center

Dekalb Ave.

デカルブ・アベニュー

2

ネビンズ・
ストリート駅
Nevins St

ゴッサム・マーケット
Gotham Market

フルトン・
ストリート駅
Fulton St

クリントン－ワシントン・アベニュー駅
Clinton - Washington Avs

ラファイエット・アベニュー

クラッソン
アベニュー駅
Classon Av

ブルックリン・フリー
Brooklyn Flea

グリーン・アベニュー

ブルックリン・アカデミー・
ミュージック（バム）
Brooklyn Academy of
Music (BAM)

P.176
グリーン・グレープ
The Green Grape

ラファイエット
アベニュー駅
Lafayette Av

アトランティック・ターミナル・モール
Atlantic Terminal Mall

Fulton St.
フルトン・ストリート

Gates Ave.
ゲーツ・アベニュー

D N R

B Q

C

アトランティックアベニュー
バークレイズ・センター駅
Atlantic Av - Barclays Ctr

アトランティック・アベニュー

クリントン－
ワシントン・アベニュー駅
Clinton - Washington Avs

バークレイズ・センター
Barclays Center

パシフィック・ストリート

Atlantic Ave.
アトランティック・アベニュー

3

P.169 ブルー・
スカイ・ベーカリー
Blue Sky Bakery

バーゲン・ストリート駅
Bergen St

P.163 ゴリラ・コーヒー
Gorilla Coffee

ブルックリン・ラーダー P.177
Brooklyn Larder

Pacific St.
パシフィック・ストリート

Bergen St.
バーゲン・ストリート

Dean Ave.
ディーン・アベニュー

パークスロープ
Park Slope

プロスペクトハイツ
Prospect Heights

ダンボ～ボコカ

0   150   300m

22
20
18
14 16
10 12 23 27
8 6
24
27 26

ラガーディア空港

自由の女神

D **E** **F**

25

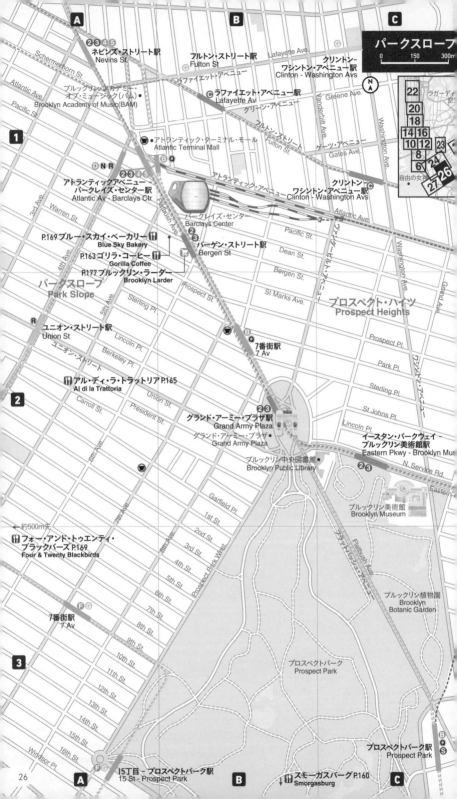

0　150　300m

22
20
18
14 16
10 12
8
6
27 26
24
23
ラガーディ

自由の女神

Ⓐ

Ⓑ

Ⓒ

Schermerhorn St.
Atlantic Ave.
Pacific St.

❷❸❹❺
ネビンズ・ストリート駅
Nevins St

フルトン・ストリート駅
Fulton St

Lafayette Ave.

Ⓖ

クリントン−
ワシントン・アベニュー駅
Clinton - Washington Avs

Greene Ave.

ブルックリン・アカデミー・
オブ・ミュージック(バム)●
Brooklyn Academy of Music(BAM)

ラファイエット・アベニュー

Ⓖ ラファイエット・アベニュー駅
Lafayette Av

グリーン・アベニュー

Vanderbilt Ave.

Washington Ave.

1

3rd Ave.

Warren St.

4th Ave.

●アトランティック・ターミナル・モール
Atlantic Terminal Mall

フルトン・ストリート

Fulton St.

ゲーツ・アベニュー

Gates Ave.

ⒹⓃⓇ
❷❸❹❺
アトランティックアベニュー−
パークレイズ・センター駅
Atlantic Av - Barclays Ctr

Ⓑ Ⓠ

アトランティック・アベニュー

Atlantic Ave.

クリントン−
ワシントン・アベニュー駅
Clinton - Washington Avs

Ⓒ

パークレイズ・センター
Barclays Center

Pacific St.

Atlantic Ave.

Washington Ave.

❷
❸

P.169 ブルー・スカイ・ベーカリー
Blue Sky Bakery 🍴

P.163 ゴリラ・コーヒー
Gorilla Coffee 🍴

バーゲン・ストリート駅
Bergen St

Dean St.

Bergen St.

P.177 ブルックリン・ラーダー
Brooklyn Larder

St Marks Ave.

パークスロープ
Park Slope

5th Ave.

Prospect St.

プロスペクト・ハイツ
Prospect Heights

Grand Ave.

Ⓡ

ユニオン・ストリート駅
Union St

Sterling Pl.

Lincoln Pl.

Berkeley Pl.

Ⓑ

7番街駅
7 Av

Prospect Pl.

Park Pl.

Sterling Pl.

2

🍴 アル・ディ・ラ・トラットリア P.165
Al di la Trattoria

Union St.

Carroll St.

President St.

5th Ave.

St Johns Pl.

❷❸
グランド・アーミー・プラザ駅
Grand Army Plaza

グランド・アーミー・プラザ●
Grand Army Plaza

Lincoln Pl.

イースタン・パークウェイ−
ブルックリン美術館駅
Eastern Pkwy - Brooklyn Mus

●ブルックリン中央図書館
Brooklyn Public Library

❷❸

N. Service Rd.

Eastern

← 約500m先
🍴 フォー・アンド・トゥエンティ・
ブラックバーズ P.169
Four & Twenty Blackbirds

Garfield Pl.

1st St.

2nd St.

3rd St.

Prospect Park West

4th St.

5th St.

6th St.

7th St.

ブルックリン美術館
Brooklyn Museum

Ⓕ Ⓖ

7番街駅
7 Av

8th St.

9th St.

Flatbush Ave.

ブルックリン植物園
Brooklyn
Botanic Garden

3

10th St.

11th St.

12th St.

13th St.

14th St.

15th St.

16th St.

Windsor Pl.

Ⓕ Ⓖ

15丁目−プロスペクトパーク駅
15 St - Prospect Park

プロスペクトパーク
Prospect Park

プロスペクトパーク駅
Prospect Park

Ⓑ Ⓠ Ⓢ

↓ スモーガスバーグ P.160
Smorgasburg 🍴

Ⓐ　　　　**Ⓑ**　　　　**Ⓒ**

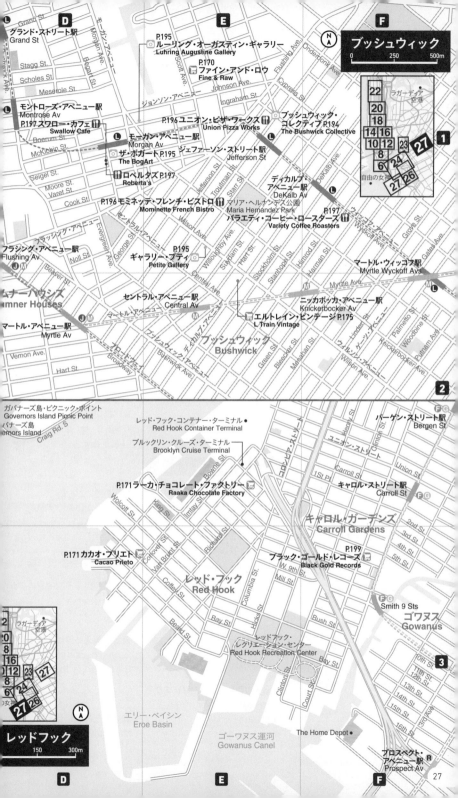

旅をもっと楽しくする
トラベル英会話ガイド

会話ができたら、もっとニューヨークの旅が充実したものになるはず！
ショッピングやレストランなど、街なかでよく使うフレーズをご紹介。
簡単な英会話を覚えて、Have a good trip〜♪（よい旅を）。

買う編

試着してもいいですか？
Can I try it on?
キャナイ トライ イット オン

ワンピースはどこにありますか？
Where can I find a dress?
ウェアー キャンナイ ファインド ア ドレス

何色が一番人気ですか？
Which color is the most popular?
ウィッチ カラー イズ ザ モスト ポピュラー

ほかの型はありますか？
Do you have any other models?
ドゥー ユー ハブ エニー アザー モデルズ

もっと小さい（大きい）サイズはありますか？
Do you have this in a smaller (larger) size?
ドゥー ユー ハブ ディス イン ア スモーラー（ラージャー）サイズ

これはおいくらですか？
How much is this?
ハウ マッチ イズ ディス

これを買います。
I'll take this.
アイル テイク ディス

このクレジットカードは使えますか？
Do you accept this credit card?
ドゥーユー アクセプト ディス クレジットカード

一番品物が揃っている店はどこですか。
Which shop has the best range of goods?
ウィッチ ショップ ハズ ザ ベスト レンジ オブ グッズ

何時まで開いていますか？
How late are you open?
ハウレイト アーユー オープン

見ているだけです、ありがとう。
Just looking, thank you.
ジャスト ルッキング サンキュー

プレゼント用に包装してください。
Can you wrap this as a gift, please?
キャン ユー ラップ ディス アズ ア ギフト プリーズ

食べる編

予約はしていませんが、入れますか？
We don't have a reservation. Do you have a table for us?
ウィードント ハブ ア リザベーション ドゥー ユー ハブ ア テーボー フォー アス

お水（有料のお水／炭酸入りの有料のお水）をください。
Tap water (Bottled water／Sparkling water), please.
タップウォーター（ボトルドウォーター／スパークリングウォーター）プリーズ

もう少し待っていただけますか？
Can I have a few more minutes?
キャナイ ハブ ア フュー モア ミニッツ

注文をお願いします。
May I order?
メイ アイ オーダー

注文したものがまだ来ていないのですが
My order hasn't come yet.
マイ オーダー ハズント カム イェット

おすすめは何ですか？
What do you recommend?
ワット ドゥ ユー リコメンド

これはどんな料理ですか？
What kind of dish is this?
ワット カインド オブ ディッシュ イズ ディス

みんなで分けて食べたいのですが。
We are going to share the dish.
ウィーアー ゴーイング トゥ シェアー ザ ディッシュ

今夜7時に2名で予約をしたいのですが。
Can I make a reservation for 2 at 7 o'clock tonight?
キャナイ メイク ア リザベーション フォー トゥー アット セブン オクロック トゥナイト

テーブル席を予約できますか？
Can I reserve a table?
キャンナイ リザーブ ア テーボー

夜景の見える席はありますか。
Do you have a table where we can enjoy the night view?
ドゥー ユー ハブア テーボー ウェア ウィー キャン エンジョイ ザ ナイトビュー

お会計をお願いします
May I have the check, please
メイ アイ ハブ ザ チェック プリーズ

持ち帰り用の入れ物を
もらえますか？
Can I have a doggy bag,
please?
キャナイ ハブ ア ドギーバッグ プリーズ

交通編

タクシー乗り場はどこですか？
Where is the taxi stand?
ウェアー イズ ザ タクシー スタンド

ブロードウエイと55丁目の交
差する辺りまでお願いします。
Broadway and 55th St.,
please.
ブロードウエイ アンド フィフティーフィフ
ス ストリート プリーズ

切符はどこで買えますか？
Where can I buy a ticket?
ウェアー キャナイ バイ ア チケット

エンパイア・ステート・ビルはど
の駅で降りればいいですか？
Which station do I get off
at for The Empire
State Building？
フィッチ ステーション ドゥー ア
イ ゲットオフ アット フォー ザ エ
ンパイア ステート ビルディング

乗り換えが必要ですか？
Do I need to change trains?
ドゥー アイ ニードゥトゥー チェンジ トレインズ

ここから歩いて行けますか？
Can I walk there from here?
キャナイ ウォーク ゼアー フロム ヒアー

ここからタイムズスクエアまで
どのくらい時間がかかりますか？
How long does it take from
here to Times Square?
ハウ ロング ダズ イット テイク
フロム ヒアー トゥー ザ タイムズスクエア

ホテル編

予約をしている鈴木です。
I have a reservation.
My name is Suzuki.
アイ ハブ ア リザベーション
アイ ネーム イズ スズキ

部屋に鍵を置いたまま
閉めてしまいました。
I locked myself out.
アイ ロックド マイセルフ アウト

シャワーの調子が
おかしいのですが……。
There's something wrong
with my shower.
ゼアーズ サムシング ウロング ウィズ マイ
シャワー

エアコンが利きません。
The air conditioner doesn't
work
ザ エアー コンディショナー ダズント ワーク

インターネット接続を
したいのですが。
Can I use an internet
connection with my
mobile PC?
キャナイ ユーズ アン インターネット コネ
クション ウィズ マイ モバイル ピーシー

Wi-Fiのパスワードを教えても
らえますか？
Could you tell me the Wi-fi
password?
クジュー テル ミーズ ザ ワイファイ パスワード

タクシーを呼んでください。
Please call a taxi for me.
プリーズ コール ア タクシー フォー ミー

チェックアウトをお願いします。
I would like to check out.
アイ ウドゥ ライクトゥ チェック アウト

トラブル編

具合が悪いです。
病院に連れて行ってください。
I feel sick. Please take me
to the hospital.
アイ フィール シック プリーズ テイク ミー
トゥー ザ ホスピタル

保険用に診断書と領収書を
ください。
May I have a medical
certificate and receipt for
my insurance?

メイ アイ ハブ ア メディカル サティフィケ
イト アンド レシート フォー マイ インシュ
アランス

この辺りで一番近い
薬局はどこですか？
Where is the nearest
pharmacy?
ウェアー イズ ザ ニアレスト ファーマシー

パスポートをなくしました。
I lost my passport.
アイ ロスト マイ パスポート

道に迷いました。この地図の
どこに私はいますか？
I'm lost. Where
am I on this map?
アイム ロスト ウェアー
アム アイ オン ディス マップ

便利フレーズ編

写真を撮ってもいいですか？
Can I take pictures?
キャナイ テイク ピクチャーズ

あの建物をバックに写真を撮っ
てもらえますか？
Could you take a picture of
us with that building in the
background?
クジュー テイク ア ピクチャー オブ アス ウィ
ズ ザット ビルディング イン ザ バックグランド

トイレはどこですか？
Where is the bathroom?
ウェアー イズ ザ バスルーム

日本語が話せる人はいますか？
Is there anyone who can
speak Japanese?
イズ ゼアー エニィワン フー キャン スピー
ク ジャパニーズ

両替はどこでできますか？
Where can I exchange
money?
ウェアー キャナイ エクスチェンジ マニー

当日券はありますか？
Do you have tickets for
today?
ドゥー ユー ハブ チケッツ フォー トゥデイ

お店に入ると必ず簡単なあいさつをされるので、ムシしないように。Hello, how are you? と聞かれたら、Good, thank you. などと答えよう。

全食制覇にチャレンジ！

名物グルメガイド

可愛いスイーツからアメリカンサイズのガッツリごはんまで、バラエティ豊富な
ニューヨークの「食」。移民の国ならではの名物料理を思う存分楽しんで。

Food プレッツェル
Pretzel

独特な結び目の形をした塩味のスナック。
ドイツ発祥だが、NYの屋台には必ずある。

ベーグル
Bagel

ニューヨーカー
定番の朝食！

外はカリッと、中はもちっとした食感の輪
状のパン。卵やバターを使用しない。

ソウルフード
Soul Food

アメリカ南部発祥、アフリカ系アメリカ人の
伝統料理。ハーレムにレストラン多数。

マンハッタン・クラムチャウダー
Manhattan Clam Chowder

二枚貝や野菜、ベーコンなどをトマト味
で煮込むスープ。冷製仕立てもおいしい。

エッグベネディクト
Egg Benedict

イングリッシュマフィンにポーチドエッグ
をのせた、人気のブレックファスト。

ハンバーガー
Hamburger

アメリカと
いえばこれ！

Photo : William Brins

圧倒的なボリュームが魅力。最近はヘル
シーなハンバーガーもあるのでチェック！

ステーキ
Steak

熟成させたドライエイジドビーフの肉を
出す店が多い。豪快に食べよう！

ホットドッグ
Hotdog

日本よりやや太めのソーセージ。好みで
ピクルスやチーズをかけて！

ピザ
Pizza

モチモチ生地が特徴。ブルックリンには、
こだわりのピザ屋が多い。

パストラミ・サンドイッチ
Pastrami Sandwich

肉厚でやわらかく
てジューシー

香辛料で調味した肉の燻製をパンでサンド
したもの。ユダヤ系移民のフード。

オイスター
Oyster

Photo : Maison Premier

ニューヨークではさまざまな牡蠣が食べ
られる。生牡蠣を出すレストランも多数。

マカロニ＆チーズ
Mac & Cheese

アメリカの家庭料理。日本のマカロニグラタン
に似ているが大量にチーズを使っている。

ニューヨーク食のあれこれ

滞在中の楽しみのひとつでもある食事。基本情報からお得な情報まで知っておくと、もっと満足いく食事ができるかも。

カップケーキ
Cupcake

ふわふわスポンジに甘〜いクリームがやみつきに。見た目もキュート！

ドーナツ
Doughnut

季節のフレーバーに挑戦したい

コーティングやクリームなどの種類が豊富。老舗も話題店も、両方トライしたい。

パンケーキ
Pancake

Photo : Five Leaves

ブランチの定番。フルーツが添えられていたり、ふんだんにのっている。

ニューヨーク・チーズケーキ
New York Cheesecake

コクのあるクリームチーズをふんだんに使った、ベイクドチーズケーキのこと。

アップル・パイ
Apple Pie

生地はサクサク中は甘さ控えめな大人の味。アメリカを代表するデザート。

アイスクリームとアイスキャンディー
Ice Cream & Ice Candy

種類も豊富で、本格的な味が勢揃い。オーガニックの素材を使用したものも。

Drink コールド・プレス・ジュース
Cold Press Juice

新鮮素材で栄養チャージ

野菜や果物を、加熱せず押し潰して搾ったジュースのこと。数年前からトレンドとなっている。

アップルサイダー
Apple Cider

サイダーだけど炭酸飲料ではない

ろ過していない濃厚な100%のりんごジュースのこと。秋冬はホットでも。

マッチャ
Matcha

日本でおなじみの抹茶は、「Matcha」としておもにドリンクやスイーツで定番。

ホットチョコレート
Hot Chocolate

チョコレートをミルクで溶かした濃厚な飲み物。マシュマロをのせて、どうぞ！

レモネード
Lemonade

NYの夏の定番！

甘酸っぱいレモン水。ピンクレモネードもよく飲まれる。炭酸は入っていない。

コーヒー
Coffee

生産地や生産者、淹れ方にこだわったサード・ウェーブ・コーヒーが主流。

有名レストランがチップの廃止を決定したことにより、NYではチップ廃止の動きは徐々に広がりつつある。

旅が最高のハレになる

ニューヨーク
NEW YORK

本書をご利用になる前に

【データの見方】

- 🏠　住所
- ☎　電話番号
- 🕐　営業時間(オープンからクローズまでを表記しています。ラストオーダーや最終入館時間は異なります。また、施設や店の都合により表記時間より開店が遅いことや閉店が早くなることもあります)
- ㊡　定休日(祝日を除く定休日を記載しています。**無休の場合、㊡の記載をしていません。ただし、無休の店が祝日以外も不定期で休む場合が多いことを、あらかじめご了承ください**)
- Ⓢ　大人の入場料、施設利用料、ホテルは1泊の目安料金ほか
- 🚶　最寄り駅からの所要時間
- ▶**MAP**　別冊地図上での位置を表示

【ご注意】

本書に掲載したデータは2023年6月現在のものです。内容が変更される場合がありますので、事前にご確認ください。祝日や年末年始の場合は、営業時間や休み等の紹介内容が大きく異なる場合があります。営業時間はオープンからクローズを記載しており、ラストオーダーの時間は店により異なります。料金に関しては、すべて税・チップ抜きの価格を記載しています。地下鉄、バス、タクシー、徒歩での所要時間は、交通状況により、大幅に異なる場合があります。本書に掲載された内容による損害等は弊社では補償しかねますので、あらかじめご了承ください。

CONTENTS
ニューヨークでしたい99のこと

やったことに check!

BEST PLAN

MANHATTAN

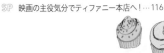

ニューヨークのハレ旅へようこそ！

Manhattan
マンハッタン

ニューヨークの中心部！まずはここから観光を

多くの見どころがぎっしり詰まったマンハッタン。エネルギッシュで魅力満載の街は、訪れる人たちをポジティブにしてくれる。ニューヨークのパワフルなパワーをもらいに行こう！

Statue of Liberty

Summit

自由の女神 →P.28

ニューヨークで最も有名なシンボル

ニューヨークのみならず、アメリカのシンボル。ニューヨーク湾のリバティ島にあり、移民たちが港に入港する際、この像を目にして新大陸への希望と夢を膨らませ、糧にしたといわれる。

サミット →P.26

鏡に囲まれた異次元空間

マンハッタンの中心にある超高層ビル、ワン・ヴァンダービルトの上階にある展望台。鏡とガラスに囲まれた近未来的な異次元空間では空中に浮かんでいるような感覚が楽しめる。

旅は素敵な非日常（＝ハレ）。そんなハレの日が最高になる101のことをご紹介！
世界で最もエキサイティングな街は、観光、ショッピング、グルメも大充実！
定番の過ごし方から思いがけない楽しみ方まで、あなたの"ぴったり"がきっとみつかる。
ニューヨークから眺める空はどこまでも快晴です。

ワン・ワールド展望台

西半球一の高さから摩天楼を眺める

ワン・ワールド展望台からは、ミッドタウンとロウアー・マンハッタンが見渡せる。建設に携わった人たちが込める熱い想いが感じられるこの場所で、滞在中一度はマンハッタンを上から眺めたい。

Photo:NYOnAir

タイムズスクエア

世界中の人々が訪れる観光スポット

NYといえばまず思い浮かぶのがこのタイムズスクエアの風景。周辺にはブロードウエイの劇場が多く集まり、大型ショップやレストランが深夜まで営業している。夜景スポットとしても人気。

Brooklyn
ブルックリン

ニューヨークで今最も注目のエリア

高層ビルが少なく、緑が多い広々とした空間が広がるブルックリン。近年アーティストが移り住み、おしゃれなショップやレストラン＆カフェが点在。新しいカルチャーを生み出している。

ブルックリン・ブリッジ →P.178

マンハッタンに架かる最も古い橋

イースト・リバーをまたぎ、ブルックリンとマンハッタンを結ぶ。歴史を感じさせる重厚なつくりが魅力のひとつで、その見た目の美しさから人気ナンバーワンの、ニューヨークを象徴する橋。

どこで何ができるの？

夢を叶えるエリアをリサーチ

Hello ♪

観光名所が多く集まる、マンハッタン。近年、人気急上昇中のブルックリン。
そのマンハッタンとブルックリンの中でも、さらに細かいエリア分けがある。
それぞれの特色を押さえて、存分に楽しもう。

タウン別パロメータ

♫ 遊ぶ
🛒 買う
🍴 食べる
🎦 アート
📷 観光する

教会が立ち並ぶのは、
116th St.〜125th St.

ハーレム

🚇 125 St〜アメリカ
自然史博物館約10分

池や動物園など、公園
内にも見どころあり。

🚇 125 St〜メトロポ
リタン美術館

アッパー・
ウエスト・サイド

セントラル
パーク

アッパー・
イースト・サイド

スーパーマーケ
ットがあるのは
Broadway沿い。

🚇 アメリカ自然
史博物館〜タイ
ムズスクエア
約15〜30分

東側はオフィス、西側
にはホテルが多い。

🚇 メトロポリ
タン美術館〜
タイムズスク
エア約30分

Madison Ave.
沿いには、美
術館が点在。

① ミッドタウン

🚇 タイムズスクエア〜23 St約10分

🚇 タイムズスクエア〜14 St-Union Sq約1

10th Ave.あたりには、ギ
ャラリーが集まる。

チェルシー

グラマシー

ユニオンスクエア周辺
には店が多く集まる。

MANHATTAN

NY州にあるNY市のなかにある
5つの区のひとつ。

🚇 23 St 〜 Christopher
St - Sheridan Sq 約10分

🚶 14 St-Union Sq 〜
Astor Pl 約10分

Bleecker St. 沿
いは、ブランド
店がずらり。

グリニッチ・
ビレッジ

イースト・
ビレッジ

エスニック料理
や日系レストラ
ンが多数。

観光名所が集まるエリア
① ミッドタウン
>>> P.42

観光名所、ホテ
ル、レストラン、シ
ョップ、ビジネ
ス街がぎゅっと
詰まったエリア。
ニューヨークの
煌びやかさを肌
で感じられる。

🚇 Christopher St - Sheridan
Sq〜Prince St 約10分

🚇 Astor Pl〜Delancey
St - Essex St 約10分

ベーグルやパス
トラミなど、ユダ
ヤ系の食べ物を堪能！

カースト・アイア
ン建築にも注目
しよう。

② ソーホー

ロウアー・
イースト・サイド

🚶 Prince St〜
Franklin St 約15分

🚶 Prince St〜
Canal St 約10分

🚇 Delancey St - Essex St
〜Canal St 約5〜10分

トライベッカ

チャイナタウン

中国語が飛び交う。夜
は閉まるのがはやい。

レストランを探すなら
Greenwich St.へ。

🚇 Canal St〜Wall
St 約10分

🚢 Pier 11 〜 Old
Fulton St 約10分

ファッション好きが集う
② ソーホー

基本的にはビジ
ネス街なので、
週末は静か。

③ ロウアー・
マンハッタン

ブランド店が密集していること
で有名。スタイリッシュなカフ
ェやレストランなど、買い物の
途中に立ち寄りたい。

観光名所とビジネス街が共存
③ ロウアー・マンハッタン　　>>> P.68

移民がこのエリア
から入国し、マン
ハッタンの中では
古い歴史をもつ。
現在は、高層ビル
が林立するオフィ
ス街となった。

知っ得
ニューヨークの
基礎知識

✈ 日本から	13時間		🚗 主な交通手段	地下鉄、バス、タクシー→P.208
⏱ 時差	13〜14時間		🍶 お酒&タバコ	21歳からOK
📷 ビザ	90日以内の観光は不要		🚽 トイレ	水洗
💬 言語／文字	英語			

これからの発展に注目
❶グリーンポイント
>>> P.190

ウイリアムズバーグからおしゃれなショップが移ってきて、新旧織り交ぜたおもしろいエリアとなってきた。現在もポーランド系住民が多く住む。

川沿いの公園が人気
❸ダンボ >>> P.178

ブルックリン・ブリッジのたもとに広がるエリア。イースト・リバー沿いに眺められるマンハッタンのビル群は、うっとりする景色だ。

Here we go!!

NYのトレンドはここから！
❷ウイリアムズバーグ
>>> P.182

ブルックリンブームのきっかけとなったエリア。アーティストや若手起業家が多く移り住み、新しいトレンドやカルチャーが生まれている。

若きアーティストが住む
❹ブッシュウィック
>>> P.194

街のそこかしこに壁画アートが見られるエリア。個性的なカフェも多い。これからさらに発展すると期待されている。

Nice day!!

BROOKLYN

5つの区のひとつで、
マンハッタンの東側にある。

❶グリーンポイント

Manhattan Ave. 沿いには飲食店が点在する。

🚇 14 St - Union Sq〜
Bedford Av 約10分

🚶 Bedford Av〜Nassau
Av 約10〜15分

メイン通りとなるのは、Bedford Ave.！

いたるところでストリートアートが見られる。

❷ウイリアムズバーグ

❹ブッシュウィック

🚢 N 6th St / North
Williamsburg 〜 Old
Fulton St 約15分

🚇 Bedford Av〜Morgan Av 約15分

❸ダンボ

York St. 〜 Front St. は、店が増加中。

Atlantic Ave. と Smith St. を散策しよう。

5th Ave. と7th Ave.にセンスのよい店が多い。

❺ボコカ

❺パークスロープ

🚇 York St〜Carroll
St 約10分

🚶 Carroll St〜7 Av 約10分

飾らないおだやかな住宅地
❺ボコカと
パークスロープ >>> P.198

ブラウンストーンの住宅地は、全体的にゆったりした空気が流れてきた。地元住民に愛される店が多く、カジュアルな店が充実。

🚢 Pier 11〜IKEA 約15分

❻レッドフック

NYCフェリーでのアクセスが便利。

倉庫街がすてきエリアに変貌
❻レッドフック

以前は港の倉庫街という印象だったが、現在はユニークなショップやレストランが増えてきた。海沿いの街なので、新鮮なシーフードも味わえる。

🚢 ブルックリンへ行く際は、観光も兼ねてNYCフェリーに乗るのもおすすめ。自由の女神やマンハッタンのスカイラインが望める。

BEST PLAN 02

ベストな時間にベストなコト

24時間ハッピー計画

ニューヨークに来たからには、よくばって24時間めいっぱい楽しみたい。
ここでは、観光・アート・エンターテインメント、食事、買い物のジャンル別に、
各スポットのベストタイムをご紹介。
朝から夜までばっちりな計画を立てて、ハッピーな旅行を！

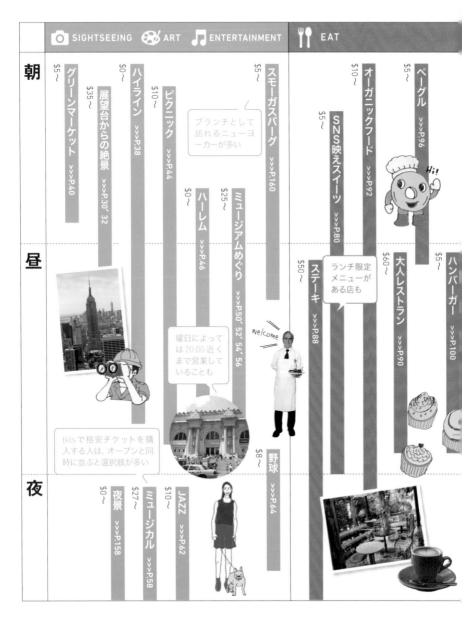

SIGHTSEEING　ART　ENTERTAINMENT　EAT

朝　昼　夜

$5〜　グリーンマーケット >>>P.40
$35〜　展望台からの絶景 >>>P.30、32
$0〜　ハイライン >>>P.38
$10〜　ピクニック >>>P.44
$5〜　スモーガスバーグ >>>P.160
$0〜　ハーレム >>>P.46
$25〜　ミュージアムめぐり >>>P.50、52、54、56
$10〜　オーガニックフード >>>P.92
$5〜　ベーグル >>>P.96
$5〜　SNS映えスイーツ >>>P.80
$50〜　ステーキ >>>P.88
$60〜　大人レストラン >>>P.90
$5〜　ハンバーガー >>>P.100
$8〜　野球 >>>P.64
$0〜　夜景 >>>P.158
$27〜　ミュージカル >>>P.58
$10〜　JAZZ >>>P.62

ブランチとして訪れるニューヨーカーが多い

ランチ限定メニューがある店も

曜日によっては20:00近くまで営業していることも

tktsで格安チケットを購入する人は、オープンと同時に並ぶと選択肢が多い

Hi!

welcome

祝祭日はアメリカ全州共通の祝日と州独自の記念日がある。ニューヨークの多くの店は祝祭日も営業するが、小さな店は休日になったり、営業時間が変わったりすることがある。

※祝祭日は年によって変動。

※アメリカではサマータイムのことを、デイライト・セービング・タイム（Daylight Saving Time）と呼ぶ。この期間に該当するのが、3月の第2日曜から11月の第2日曜日まで。2023年は3月12日〜11月5日。

※イースター、サンクスギビング・デー、クリスマスは多くの店が休業か営業時間が短縮される。

1月1日	ニューイヤーズ・デー	7月4日	独立記念日
1月16日	キング牧師記念日（1月の第3月曜）	9月4日	レイバー・デー（9月の第1月曜）
		10月9日	コロンブス・デー（10月の第2月曜）
2月20日	大統領の日（2月の第3月曜）	11月10日	ベテランズ・デー
3月17日	セント・パトリック・デイ	11月23日	サンクスギビング・デー（11月の第4木曜）
4月9日	イースター（復活祭）		
5月29日	メモリアル・デー（5月最終月曜）	12月25日	クリスマス

🛒 SHOPPING

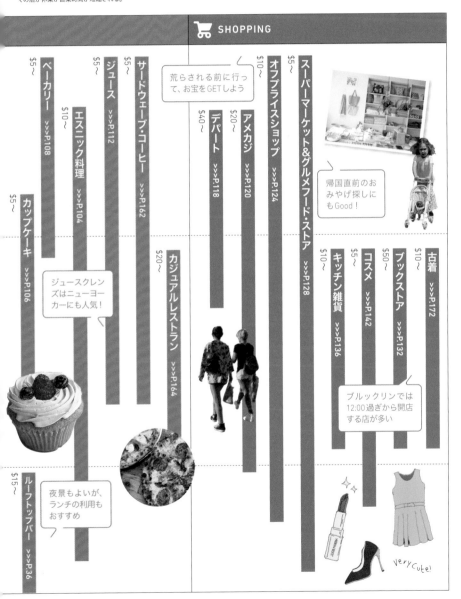

ベーカリー $5〜 >>>P.108

ジュース $5〜 >>>P.112

エスニック料理 $10〜 >>>P.104

サードウェーブ・コーヒー >>>P.162

カップケーキ $5〜 >>>P.106

荒らされる前に行って、お宝をGETしよう

オフプライスショップ $10〜 >>>P.124

アメカジ $20〜 >>>P.120

デパート $40〜 >>>P.118

スーパーマーケット＆グルメフードストア $5〜 >>>P.128

帰国直前のおみやげ探しにもGood！

カジュアルレストラン $20〜 >>>P.164

ジュースクレンズはニューヨーカーにも人気！

古着 $10〜 >>>P.172

ブックストア $50〜 >>>P.132

コスメ $5〜 >>>P.142

キッチン雑貨 $10〜 >>>P.136

ブルックリンでは12:00過ぎから開店する店が多い

ルーフトップバー $15〜 >>>P.36

夜景もよいが、ランチの利用もおすすめ

very cute!

☀ 1年で最も値引きされるのは、サンクスギビング・デー（11月の第4木曜）の後。普段はセールをしない店も値引きする。

BEST PLAN 03

王道4泊6日のモデルコース！

ニューヨークを200%楽しむ

1日目

AM

11:00 ジョン・F・ケネディ国際空港

🚕 タクシー
約45〜120分

PM

13:00 グラマシー
<所要時間約60分>

❶ シェイク・シャック
→P.100

🚇 地下鉄10分

14:00 ミッドタウン
<所要時間半日以上>

❷ ティファニー
→P.116

❸ バーグドルフ・グッドマン
→P.118

❹ リファイナリー・ルーフトップ
→P.37

やっと到着〜♪ 肌でNYを感じたい！

やりたいことがたくさん！本場のエンターテインメントに圧倒されて、初日からニューヨークを肌で感じよう

Photo:William Brinson

LUNCH Hungry!!

❶ まずはガツンと！ハンバーガーをがぶり

POINT

シェイク・シャックでは、注文時にブザーを渡される。できあがるとブザーで知らせてくれる。

SHOPPING

❷ リニューアルしたティファニーでお買い物しよう！

Cute♪

みんなのあこがれ、5番街にあるティファニー本店。カフェでは、朝食やランチを楽しめる（要予約）。

I'm glad to see you!!

到着後、まずはガツンと定番フードで腹ごしらえ。特上サーロインを使ったハンバーガーに舌鼓

SHOPPING so cool!!

❸ 高級デパートでドレスアップしちゃう

一歩入ると厳かな雰囲気が漂う店内、他店との差を実感。滞在中のドレスアップ用アイテムをゲット

Photo:Bergdorf Goodm

Don't think tee!!

Photo:©Tiffany & Co.

Fabulous!

BAR

❹ マンハッタンの夜景に乾杯〜♪

Beautiful!!

Cheers!!

マンハッタンの夜景を見ながら、明日からの楽しみを考えよう。お酒で一日の疲れを癒そう

Photo:Refinery Rooftop

POINT

高級品を購入した後は、持ち歩かず、タクシーで一度ホテルに置きに戻ろう

Fashionable!!

ショップやレストラン、観光名所もたくさんあるニューヨーク。定番スポットは押さえておきたい！でもみんなが知らない穴場スポットも見逃せない。そんなわがままを実現する4泊6日のモデルプランをご紹介。

シティパスでお得観光！

観光名所を中心に回ろうと考えている人におすすめのシティパス（P.22）。購入は各スポット、ウェブサイトから。

NEW YORK
CityPASS

$138

入場料が40%も抑えられる。有効期限9日間。今はデジタルチケットが便利

とことん定番！
観光スポットを押さえる

2日目は、新スポットはもちろん、定番もばっちり巡ろう。シティパスも大活躍！話題のレストランでの食事もね

2 日目

MORNING

⑤ イタリア系パン屋さんでパンとコーヒーを！

Let's eat!!

ニューヨークではめずらしいおかず系のパンがおいしいお店！

WALKING

⑥ やっぱり外せない！チェルシー・マーケット

NYの食のトレンドをいち早く押さえたいならここへ。おみやげを買うのにもおすすめ

Buy a souvenir

POINT
ハイラインの途中にあるチェルシー・マーケット。散策の途中で立ち寄ろう。

LUNCH

⑧ セントラルパークでピクニック・ランチ

It's a lovely day!

周辺のお店で購入したお総菜やスイーツでピクニック。野外で楽しむランチはおいしさ倍増

SIGHTSEEING

⑦ 気分は探検隊！アメリカ自然史博物館へ

Let's adventure

無料ハイライトツアーで効率よく鑑賞。各階にギフトショップがあるので、おみやげもゲット

DINNER

⑨ おしゃれしてとびっきり豪華なレストランに♥

Fancy restaurant

一流レストランへは、おもいっきりおしゃれして。料理だけでなく、クラシックなインテリアも楽しんで

Photo:Schauer. E. Laignet

POINT
毎日色が変わるイルミネーションのカラーバリエーションは1600万以上。

SIGHTSEEING

⑩ エンパイア・ステート・ビルから摩天楼を一望

How beautiful it is

NYの象徴、エンパイアから眺めるマンハッタンの夜景に感動！深夜2時まで営業しているのもうれしい

AM
9:00 ミート・パッキング・ディストリクト
〈所要時間180分〉
- ⑤ サリバン・ストリート・ベーカリー →P.108
- ハイライン →P.38
- ⑥ チェルシー・マーケット →P.84

🚇 地下鉄10分

PM
13:00 アッパー・ウエスト・サイド
〈所要時間160分〉
- ⑦ アメリカ自然史博物館 →P.56
- ⑧ セントラルパーク →P.44

🚇 地下鉄10分

16:00 アッパー・イースト・サイド
〈所要時間180分〉
- メトロポリタン美術館 →P.50
- ⑨ ダニエル →P.91

🚇 地下鉄10分

20:00 ミッドタウン
〈所要時間240分〉
- ミュージカル →P.58
- ⑩ エンパイア・ステート・ビル →P.30

🚇 駅の構内で行われている演奏や、展示されているアートはMTAのプログラム。公認アーティストによるもの。

11

3 日目

今日は一日 ブルックリンで過ごす！

いよいよ後半戦に突入！ 今日は足をのばして、ブルックリンを満喫しよう。最旬グルメやショッピングが楽しめる。

AM

10:00 ロウアー・マンハッタン →P.68

〈所要時間30〜40分〉

└ ⑪ ブルックリン・ブリッジ →P.178

🚶 徒歩 約30〜40分

11:00 ダンボ →P.178

〈所要時間180分〉

└ ⑫ エンパイア・ストアーズ→P.181

PM

└ ⑬ ブルックリン・ブリッジ・パーク →P.178

⛴ フェリー 約20分

14:00 ウイリアムズバーグ →P.182

〈所要時間180分〉

└ ⑭ アーティスツ・アンド・フリーズ →P.157

└ ⑮ ピーター・ルーガー・ステーキハウス →P.186

└ ⑯ ブルックリン・ブリュワリー →P.188

WALKING

⑪ いざ、ブルックリンへ！ 橋を歩いて渡る

Go to Brooklyn

映画にもしばしば登場するブルックリン・ブリッジを渡って、今日はダンボに足をのばしてみよう

POINT

橋の上は風が強いので、帽子などが飛ばされないように気をつけて。自由の女神が遠目に見える景色も楽しもう。

good Day

LUNCH

⑫ ふぅ〜、疲れた！ パワーチャージしよう

eat me up!!

SIGHTSEEING

⑬ ブルックリン・ブリッジ・パークからスカイラインにHELLO

skyline

POINT

ブルックリン・ブリッジ・パークからの景色は昼間だけでなく、夕景や夜景も最高（P.158）。

イースト・リバー越しにマンハッタンのビル群の景色を堪能。眺めたあとは、フェリーでウイリアムズバーグまで移動しよう

しっかり食べて、午後の観光に備えよう。To Goして公園でランチもいいかも

SHOPPING

⑭ ウイリアムズバーグでセレクトショップ＆古着屋さん巡り

we ♥ shopping

ARTISTS

若手デザイナーによるオリジナル商品がたくさん。お気に入りを見つけよう

DINNER

⑮ がっつりNYステーキをいただきます！

Juicy steak!!

Let's Go!!

老舗ステーキハウスで極上の熟成肉をいただきます！最高においしいディナーは気分が上がる

Photo:Peter Luger Steakhouse

BAR

⑯ 地ビールでおつかれさま〜

So Good!!

お腹が満たされたあとは、クラフトビールで締めくくる！ 感想を言い合いながら、さまざまな種類に挑戦しよう

観光しつつ
おみやげ探しも忘れずに！

名残惜しいけれど、今日でニューヨークともお別れ。グルメやショッピング、観光と最後まで満喫しよう！

MORNING

⑰ NYの朝ごはんベーグルをぱくっ！

表面はカリッと、中はもっちっとした本場のベーグル。ニューヨーカーに交ざってスマートに注文しよう♪

Taste Good!!

SIGHTSEEING

⑱ まだ会っていなかったね自由の女神♥

忘れてはいけないのが、自由の女神。遠くからチラッと見るだけでなく、実際に近くまで会いに行こう

I'm famous

Dress up!!

SHOPPING

⑲ ブランド品をおとくにGET

ディスカウントストアでショッピング。店内は広く混雑しているので、時間に余裕を持って行こう

POINT
おすすめは午前中。早い時間に行くと比較的すいている。

SHOPPING

⑳ グリニッチ・ビレッジでとっておきショッピング

Nice Choice!

グリニッチ・ビレッジには、魅力的な店がたくさん。お気に入りのおみやげが見つかる

SIGHTSEEING

㉑ ラストナイト！NYにBye-bye！

遮るものがないので間近に夜景を望むことができる。もっと滞在していたいけど、NYにお別れを！

Love u〜♥

nice!!

POINT
南側にそびえ立つのは、エンパイア・ステート・ビル！イルミネーションに注目。

SHOPPING

㉒ ラストスパート閉店まで買いまくる

ネオンサインがひしめくタイムズスクエアへ。深夜まで店が開いているので、とことんショッピング

Hurry up!!

まだまだ満喫！
最後までNYを堪能する

まだまだやりたいことはたくさん！帰国日は早朝からスーパーへ。買い忘れたおみやげを探しに行こう

SHOPPING

㉓ グルメストアで朝食&買い物！

useful!!

朝食はここで調達しよう。ロゴ入りのトートバッグはおみやげや自分用におすすめ
Photo：Zabar's

SHOPPING

㉔ スーパーでおみやげ調達もね

アッパー・ウエスト・サイドにはスーパーがたくさん。コーヒー豆のおみやげもおすすめ。おみやげだけでなく、飛行機の中で食べるおやつも調達

4 日目

AM

8:00 チェルシー
〈所要時間30分〉
└ ⑰ ミュレイズ・ベーグル
　→P.97

 地下鉄約20分

9:00 ロウアー・マンハッタン
〈所要時間240分〉
├ ⑱ 自由の女神
│　→P.28
└ ⑲ センチュリー21
　→P.125

 地下鉄約15分

PM

13:00 グリニッチ・ビレッジ→P.74
〈所要時間半日以上〉
├ ブックマーク
│　→P.74
├ ⑳ グリニッチ・レタープレス
│　→P.75
└ ブルーノート
　→P.62

 地下鉄約15分

20:00 ミッドタウン
〈所要時間180分〉
├ ㉑ トップ・オブ・ザ・ロック展望台
│　→P.32
└ ㉒ タイムズスクエア
　→P.42

5 日目

AM

8:00 アッパー・ウエスト・サイド
〈所要時間60分〉
├ ㉓ ゼイバーズ
│　→P.130
└ ㉔ ホールフーズ・マーケット
　→P.128

 タクシー約45〜120分

14:00 ジョン・F・ケネディ国際空港

🚶 マンハッタンは各エリア間が近い。それに比べ、ブルックリンは広いので、行きたい場所を絞って訪れよう。

これがあったら便利&スマート
ハレ旅のお供を準備する

旅に持って行くものをしっかりここでチェックしておこう。あれもこれも持って行きたくなるけど、
ニューヨークの現地調達も可能。最低限の必須アイテムを持ってハレ旅へLet's GO！

半分は空にして、
現地戦利品に
備える！

4泊6日用のスーツケース

たくさんおみやげを買うために
は、大きめのスーツケースを用
意したほうが安心。ただし重量
に注意。

FASHION

NYも日本同様四季があ
る。冬は日本よりもかな
り寒いので、あたたかく
していくのがポイント。

出典：weatherbase

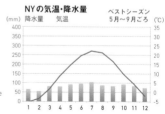

NYの気温・降水量　　ベストシーズン
5月〜9月ごろ

USEFUL ITEMS

高級ホテルならアメニティはある
が、何も置いていない宿泊施設が
多い。持参するのがベスト。

シャンプー＆
リンス

綿棒

日焼け止め

ハンドクリーム

つめきり

ビーチサンダル

折りたたみ傘

コスメは現地調達
も可能

現地のコスメショッ
プでオマケでもらえ
るパウチなら、使い
捨てできるので便利

朝晩はかなり冷
えるので、これに
上着をプラスして

夜はかなり寒く
なるので、上着は
必携

春秋

4 SEASONs
コーデNAVI

夏冬

日本より湿度が
低いのでカラッと
した暑さ

日本より気温が低
く積雪もあるので
しっかり防寒を

サングラスは一年中
マストアイテム！

パジャマ

ホテルにガウンやナイティが
ないことがほとんど。着なれた
パジャマを持参するのが安心だ

サングラス

乾燥しているNYは、直接当たる
紫外線の量が日本に比べて多い
とのこと。特に春から夏にかけ
ては日差しが強い

お役立ちアプリ

NY旅行で役立つアプリを紹介。スマホの盗難やローミング代には注意して！

▶ Google 翻訳

対応言語100以上。文書はもちろん、アプリ版では音声入力やカメラモードなども可能なので、通訳代わりにも。

▶ MYmta
NYの地下鉄とバスを運営するMTAの公式路線検索アプリ。行きたい場所を入力すれば行き方を教えてくれる。

▶ Uber

車を呼べる配車サービス・アプリ。事前に乗車位置やルート、ドライバーの顔や車種、料金が表示されるので便利。

MONEY

NYはカード社会。現金を現地で両替するとレートが悪いので、最低限を日本で両替していこう。

> 予算は滞在日数
> ×
> 1万円

財布

カード
NYでは多額の現金を持ち歩くのは危険。また、最近ではカードしか使用できない店舗も増えている。身分証明のためにも必須

現金
現金は必要最低限の額を両替して持つのがベター。両替は日本国内でしたほうが、手数料が安い

現地で使うサブバッグ

パスポートや貴重品、ガイドブックなどが入る、使い慣れているバッグがおすすめ。チャックで口が閉まるタイプだとなおよし。

4泊6日の平均予算 約**50**万円

価格帯には幅があるので、あくまでも目安。

◎ 事前の出費
航空券 … 20〜33万円
ホテル … 3万円〜（1日）

◎ 現地での1日の出費
🍴 … 1万5000円
🛒 … 1万円
🎵 … 1万5000円
📷 … 5000円

🏢 ホテルに ^{たいてい} あるモノ・ないモノ

あるもの

バスタオル

ドライヤー

シャンプー＆リンス

ないもの

浴衣、ナイティ
日本と違いホテルだと置いていない。パジャマを忘れずに持っていこう

歯ブラシ
衛生面やコスト面から置いていないことがほとんど

スリッパ
アメニティは少なめと思っておこう

°°° ETC.

お金以外にも、パスポートや予約書類関係、旅をより快適にするアイテムを入れて持ち歩こう。

パスポート
コピーも1部持参。クラブなどでIDチェックのときに提示できる

eチケット控え
事前にプリントアウトして空港のカウンターで提示

スマートフォン

入場チケットやレストランでのオーダーなど、NY旅行でスマホは必須

カメラ

ハレ旅

各種証明書のプリントアウト

生理用品などは現地でも購入可だけど、ゴワつくことも。

アフターコロナのNYを知る

□ 01 各種証明書は不要に

2022年6月12日、アメリカは、入国時に義務付けていたPCR検査による陰性証明書の提示を撤廃。また、2023年5月11日以降は、これまで必要だった以下の書類の提示および提出の義務が不要に。概ねコロナ前と同じ手続きでアメリカ入国が可能だ。
・英語が記載されたワクチン接種完了証明書（海外渡航用・新型コロナウイルス・ワクチン接種証明書）
・CDC（アメリカ疾病予防管理センター）指定の宣誓書
・CDCへの情報提供書

□ 02 アメリカ入国の手続き

左記のとおり、日本からアメリカへの入国条件は、基本的には新型コロナウイルス発生以前の状態に。以前と同様に、日本国籍の人がアメリカ本土に渡航する場合、渡航目的に沿った査証（ビザ）の取得が必要となる。
ただし、日本国籍をもち、90日以内の観光や短期商用であれば、「電子渡航認証（ESTA＝エスタ）」という査証免除プログラム（P.205）を利用して、査証免除での渡航が可能だ。渡航72時間前までにオンラインで申請をして渡航認証を取得しておきたい。許可されれば無査証渡航が可能だ。

□ 03 マスクの 着用義務なし

日本では、2023年3月13日以降、マスクの着用は、個人の主体的な選択を尊重し、個人の判断が基本となった。
一方アメリカでは、2023年6月現在、アメリカ全州で屋外屋内ともにマスク着用が不要。街を歩く人々はほぼマスクをしていない状況だ。
ただし、空港や航空機内など混雑する場所では任意での着用が推奨されているほか、医療機関や介護施設では引き続き着用が求められている。バッグに入れておいて必要だと思うタイミングで着けるのがよさそうだ。

スマートフォンでご利用頂けます

政府からのお知らせ **日本へ入国される方へ**
Visit Japan Web 入国手続オンラインサービス

https://www.vjw.digital.go.jp

□ 04 日本帰国の手続き

3回のワクチン接種が未接種の場合、帰国後7日間の自己隔離が必要だったが、2022年6月1日に同措置を撤廃。2023年6月現在、帰国後3日目の自主的な検査と陰性報告も不要になった。
また、日本政府は、日本帰国者に対し、「Visit Japan Web」への登録を推奨している（P.205）。こちらは入国審査・税関申告を行うウェブサービスで、空港での手続きの簡素化が可能に。2022年11月13日をもって「My SOS（入国者健康居所確認アプリ）」は終了、Visit Japan Webに統合された。

新型コロナウイルス感染症により甚大な被害を受けたニューヨーク。
2023年6月現在は、街に活気が戻り、観光客も増加している傾向にある。
現在の入国制限や渡航情報、治安など注意したい点はこちら。

☐ 05 キャッシュレス化が進む

アメリカでは、支払いにクレジットカードを使用するのがかなり浸透している。さらにコロナ禍で、カフェやレストランなど多くの飲食店ではキャッシュレスに対応しなければいけなくなったため、今までは現金しか使用できなかった個人商店やチップなどにもクレジットカードが普及してきた。決済は、ICチップをリーダーに読み込ませるタイプのほか、非接触型のタッチタイプも多い。
最近は、スマートフォンなどのスマートデバイスなどを使った決済システム、Apple PayやGoogle Payで支払いできる場所も増えている。

☐ 06 スマートデバイスは必須

ニューヨークではコロナ禍でキャッシュレス化が進み、スマートフォンやスマートウォッチなどのスマートデバイスを使用する場所が増えている。ミュージカルやメジャーリーグの入場チケットも、購入後スマートフォンにQRコードを表示させた「モバイルチケット」で入場するのが一般的（場合によりアプリのダウンロードが必要）。
また、レストランなどでも紙のメニューを廃止、QRコードで読み取り、スマホからオーダーする形式も増えている。
観光においてスマホはかなりの使用頻度なので、充電機器も忘れずに持参したい。

☐ 07 治安悪化に注意！

コロナ禍であった2020年から2021年にかけて増加していた殺人事件は、2022年に減少したものの、コロナ後、窃盗、強盗などの犯罪が増加。これは、インフレによる経済的困窮による治安の悪化が原因とされる。現在、街に活気は戻っているが、以下に留意して観光しよう。
・犯罪の多いエリアは歩かない
・人通りの少ない道は歩かない（深夜・早朝には特に注意）
・持ち歩く貴重品は最低限に（現金は少額、スマホの管理に気をつける）

☐ 08 物価高を考えたプランを

アメリカのなかでも都市であるニューヨークの物価は高め。加えてインフレや円安で、日本（東京）よりも物価が高く感じるだろう。少しでも出費を抑えたいなら、以下のようなアイデアで乗り切ろう。
・ブロードウエイのチケットは格安チケットのチケッツで購入する
・レストランは税金とチップがかかるので、フードコートやテイクアウトなどですませる
・ハドソン・ヤードやハイラインなど無料で体験できるスポットを回る……など

👣★王道の観光スポットを巡るなら、シティパスもおすすめ（P.11）。自由の女神などの入場料が個別で買うよりもおトクになる。

HARETABI NEWSPAPER

ハレ旅 NEW YORK

日々進化し続ける街、ニューヨーク。新しくできた観光地や駅などお役立ち情報から、現地で活躍するニューヨーカーがオススメするスポットまで、行くなら知っておきたいニュースをお届け！

SIGHTSEEING

地上約390メートルの超高層ビルを登頂！

2021年 11月 OPEN

WOW!!

屋外展望台にあるアトラクション

超高層ビルの外壁の階段を使い、西半球で最も高い展望台「エッジ」の頂上まで登る。スリル満点の体験をぜひ。

超スリリングな体験！

City Climb シティ・クライム

誰よりも高い位置からNYを一望

ハドソン・ヤードにある超高層ビルの展望台「エッジ」を登るアドベンチャー型アトラクション。

🏠30 Hudson Yards (near 33rd St.) ☎1-332-204-8500 🕘9:45～22:00 $185～
www.edgenyc.com/en/cityclimb
ミッドタウン　MAP.別P.14 C-3

フルハーネスの安全帯をつけて45度の階段161段を上る

SHOPPING

観光客にも愛される大人気店が再オープン！

ティファニーNY本店がリニューアル

NYを代表するラグジュアリー ジュエリー。全面改装工事を終え、2023年4月28日に名称も「ランドマーク」として再オープンした

2023年 4月 OPEN

右は3階のブライダルフロア、下は7階のハイジュエリー＆ウォッチフロア

革新的なスカイライトで照らされるメインフロア

Tiffany & Co.
ティファニー

世界的に有名な建築家ピーター・マリノが店内空間、重松象平が3階増築部分などを監修。10階建てのビルはまるで美術館のよう。ニューヨークを代表する新たなランドマークとしても注目される。
>>>P.116

大胆な存在感を放つティファニー ロック

SIGHTSEEING
ハドソン・リバーにオープンした ユニークな水上公園がスゴイ！

2021年 5月 OPEN

川に浮かぶ緑豊かな人工島

マンハッタンの西側、川沿いにある公園内にオープンしたのがリトル・アイランド。ユニークな見た目も話題になっている。

展望デッキや円形劇場などもあり、とくに週末は多くの人で賑わう

Little Island
リトル・アイランド

ピクニックにも最適

起伏に富んだユニークな地形の人工公園。芝生のピクニックエリアが多数あるのでお散歩にもぴったり。ジェンダーニュートラルトイレも完備。

⛵ ハドソン・リバー・パーク内ピア55
Ⓢ 地下鉄A・C・E・L線14 Stから徒歩約8分
ミート・パッキング・ディストリクト
MAP 別P.10 B-2

西13th St.からアクセスしよう

以前は予約制だったが現在は予約不要。入場無料

SIGHTSEEING
歴史的建造物のターミナル駅が リニューアル！

ペン・ステーションに新駅舎オープン

2021年 1月 OPEN

ミッドタウンの西側にある鉄道ターミナル駅が生まれ変わった。歴史的建造物の内部を改装、明るく開放的な空間に。

人気フードスポット、モイニハン・フードホールも入店

Moynihan Train Hall
モイニハン・トレイン・ホール

電車に乗らなくても行ってみたい

全面ガラス張りの高い天井から、たくさんの光が差し込むターミナル駅。ここから地方の都市へ電車の旅が出来る。

⛵ 421 8th Ave.
Ⓢ 5:00〜翌1:00
地下鉄A・C・E線34 Stから徒歩約1分
moynihantrainhall.nyc/
ミッドタウン
MAP 別P.15 D-3

Good!

1914年完成の郵便局の内部を改装

ハレときどきタビ

NYはクールな街!? の巻

MANHATTAN

ニューヨークの『遊ぶ』事件簿

国が違えば、常識も変わる。日本では当たり前の行動も、NYではトラブルのもと⁉ なんてことも。最低限の常識は知っておきたい。

事件ファイル1

観光名所の入場料だけで破産しそうです！

エンパイア・ステート・ビルが$44〜、自由の女神が$31.50〜……。行きたい名所の入場料を合計すると$100を超えてしまう！ どうにかお得に観光できないの？

【解決！】 シティパスを利用しよう！

観光名所6カ所の入場料が42%抑えられるシティパスを活用するのもひとつの手。また、美術館によっては、無料入場の時間を設けているところもあるので、チェックしてみよう。

使える シティパスってなに？

観光名所6カ所の入場料が、シティパス (P.11) を利用するとおトクに！
優先入場や特典があることも。有効期限も9日間と長い。

スポット	楽しむポイント	料金	掲載ページ	MAP
アメリカ自然史博物館 American Museum of Natural History	豊富なコレクションが自慢。1階にあるアメリカ最大級の隕石やシロナガスクジラ、4階の化石は必見。	大人 $23〜	P.56	別P.20 B-3
メトロポリタン美術館（メット） The Metropolitan Museum of Art (Met)	世界最多を誇るギャラリー数が自慢。よく作品の入れ替えを行うので、さまざまな名作が見られる。	大人 $30	P.50	別P.21 D-3
クロイスターズ美術館 The Cloisters	メトロポリタン美術館の別館。中世ヨーロッパの美術と建築を主に展示している。見どころは回廊庭園。	大人 $25	-	別P.4 A-1 外
エンパイア・ステート・ビル Empire State Building	シティパスなら、昼間に上り、同日の夜（22時からクローズの間）なら、もう一度上れる。	大人 $44〜	P.30	別P.16 A-3
サークル・ライン・サイトシーン・クルーズ Circle Lines Sightseeing Cruises	4つのクルーズの中からひとつ選ぶことができる。人気なのは、観光名所を巡る2時間のクルーズ。	大人 $37〜	-	別P.14 B-1
自由の女神 Statue of Liberty(Liberty Island)	王冠へ上るには、事前予約が必要。即売り切れてしまうので、お早めに（6カ月前から受け付け）。	オーディオツアー（日本語あり）付きで大人 $31.50〜	P.28	別P.4 A-3
エリス島移民博物館 Ellis Island Immigration Museum	移民局が設けられた時代の写真が飾られており、当時の様子を見ることができる。NYの歴史を深く学べる。	大人 $24〜 （自由の女神スタチュー・クルーズに含まれる）	P.29	別P.4 A-3
グッゲンハイム美術館 Solomon R. Guggenheim Museum	フランク・ロイド・ライトが設計した建物も見逃せない。カンディンスキーの作品が多いことでも有名。	大人 $25	-	別P.21 D-2
トップ・オブ・ザ・ロック展望台 Top of the Rock Observation Deck	70階には、目の前を遮る柵がないので街が一望できる。南側に立つのは、エンパイア・ステート・ビル。	大人 $40	P.32	別P.15 F-1
ワン・ワールド展望台 One World Observatory	ワン・ワールド・トレード・センターにある展望台。約541mと西半球一の高さを誇る。	大人 $44	P.33	別P.6 B-1
イントレピッド博物館 Intrepid Sea, Air & Space Museum	ベトナム戦争中に重要な役割を果たした、航空母艦。長年の役目を終え、博物館として生まれ変わった。	大人 $33	-	別P.14 B-1

事件ファイル**2**

セントラルパークで
ビールを飲んでいたら注意された！

昼間からお酒を飲めるのはバケーション中の特権！やっぱり外で飲むビールっておいしい〜と思っていたら、見知らぬ人が近づいてきて、注意を受けた。なぜ？？

解決！ 公共の場での飲酒は法律違反！

公園、駅、電車内など公共の場での飲酒は禁止。また、人前で酔っ払うことは見苦しいとされているので、恥ずかしいマナー違反。入店拒否や退去を求められることも。

気をつけたい **こんなマナーとルール**

① **公共の場での飲酒NG**

公共の場での飲酒は法律違反。レストランのテラス席など、決められた場所以外ではお酒を飲まないこと。紙袋に入れて飲酒している人も見かけるが、絶対まねしないで。

② **どこも禁煙が当たり前**

NY（アメリカ）のタバコ規制は厳しく、レストランやバー、公園など公共の場での喫煙は禁止。ホテルもほとんどが禁煙。指定の喫煙場所以外での喫煙は罰金が科せられる。

③ **お酒は21歳以上から**

お酒を店で購入する時や、バーやナイトクラブでの注文時は、必ず身分証明書の提示が求められる。購入できるのは、8時から翌4時まで。タバコの購入もお酒と同じ21歳から。

④ **どこでも1列に並ぶ**

それぞれが適当に並ぶのではなく、同じ列（1列）に並ぶ、フォーク並びが一般的。複数レジがある場合も同じで、順番が来ると「NEXT!」と呼ばれ、空いたレジに誘導してくれる。

事件ファイル**3**

トイレに行きたいのに、トイレがない…！

トイレに行きたくなったら、コンビニか公衆トイレへ！と思っていたけど、全然見当たらない！もうガマンできない。そんな緊急事態、どうやって乗り越えればいいの？

困ったら **ここにかけこんで**

NYでは公衆トイレの数は少なく、あってもすすめられない。以下の場所を利用しよう。

ホテル	高級ホテルやチェーンホテルのロビーにはトイレがあることがほとんど。深夜など時間帯によっては、宿泊客のみ利用可となり止められることも。
カフェ	トイレだけ借りるのはマナー違反。スターバックスなどチェーン店のカフェのトイレを利用するときでも、何かひとつは購入しよう。
美術館	チケット売り場や入口、コインロッカー付近にトイレがあることが多い。長蛇の列になっていることが多いので、余裕を持って並ぼう。

解決！ ホテルやデパートを利用しよう

困ったら高級ホテルのロビーやデパート、大型ショップ、スーパーマーケットがおすすめ。カフェを利用する場合は、トイレだけ使用するのではなく、何か購入するのがマナー。

Manhattan

マンハッタン

言わずと知れたニューヨークの中心街。ビジネスから、ファッション、アート、エンターテインメント、ニューヨークの魅力が詰まっている

摩天楼を擁する、世界の中心ともいえる街

ハドソン・リバー、イースト・リバーに囲まれたマンハッタン島は、ニューヨーク市の中心街。ウォール街や国連本部もある世界的に見ても重要な場所だ。大きくはアップタウン、ミッドタウン、ダウンタウンの3つに分けられる。

凡例
🚇：地下鉄
🚕：タクシー

0　　　　1km

🚇 約10分

4 ハーレム
Harlem

※ハーレムはグリーンキャブか配車アプリなどを利用。

🚇 約12分

🚇 約12分
🚕 約10分

2 アッパー・ウエスト・サイド
Upper West Side

アップタウン
Uptown

3 アッパー・イースト・サイド
Upper East Side

1 セントラルパーク
Central Park

East River

🚇 約8分
🚕 約6分

5 ミッドタウン
Midtown

🚕 約30分
🚕 約40分

17 グラマシー
Gramercy

15 チェルシー
Chelsea

ダウンタウン
Downtown

16 ミート・パッキング・ディストリクト
Meatpacking District

13 グリニッチ・ビレッジ
Greenwich Village

14 イースト・ビレッジ
East Village

10 ソーホー
SoHo

12 ロウアー・イースト・サイド
Lower East Side

7 トライベッカ
Tribeca

9 リトル・イタリー
Little Italy

🚇 約22分
🚕 約20分

11 ノリータ
Nolita

8 チャイナタウン
Chinatown

6 ロウアー・マンハッタン
Lower Manhattan

Hadson River

🗽 自由の女神

Uptown

アップタウン

マンハッタン島の北半分。セントラルパーク両側は文化施設の多い高級住宅街、北端は黒人の街

1 Central Park
セントラルパーク

→ P.44

ニューヨーカーのオアシス

南北4kmの広大な公園。湖や動物園など見どころも多い。

大都会の真ん中で自然を満喫

2 Upper West Side
アッパー・ウエスト・サイド

文化が薫る落ち着いた住宅街

文化施設が多く、人気のマーケットやグルメショップも豊富。

高級感と庶民的雰囲気がまじりあう

3 Upper East Side
アッパー・イースト・サイド

セレブたちが住む高級住宅街

美術館や博物館が集結し、セレブ御用達の高級ショップも多数。

高級ブティックが立ち並ぶ

4 Harlem
ハーレム

→ P.46

ソウルフルな黒人文化の街

ソウルミュージックやブラックアートなど、黒人の文化が息づく。

伝統を守りつつも進化し続ける街

Midtown

ミッドタウン

華やかな中心街。エネルギッシュなニューヨークの魅力が凝縮し、いつも観光客でにぎわっている

5 Midtown
ミッドタウン

→ P.42

観光はこの場所から

34丁目からセントラルパーク南端までのエリアに、タイムズスクエアをはじめ誰もが知るスポットが集結。ホテルも多く観光を始めるのに便利な場所だ。

夜になるとネオンが輝く「NYの顔」タイムズスクエア

Downtown
ダウンタウン

活気があって気取らない、
変化の多いエリア。
アートやグルメ、ナイトライフの
スポットも充実している

6 Lower Manhattan
ロウアー・マンハッタン　→P.68

古い歴史を持つ世界経済の中心地

金融街ウォール街を擁する世界経済の中心地。
自由の女神へのフェリー発着所もここ。

古くは移民の玄関口として発展した土地

7 Tribeca
トライベッカ

元倉庫街の地元に人気のエリア

ロバート・デ・ニーロが仕掛けたレストランをはじめ有名シェフの店も多数。

映画制作会社が多い映画の街でもある

8 Chinatown
チャイナタウン　→P.72

中国料理の看板がひしめく活気の街

漢字の派手な看板の料理店、みやげ物店、食材店が並ぶ。拡大を続けるパワーあふれる街。

最近は点心やパンがローカルにも人気

9 Little Italy
リトル・イタリー

イタリア系移民の歴史が根付く

近年はイタリア系住民が減りチャイナタウンに押されぎみだが、イタリアの味は健在。

イタリアンレストランやカフェが軒を連ねる

10 SoHo
ソーホー

トレンドをリードする洗練された街

感度の高い人に人気のおしゃれなセレクトショップやギャラリー、カフェが集中する。

貴重な建築様式が残る歴史地区でもある

11 Nolita
ノリータ

ほかでは手に入らない品に出合える

North of Little Italyの略。個人経営のショップが多く、ビンテージやレアアイテムが買える。

若手デザイナーのショップが多い

12 Lower East Side
ロウアー・イースト・サイド　→P.70

再開発で大変身した流行発信地

かつてユダヤ人やプエルトリコ人が住む移民街だった。今も新旧入り混じる雰囲気が魅力。

ハイセンスなバーやおしゃれなカフェが並ぶ

13 Greenwich Village
グリニッチ・ビレッジ　→P.74

アーティストに愛される街

石畳やレンガづくりの古い街並みが美しい。昼は学生、夜はジャズクラブがにぎわう。

通称「ビレッジ」。有名クラブが多く集まる

14 East Village
イースト・ビレッジ

夜遊びに最適なユースカルチャーの街

ナイトクラブをはじめ、若者の文化をリードする。新しいコンセプトの店が生まれるエリア。

かつてヒッピー文化の若者が多く住んでいた

15 Chelsea
チェルシー

最新のアートシーンはこの地から

300以上のギャラリーがひしめく。フラットアイアン・ビルやハイラインなどの観光名所も。

閑静な街にギャラリーやカフェが点在する

16 Meatpacking District
ミート・パッキング・ディストリクト

最も注目を集めるホットなエリア

精肉加工工場跡をリノベーション。クールなショップやレストランが次々登場している。

閑散とした工場跡とのミスマッチも魅力

17 Gramercy
グラマシー

歴史的建造物や豪邸が立ち並ぶ

歴史保存地区に指定されたグラマシー・パーク中心の重厚な街並み。散策に訪れたい。

治安がよくのんびりとした雰囲気が漂う

いま SIGHT SEEING で一番NEWなしたいこと！

📷

展望台に行くなら絶対にココ！

2021年10月、グランド・セントラル・ターミナルのそばにある超高層ビル、ワン・ヴァンダービルトに
オープン。ガラスと鏡に囲まれた近未来的な展望台はNYのマストスポット！

Empire State
Building

映えること間違いなし！
たくさん写真を撮ろう！

WOW!!

here!

Summit
サミット

浮遊感を楽しみながら目の前に広がる
マンハッタンを満喫できる最新スポット

グランド・セントラル駅の横に立
つ超高層ビルの91階から93階に
造られた、ガラスとミラーに囲ま
れた、今までとはちょっと違う新
感覚の展望台。

🏠 45 E 42nd St.（ワン・ヴァンダービル
トの展望台）
☎ 1-877-682-140
🕐 9:00～22:00（金・土曜～24:00）
🚇 地 下 鉄 S・4・5・6・7 線 Grand
Central-42 St. より徒歩約1分
summitov.com
ミッドタウン　MAP別 P.16-B2

必見spot **1** Transcendence
トランスセンデンス

ハドソン・ヤードを象徴するモダン建築

エレベータを降り少し進むと、思わず声が出て
しまうような想像以上の世界！エンパイア・ステ
ート・ビルもすぐ近くに見える。

what is
注意すること

床もミラー張りなので、スカ
ートではなくパンツスタイ
ルがおすすめ。スカートを
はいていく場合はレギンス
などをはくと良い。ヒールな
ど床を傷つける恐れのある
靴は禁止。

wonderful

空中に浮いているような体験ができる

マンハッタン

SIGHTSEEING

ART

ENTERTAINMENT

EAT

SHOPPING

STAY

必見spot 2

Levitation
レビテーション

**ガラス張りの
スカイボックス**

ミッドタウン上空に浮かぶガラス張りのボックス。かなりスリリングな特別な体験ができ、撮影スポットとしても人気。

必見spot 3

Affinity
アフィニティ

**たくさんのシルバーの
球体が浮かぶ部屋**

部屋中に浮いている球体に触れることもでき、自分が映り込む面白い写真も撮れる。

浮いているバルーンを使って遊ぼう

必見spot 4

Reflect
リフレクト

アート作品に触れる

草間彌生のアート作品越しに見るマンハッタンの街並みは、いつもの風景と違った雰囲気を楽しめる。

360度ぐるりと見渡すマンハッタン

必見spot 5

Après
アプレス

**北欧をテーマにした
カフェ&バー**

店内でのんびり過ごすのも良いが、飲み物を片手に絶景を見ながらテラスで過ごすのは最高。

サミット・サンセット・マルガリータなど、カクテルは各$18

How to

サミットへの行き方

入口を探す

42st.沿いの入口から階段を降りて地下1階へ降りる。エレベーターは地下2階へ行ってしまうので、必ず階段で降りる。

**QRコード付きの
バンドを貰う**

メールで送られてきたチケットを見せ、QRコード付きのバンドを貰う。当日、券売機での購入も可能だが売り切れの可能性もあるので、事前の予約がおすすめ。

靴カバーを貰う

ミラー貼りの床を傷つけないように靴カバーを装着する。天気が良い日は反射が眩しいので、持っていない方にはサングラスも配られる。

お土産におすすめ

最後の部屋を出るとギフトショップがある。おしゃれなデザインのオリジナルグッズが充実している。

世界の自由を象徴する
自由の女神に会いに行く

TIME
約180分

自由の女神といえば、誰もが知る、そして誰もが会いたい女性ナンバーワン。
彼女に会わずに帰るわけにはいかない！　フェリーに乗ってLet's go！

トーチをかかげて
世界を照らす

Torch
トーチ
以前は明かりが灯り、
登ることもできた。現
在は24金の金ぱくで覆
われている。

Crown
王冠
7つの突起部
分は7つの海
と大陸に広
がる自由を象
徴。事前予約
で登ることも
できる。

高さ93m

Tablet
銘板（めいばん）
アメリカ独立記念日で
ある1776年7月4日と
ローマ数字で書かれて
いる。長さは7m以上。

What is
自由の女神

フランス生まれの美しい銅像
アメリカ独立100周年を祝い、フラ
ンスから贈られた。像は1884年に
フランスで完成し、分解されてから
船で運搬。1886年に除幕式が行わ
れた。以来、正式名称の通り「世界
を照らす自由（Liberty Enlighting
the World）」であり続けている。
www.nps.gov/stli
リバティ島
MAP 別P.4 A-3

$31.50〜

自由の女神 早わかり

Q 設計者はだれ？

A フランス人彫刻家フレデ
リック・オーギュスト・バ
ルトルディ。女神の顔は、彼の
母親がモデルといわれる。

Q どうして緑色なの？

A ブロンズ製なので、完成
当初の色は茶色。銅が酸
化して錆びることによって、今
のような緑色になった。

Q どれくらい重要なの？

A 1924年にアメリカ国定記
念物、1966年にアメリカ
国家歴史登録財、1984年には、
世界遺産に登録された。

Q 映画にも出演してる？

A 『ディープ・インパクト』な
ど数々の映画に象徴的に
登場。なかでも『猿の惑星』の
ラストシーンは圧巻。

★ ★ ★
STATUE OF LIBERTY
WELCOMES YOU

Base
台座
内部は博物館、外
側は展望台になっ
ている。台座はアメ
リカ人建築士に
よって設計された。

マンハッタン

SIGHTSEEING

ART

ENTERTAINMENT

EAT

SHOPPING

STAY

女神のいる島への上陸はツアー参加のみ！

自由の女神に会いに行く 4 step

会いに行くだけでなく内部に登るには、ここで紹介するスタチュー・クルーズに参加するのが唯一の方法。摩天楼の景色も楽しめるクルーズ船に乗って、女神が立つ地に降り立とう。

step 01 まずはチケット購入

チケット売り場でも購入できるが、cityexperiencesのサイト（https://www.cityexperiences.com/ja/）から事前予約しよう（日本語あり）

ツアーオプションから購入したいチケットを選び、日程を選び、今すぐ予約をクリック。New York Crown Reserve の BOOK NOW を選択

日付の変更がなければ、そのまま希望時間を選び、人数を入力する。住所、メールアドレスなどを入力して支払いを。（この画面から英語になる）

メールで案内が送られてくるが、スマホにcityexperiencesのアプリを入れておけば便利。指定時間の30分前までには到着を

step 02 出発はバッテリーパークから

チケット売り場で予約完了メールか、アプリの予約画面を見せて、チケットを受け取る。その後、セキュリティチェックを受ける。

キャッスル・クリントンにあるチケット売り場

Statue Cruises
スタチュー・クルーズ

☎出発 9:00〜16:20
💲大人 $31.50〜、62歳〜 $8〜、子供$12.30〜　www.statuecruises.com
ロウアー・マンハッタン
MAP 別P.6 C-3

リバティ島に上陸する唯一のフェリー

自由の女神が立つリバティ島行きのフェリー。料金にはオーディオガイド（日本語あり）も含まれる。王冠まで登る場合はプラス3ドル。参加者が多いので、時間に余裕を持って。

真っ白い船の上には星条旗が立っている

乗り場でセキュリティチェックを受ける

step 03 フェリーに乗船！

マンハッタンの摩天楼を撮るのもわすれずに！

左にワン・ワールド・トレード・センターも見える

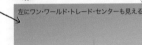

step 04 女神のいるリバティ島へ到着

約15分でリバティ島に到着し、そこからは自由行動。まずは無料のオーディオガイド（日本語あり）を借りよう。2019年5月には博物館もオープン。

女神は水と緑に囲まれて立っているよ

近くで見る女神は圧倒的。一緒に写真を撮ろう

女神の真正面を通る。迫力の姿がすぐそこ！

フェリーには2階と3階にデッキがある。自由の女神のベストショットを撮るなら、屋上にある3階デッキの右側（行きの場合）がおすすめ。

フェリーが到着する桟橋は女神の背後にある

ギフトショップで見つけた！

女神の顔がのったユニークなドリンクホルダー

$40.95

$13.95

スポンジのビッグサイン。スタジアム観戦などに

帰りの Study スポット

Ellis Island Immigration Museum
エリス島移民博物館

アメリカンドリームを夢見た移民たちの歴史

スタチュー・クルーズの復路のエリス島にある博物館。エリス島には1892年から1954年まで移民局があり、約1200万人の移民がここを通って入国した。貴重な資料や写真の展示で、当時の移民たちの様子を詳しく知ることができる。

☎1-212-363-3200　🕘9:45〜16:45
🚫12/25　💲スタチュー・クルーズに含まれる。www.nps.gov/elis
エリス島 MAP 別P.4 A-3

女神の王冠内部に行きたいなら、すぐに予約しよう。人気なので3カ月先まで予約がうまっていることも。

NYのビル群を
エンパイアから見下ろす

マンハッタンの
形がわかる!

エンパイア・ステート・ビルから見下ろす摩天楼は圧倒的な迫力。
NYを代表するランドマークからマンハッタンを一望しよう!

ニュージャージー州

1931年完成の
アール・デコ様式の建物

ワン・ワールド

ダウンタウンビル群

南側には全米一の高さを誇るワン・ワールド・トレードセンターが見える。右手の川沿いはニュージャージー州!

what is
エンパイア・ステート・ビル
NYの象徴といえばこのビル

主な出資者はゼネラル・モーターズ副社長のジェイ・ラスコブ。当時世界一高いビルだったライバルのクライスラー・ビルを抜くために、わずか13カ月という驚異的な早さで建設されたという説も。

Empire State Building
エンパイア・ステート・ビル
→ $44〜

地上102階建ての荘厳な「帝国」

NY州の別名であるエンパイア・ステート（帝国州）の名を持つビル。数々の映画にも登場するNYのシンボル的な存在だ。

- 350 5th Ave. (bet. 33rd & 34th Sts.)
- ☎1-212-736-3100
- ⏰10:00〜21:00（水曜〜22:00）
- ⑤大人$44、エクスプレス$84〜119
- ※86階と102階へのチケットは大人$79
- ※チケットはウェブサイトで事前購入を
- 🚇地下鉄B・D・F・M・N・Q・R・W線34 St Herald Sqより徒歩約4分
- www.esbnyc.com
- ミッドタウン　MAP 別P.16 A-3

このビルから
見下ろす!

展望台は86階と
102階の2カ所に
ある

Come here!!

有名なイルミネーションも間近に見られる

ロビーには黄金のエンパイア・ステートが!

How to

チケット購入	アクセス

チケット購入

step1
ウェブサイト
で購入
日時を指定し、ウェブサイトから購入しよう。

step2
チケットの
種類を選ぶ
86階までのチケット、待たずに入場できるエクスプレスチケット、86階と102階のコンボチケットがある。

step3
クレジットカー
ドで支払い
必要枚数を入力し、クレジットカード情報を入力。チケットは自宅で印刷するかスマートフォンでQRコードを受け取る。

アクセス

step1
セキュリティチェック
チケットを購入済みの場合でも、2階でセキュリティチェックを受ける。大きな荷物は不可。

step2
チケット購入
チケット未購入の場合、チケット売り場で購入。日本語のオーディオガイド（無料）もここで申し込む。

step3
80階を経由して86階へ
エレベーターで80階へ。ここで第2エレベーターに乗り換えてメインデッキの86階へ行く。

step4
希望者は102階へ
102階までのコンボチケットを未購入の場合でも、86階で追加料金$20を支払えばのぼれる。

昼と夜で変わるビューを楽しむ

昼間は自然光にあふれビルの輪郭がくっきり見える。一方、夜はドラマチックな夜景が広がる。

クライスラー・ビルもすぐそば！

☀ **Day Time**

Day timeのアドバイス

10時から営業しているので、オープンすぐ行くのもおすすめ。ゆったりと楽しむことができる。付近にあるクライスラー・ビルやメットライフ・ビルなど有名高層ビルやセントラルパークも見てみよう。

NYのパノラマが楽しめる

宝石箱をひっくり返したよう

🌙 **Night Time**

Night timeのアドバイス

日没時間の1時間くらい前には到着して、夕暮れからの一番美しい時間を楽しもう。ただしデッキが大混雑するのもこの時間。夜景の写真撮影は手ぶれに気をつけて！また、土・日曜はオフィスが休みで灯りが減るため、少しさみしいかも。

Nice!!

マンハッタン

📷 SIGHTSEEING

🎨 ART

🎵 ENTERTAINMENT

🍴 EAT

🛒 SHOPPING

🏢 STAY

BEST! 撮影スポットはここ！

snap!! 📷

エンパイアから見る景色も素敵だが、圧倒的な存在感のエンパイア自体も写真に収めたい。ベストショットを撮るならここへ。

⭐01 グラマシー

ユニオンスクエアの東側にあるグラマシーからは、美しい緑に囲まれたエンパイアを、ほどよい距離感で撮影できる。

エンパイアが街に溶け込んでいる

Nice view!

Gramercy

`MAP 別P.12`

⭐02 トップ・オブ・ザ・ロック展望台

ロックフェラー・センターの展望台(P.32)からはエンパイアが真正面に見える。約70種類のイルミネーションを撮影するのにも最適。

迫力のショットが撮れる！

Top of the Rock

`MAP 別P.15 F-1`

🌼 エンパイア・ステート・ビルの展望台は、夏でも風が冷たく、地上より寒い。上にはおるものを1枚持って行こう。

真正面がエンパイア！
圧倒的なパノラマビュー

エンパイア・ステート・ビル

歓声をあげたくなる
迫力満点の景色！

SIGHTSEEING 03

一度は訪れたい絶景スポット

NYの摩天楼を満喫する

NYの摩天楼を満喫するには、展望台に行くのが一番。
ミッドタウンとロウアー・マンハッタンの2つの
展望台から、眼下に広がる絶景を楽しもう！

真正面に圧倒的な存在感のエンパイアが見える。川沿いに
建つひと際高いビルはワン・ワールド・トレード・センター

TOP OF THE ROCK

pose!

セントラルパーク

広大なセントラルパー
クも一望できる

イルミネーションが
美しい夜景も三番

高層ビル群の
谷間を見下ろす！

道行く人や車が
はるか下に小さく
見える

$40

チケット購入方法は3つ

①ウェブサイトから
希望日時を指定して事前購入でき
るので、並ぶ必要がない。

②窓口で
売り場は地下1階にある。ロックフェ
ラー・プラザでも購入可能。

③シティパス (P.11) で
シティパスホルダー専用の列に並
んで、パスを提示する。

$25

おみやげは1
階と9階にあ
るギフトショッ
プで

Top of the Rock Observation Deck
トップ・オブ・ザ・ロック展望台

遮るものなく絶景を堪能できる

ロックフェラー・センターの展望台。67、69、70
階にあり、最上階には安全柵がないのが特徴。
開放感たっぷりの眺望が楽しめる。

🏠30 Rockefeller Plaza (bet. 5th & 6th Aves.)
☎1-212-698-2000
🕐9:00〜23:00 (展望台行き最終エレベーター
は〜22:10)
💲$40、エクスプレスパス$75
※2023年2月より、改装工事のため展望デッキの
一部エリアへのアクセスが制限される場合あり
🚇地下鉄B・D・F・M線47-50 Sts Rockefeller Ctr
より徒歩約1分
www.topoftherocknyc.com
ミッドタウン MAP 別P.15 F-1

アクセス
入口は50th St.
沿い。事前購入
済みなら2階から

Photo:NYONAir

ワン・ワールド・
トレード・センター

ほかの高層ビルが
半分くらいに見える

マンハッタン

SIGHTSEEING

ART

ENTERTAINMENT

EAT

SHOPPING

STAY

ダウンタウンのシンボル！
まだまだ話題の展望スポット

新しいランドマークとして、ロウアー・マンハッタンに空高
くそびえるワン・ワールド・トレード・センター

Photo by Deen van Meer

One World Trade Center

$44

①ウェブサイトから
希望日を指定して事前購入できる。
15分ごとの時間指定。

②窓口で
空きがなければ購入できないので、
ウェブサイトからの購入がおすすめ。
ワン・ワールドもシティパス可。

自由の女神が
見えるかも!?

$28〜

話題のカフェとバー、
レストランは要予約

Photo by Deen van Meer

One World Observatory
ワン・ワールド展望台

地上381mから望む360度の大パノラマ

104階建てビルの100〜102階部分にある。マ
ンハッタンの南端に立ち、北方向の高層ビル群
を一望できる。

🏠 285 Fulton St. (One World Trade Center 内)
☎ 1-212-602-4000
🕘 9:00〜21:00
(季節により変更あり。最終入館は閉館の1時間
前)
💲 $44
🚇 地下鉄 A・C 線 Chambers Stより徒歩約3分
oneworldobservatory.com
※チケットの事前購入が望ましい
ロウアー・マンハッタン
MAP 別P.6 B-1

カフェにはカジュア
ルメニューもある

夜景もきれいだね

アクセス
入口は West St.
沿いの West Pla
za にある

ダウンタウンでも夜は
ひときわ目立つ存在

圧倒的な高さを誇る近
未来的な外観のビル

Photo:NYONAir

🔭 エンパイアより高いビル、ワン・ワールド・トレード・センター。最頂部は541mで、オープン時は西半球で一番高いビルとなる。

巨大オブジェにうっとり

ハドソン・ヤードで未来のNYを感じる

2019年に一部オープンした、マンハッタン最大級の開発プロジェクト、ハドソン・ヤード。
NYきっての観光スポットは現在も多くの人々で賑わう。

まつぼっくりのような
巨大アートが目印

Hudson Yards　ハドソン・ヤード

ニューヨーク最大規模の都市開発プロジェクト

マンハッタンのミッドタウン西側で進められている大型プロジェクト。東京ドーム約2.5個分の敷地面積に総事業費250億ドル（約2兆7500億円）を投じた。2025年に全区間が完成予定。

🏠20 Hudson Yards(bet.30th & 34th Sts.)（The Shops & Restaurants ビル）☎1-616-954-3100 Ⓜ地下鉄7線 34St-Hudson Yards 駅より徒歩約1分 hudsonyardsnewyork.com
ミッドタウン　MAP 別P.14 C-3

必見spot **1**　Vessel
ヴェッセル

ハドソン・ヤードを象徴するモダン建築

154段の階段と2500のステップでできた8階建ての巨大パブリックアート。無料で展望台に上がれたが、2023年5月現在、閉鎖中。外から眺めて楽しもう。

🕙10:00～21:00　Ⓢ無料
hudsonyardsnewyork.com/discovery/vessel

Photos: Courtesy of Related-Oxford

34

The edge

マンハッタン

SIGHTSEEING

ART

ENTERTAINMENT

EAT

SHOPPING

STAY

モダンな高層ビルディング
が立ち並ぶ

How to

ハドソン・ヤードの
まわり方

午後はアート鑑賞してハイラインへ

ショップ＆レストラン内をぶらぶらしたり
食事を済ませたらシェッドでアート鑑賞
後、スプールからハイラインへ下るのがお
すすめ。

55 HUDSON YARDS		50 HUDSON YARDS
35 HUDSON YARDS		❹ The Edge
	❶ Vessel	❺ The Shops & Restaurants
15 HUDSON YARDS	❷ The Shed	10 HUDSON YARDS
	HIGH LINE	
❺ The Spur		

必見spot ❷

The Shed
シェッド

Humongous!

多目的なイベントが
開催される文化施設

建物の外側を覆うシルバーの外壁は開
閉式になっており、イベントに合わせて
開閉する。アート、音楽、演劇など多目
的なイベントが行われる。

⏰10:00〜21:00（日曜11:00〜19:00）　💲イベントにより異なる
hudsonyardsnewyork.com/discover/shed

最大3000名収容可能
なコンサートホール

必見spot ❸

The Shops & Restaurants
ショップ＆レストラン

スタイリッシュな雰囲気の
大型ショッピングモール

カジュアルからハイエンド
ブランドまで約90ものテナ
ントがずらり。カフェやレス
トランなども充実しており、
朝食からディナーまで幅広
く使えそう。

⏰10:00〜20:00（日曜11:00〜
19:00)
www.hudsonyardsnewyork.com/shop

店内は広く開放的。ゆったり買い物を楽しめる

必見spot ❹

The Edge
エッジ

西半球一高い屋外展望台

高さ386メートル101階建て
のビルには有名企業のオフ
ィスが入っており、壁から突
き出した屋外展望台からは
ニューヨークの景色を一望
できる。

⏰10:00〜22:00
edgenyc.com

地上を見下ろせるガラ
ス張りになったフロア

必見spot ❺

The Spur
スプール

ハイラインで最後の
開発区間

ハイラインの中で最も広く
休憩所にぴったりな区間。
インスタレーションが18カ
月ごとに変わるパブリック
アートスペースは必見。

thehighline.org/design/spur/

アフリカ系女性
をモチーフにし
た巨大彫刻

👣 エッジの展望台では、シティクライム（P.18）という屋外ビルを登頂するアトラクションもある。

摩天楼にうっとり
ルーフトップバーで夜景を眺める

最近ちょっとしたブームなのが、ホテルやビルの屋上を
改装したバー。ニューヨークの美しい夜景を楽しみなが
らカクテルなど飲めば、旅行気分も盛り上がりそう！

数ブロック先に立つエンパイアが目の前に！

メットライフ・ビル

エンパイアを一望できる
ラグジュアリー空間

エンパイア・
ステート・ビル

おすすめMenu
● ● ●
ブランチビュッフェ
■ $45
土・日曜 11:30 ～ 16:00
のみ開催。シャンパン
付き。

ミッドタウンの高層ビル群を一望できる

20F

230 Fifth
トゥーハンドレッド・
サーティ・フィフス

五番街にある人気スポット
NY最大のルーフトップバー。下の
階にあるゴージャスなラウンジから
も絶景を見ることができる。

🏠230 5th Ave. (at. 27th St.)
☎1-212-725-4300
⏰16:00～24:00（金曜16:00～翌3:00、
土曜11:30～翌4:00、日曜11:30～
24:00）🚇地下鉄R・W線28 Stより
徒歩約3分 🌐www.230-fifth.com
※スエットパンツやスポーツウエア
の入店は不可
チェルシー　MAP別 P.11 F-1

至近距離で見るエンパ
イアはまさに圧巻

迫力のエンパイアが
手に届きそうな距離に！

21F

Top of the Strand
トップ・オブ・ザ・ストランド

都会のオアシス的空間
ストランドホテルの屋上にある、緑豊か
な大人のスタイリッシュ空間。ここから
見るエンパイアは格別の美しさ！

ビルの谷間にある公園
のような雰囲気のバー

🏠33 W. 37th St. (bet.
5th & 6th Aves.) Marriot
t Vacation Club Pulse H
otel内
☎1-646-368-6426
⏰17:00～23:00　🚫日
～木曜

🚇地下鉄B・D・F・M・N・Q・R・W34
St Herald Sqより徒歩約5分
🌐www.topofthestrand.com
**ミッドタウン
MAP別 P.15 F-2**

おすすめMenu
● ● ●
チーズ・ボード
■ $21
お腹に余裕があれば、
ダブル・メイン・ロブス
ター・ロール $29 も試し
てみて！

How to
ルーフトップバーへ行こう

welcome

ひと言英会話

1 予約は不要
予約をする必要はなく、
ウォークインで入れる。
ただし、サンセットや夜
景などの混み合う時間
は電話で予約してから
行ったほうが確実。

2 服装
カジュアルすぎる服装
は避けたい。たとえば
ダメージジーンズや短
パン、ビーチサンダル
などでの入店は不可の
場合がある。

3 オーダーしたい
カクテル
やはり注文したいのは
カクテルの女王、マン
ハッタン。見た目もき
れい。店のオリジナル
カクテルもぜひ！

2名で予約をお願い
します。I would like
to make a reserva-
tion for two people.
マティーニを1杯く
ださい。I would like
a martini, please.

マンハッタン

🄾 SIGHTSEEING

🎨 ART

🎵 ENTERTAINMENT

🍴 EAT

🛒 SHOPPING

🛏 STAY

空のグラデーションが
きれい

ライティングにも
注目

エンパイアを背景に
ナイトライフをエンジョイ!

ライトアップが
始まる夕暮れ時
がおすすめ!

Nice to
meet you!

おすすめMenu
クリスピーシュリンプタコス
$18
カリッと揚げたエビと
サルサ、チーズ、ピクル
スをタコスにはさんだ
一品。

13F

Refinery Rooftop
リファイナリー・ルーフトップ

おしゃれピープルが通うヒップなバー

ファッション・ディストリクトに立つデザイナーズ
ホテルの屋上にある。業界人たちが集うスポット
としても知られる。カクテルも評判!

🏠63 W 38th St. (near 6th Ave.) Refinery Hotel 内
☎1-646-664-0372
🕐11:30～23:00(金・土曜～翌1:00)
🚇地下鉄B・D・F・M線42 St Bryant Pkより徒歩約
4分
www.refineryrooftopnyc.com
ミッドタウン　MAP別 P.15 F-2

エンパイアのイルミネーションも楽しめる

少し足をのばして
タイムズスクエアから
地下鉄で約20分

ソファに座って、川沿いの絶景を楽しめる

おすすめMenu
ワカモレ
$14
クリーミーなアボカドに
フレッシュなコリアンダ
ーをミックス。いろいろ
ディップして食べよう。

12F

Lost in Paradise Rooftop
ロスト・イン・パラダイス・ルーフトップ

**クイーンズ地区からの
レアな夜景を堪能できる**

開発が進む川沿いのエリアにあ
る。クイーンズ・ボロ・ブリッジと
対岸のミッドタウンの摩天楼を
一望!

🏠11-01 43rd Ave., Long
Island City (bet.11th & 12th
Sts.)
☎1-2 12-319-7000
🕐火曜17:00～22:00、木曜17:00
～23:00、金曜17:00～翌4:00、
土・日曜13:00～16:00、17:00～
翌2:00 (日曜～22:00)

🚫月・水曜※季節により変動あ
り
🚇地下鉄F線21 St Queensbrid
geより徒歩約9分
www.zhotelny.com/the-z-roof
top/
**ロング・アイランド・シティ
MAP別 P.4 B-2**

🌃 230 Fifthは冬には屋外デッキにイグルー(ビニール製の透明な円形シェルター)が設置される。　　37

マンハッタンの空中庭園
ハイラインを探検する

ミート・パッキング・ディストリクトから34丁目まで延びるハイラインは、人気観光スポットとしてすっかり定着。高架鉄道跡を再開発した空中公園を探検しに行こう！

wonderful!

Amazing!

動きやすい服とシューズで出かけよう♪

自然がいっぱいの都会のオアシスで
空中散歩を楽しもう！

季節の花々が咲く緑豊かな公園は、ビルの3階くらいの高さにある。都会の喧騒から離れてひと息つくのにぴったり

The High Line
ハイライン

空中公園から、全く違う視点で街を見る！

地上約9メートルの高さから、ミート・パッキング・ディストリクト（MPD）やチェルシーの街並みを一望できる。西側にはハドソン・リバーが広がり、公園内は自然も豊富。2019年にはミッドタウンの34丁目まで開通したこともあり、再び注目を浴びている話題スポット。

Hello!

🏠 10th Ave. と 12th Ave. の間、Gansevoort St. 〜 W. 34th St.
☎ 1-212-206-9922 🕐 7:00 〜 19:00（季節により変更あり）
🚇 地下鉄 A・C・E・L 線 14 St-8 Av より徒歩約7分
www.thehighline.org
ミート・パッキング・ディストリクト
MAP 別P.10 C-3
（アクセスポイント）

MPDとチェルシーという場所柄、ローカルのおしゃれピープルも多い

1時間の無料ガーデンツアーも開催。要予約。詳細はウェブサイトで

300種類以上の植物が生息し、四季折々の花が楽しめる

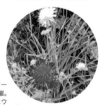

What is
ハイライン

かつては高架鉄道として活躍し、今はニューヨーカーの憩いの場に

1934年から1980年代まで高架鉄道として使用。2006年から再開発の工事がスタートし、2009年に第1区、2012年に第2区、2014年に第3区がオープン、2019年には最終区がオープンした。

かつては精肉工場や倉庫などを結ぶ貨物列車用の高架路線として使われていた

Photo : The High Line

マンハッタン

◎ SIGHTSEEING

🎨 ART

🎵 ENTERTAINMENT

🍴 EAT

🛒 SHOPPING

🏢 STAY

6
30丁目沿いには昔の線路が残されていて、迷路のような公園もある。

━ 昔の線路が残る

ハドソン・ヤードにある
オブジェ、ヴェッセル

GOAL！

Z
ゴールはハイラインの最終区間 The Spur。隣接したハドソン・ヤードでひと休みしよう。

Highline Map

34丁目沿いがゴール。地下鉄7線の34 st-Hudson Yards駅とハドソン・ヤードのすぐそば。

7 Hudson Yards ← 途中に積み木のようなベンチが置いてある。

● アクセスポイント（出入口）

ポイントをおさえて、お散歩を楽しんで！

4
チェルシー・グラスランズ（草地）と呼ばれる区間には、さまざまな種類の草花が生い茂る。すぐ横にはビル！

雑草じゃないよ！

徒歩7分

かっこいいオブジェ発見

6 ←
30th St.
道幅が広くなり開放的な気分を味わえる。

徒歩6分

アートも楽しめるよ！

26th St. Viewing Spur
このあたりはチェルシーのギャラリー街。

5

徒歩8分

5
26丁目沿いにも展望スポットがあり、通りを一望できる。テーマに沿ったアートもある。

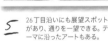
道路が下に見える

23丁目には芝生広場と階段状のベンチがある。

Chelsea Grasslands

公園をまたぐハイラインホテル

4
徒歩1分
3

10th Avenue Square
チェルシー・マーケットもすぐそばにある。

徒歩7分

ホテルを過ぎるとサンデッキが置いてある。

The Standard High Line

すぐ西側にあるのはホイットニー美術館。

1

Gansevoort & Washington Srs.

2

2
13丁目にハイラインをまたいで立っているのは、おしゃれな外観のスタンダードホテル。ルーフトップバーもある。

**ぐるっと90分歩くのが楽しい
ハイライン散歩**

端から端までは約30分で歩く。写真撮影タイムや途中休憩を入れて、約90分はみておこう。

3
17丁目にある階段式の広場は前方がガラス張り。浮いているような不思議な感覚で10番街を一望できる。

冬は極寒になるから、防寒してね

ここがアクセスポイント →

ガンズヴォート通りから
START！

1

1
入口はガンズヴォート通りとワシントン通りの西北角。階段を上ると、広々とした展望スペースがある。

ニューヨーカーのように
グリーンマーケットから朝をスタート！

暮らしの大切な一部として親しまれているグリーンマーケット。
旬の野菜や果物、手づくりパンが楽しめる地元の味覚を発見しよう。

> まずは朝ごはんを
> ゲットしようか！

**月・水・金・土曜は
ユニオンスクエアへ！**

市内で最も有名なユニオンスクエアのグリーンマーケット。晴天時には旬の食材を求める人々でにぎわう

種類も豊富な色とりどりの鮮
やかなトマトがずらり

トマト
シーズンの夏ともなると多
種多様なトマトがお目見え

財布を片手に野菜の品定めをする
女性客。NYの日常的な光景

オクラ
英語圏ではOkra
と表記される夏
の人気野菜

食べ頃の状態で収穫されたフルー
ツはどれも美しい

ベリー類
日本では珍しいグースベ
リーなどもラインナップ

> 午前中のほうが
> 品揃えが充実し
> てるよ！

Good!!

Union Square Greenmarket
ユニオンスクエア・グリーンマーケット

NYの食文化を体感できる

NY市内のグリーンマーケットのなかでも、最大に
して最も著名なマーケット。非営利団体GrownNYC
が運営しており、NYの食文化を支える近郊の生産
者たちがここに来て、旬の生産物を販売している。

🏠 E. 17th St. & Union Square W.
☎ 1-212-788-7476
🕐 月・水・金・土曜 8:00 〜 18:00 　🚫 火・木・日曜
🚇 地下鉄 L・N・Q・R・W・4・5・6線14 St-Union Sq より
　徒歩約3分
www.grownyc.org
グラマシー　　MAP 別 P.12 A-2

NY近郊でとれた新
鮮な野菜を求めて
多くの人が訪れる

How to

グリーン
マーケットの
楽しみ方
ベスト3

1 **旬な野菜をチェックする**
日本同様、四季があるNYでは季節の野菜や果物が
生産されている。さまざまな生産者を見ながら、旅
の季節感を実感するのも楽しみのひとつ。

2 **People Watching**
多くのニューヨーカーが食材を求めてやって来る。さ
まざまな人々をピープル・ウォッチングするのも楽し
い。犬連れやジム帰りの人が多いのも特徴。

3 **クッキーや牛乳などを公園で買い食い**
旅行中は、野菜を買ってもホテルで調理するのは難し
いもの。ただ、パンやクッキー、牛乳やジュースなら
手軽に味わえる。ベリー系のフルーツも食べやすい。

マンハッタン

SIGHTSEEING

ART

ENTERTAINMENT

EAT

SHOPPING

STAY

チェックしておきたいテナント

日本語が堪能なアンドリューさん。
「日本語で話しかけてね！」

テナントによっては特定の曜日限定で出店しているところも。ここではイチオシテナントをちょっとだけご紹介。お気に入りを見つけたら、その曜日を目指してGo!

welcome!!!

ほんのりとやさしい甘さがクセになる！

Andrew's Honey Farm 水・土

NY市内のビル屋上の空きスペースを使って都市養蜂を推進している。マンハッタンやブルックリン産のハチミツはレアなおみやげになること間違いなし。

NYCハニー

市内各地の屋上養蜂場でつくられたフレッシュなハチミツ。

Ronnybrook Farm Dairy 水

1941年創業。NY郊外にある牧場、ロニーブルック・ファームも出店。搾りたての新鮮なミルクを使った乳製品は、どれも濃厚な味わい。

Healthy!

ミルクやバター、アイスクリームも販売しているのでチェック

コクがあってまろやかで酸味がいい！

$3.99

ヨーグルトドリンク（マンゴー）

ヨーグルトの味がしっかり楽しめる。マンゴーのつぶつぶ入りなので、さっぱりとした食感も楽しめる。

Mountain Sweet Berry Farm 土

NY州サリバン郡にある家族経営の農場。ポテトやエアルームトマトなどを栽培している。

ストロベリー

NYへ夏の訪れを告げてくれる香り豊かな人気商品。

Yummy!!!

スタッフのお兄さんが気軽にストロベリーを試食させてくれる

ツヤツヤのいちごから甘〜い香りが漂う！

Don't Forget!!

こちらもチェックして

マーケット内にあるパン屋さんでは、おやつにもよさそうなクッキーやマフィンなども見つかる。また秋から冬に出まわるアップルサイダーもお試しを。

オーガニックでシュガーフリーのクッキー

$3.75

自家製アップルサイダーはだいたい$2.50〜

$3.50

Martin's Pretzels 月・水・金・土

1つひとつていねいに手びねりされたプレッツェル。焼きたての香ばしさが食欲をかき立てる。

Let's go!!!

試食して気に入ったら、ぜひ袋ごと購入しよう！

$3.5〜

プレッツェル

塩味がピリッと効いたスナック。食べ歩きもOK。

Come here!!!

お店の人との会話を楽しんで

日本であまり見かけない野菜いろいろ

マーケットにはめずらしい野菜や果物もいっぱい。ここではその一例をご紹介。

Heirloom Tomatoes

見た目も色も個性的なトマト。品種改良をしていない古来の伝統種でNYではおなじみ。

Sweet Potatoes

サツマイモだが、日本のものとはまったく異なり、あまり甘くなく、中がオレンジ色なのが特徴。

Italian Plums

楕円形の小さな形。別名プルーンプラム。タルトにのせて焼いたり、ジャムにするのが一般的。

Watermelon Radishes

一見、赤カブに見えるが、中は赤くスイカに似ていることから名づけられた。大根のような味。

Romanesco

日本でも話題の緑黄色野菜。見た目はブロッコリーっぽいが、味はカリフラワーに似ている。

NY観光の定番！

タイムズスクエアで
SNS映えスポット探し

NYといえば、まずはじめに思い浮かべる風景が、ここタイムズスクエア。昼夜問わず、記念撮影のセルフィーをする多くの人々でにぎわっている！

世界中から訪れる人々でにぎわう

ミッドタウンの中心

Haretabi NY
NYPD

📍 47th St. & Broadway

47th St.とBroadwayの角にある警察のブース。夜になるとネオンサインも灯り、周辺のランドマークにも。NYPDブルーがCOOL！

ミッドタウン　MAP 別P.15 E-1

Haretabi NY
Shubert Alley

📍 7th Ave. & Broadway

44th St.と45th St.の間にある細い小道。もとは周辺劇場の裏出口だったか。ブロードウェイ関連のイベントも開催される穴場的スポット。

ミッドタウン　MAP 別P.15 E-1

Haretabi NY
TKTS

📍 46th St. & 7th Ave.

ブロードウェイの格安チケットブース、チケッツの階段前、足元をよく見ると、付近の劇場名がずらり。見逃さないようにチェック！

ミッドタウン　MAP 別P.15 E-1

マンハッタン

SIGHTSEEING

ART

ENTERTAINMENT

EAT

SHOPPING

STAY

Times Square
タイムズスクエア

**全米で一番
観光客が多いといわれる**

Broadwayと7th Ave.、W. 42nd St. に囲まれた三角形の広場。ブロードウエイの劇場が多く集まり、大型ショップやレストランも深夜まで営業している。夜景スポットの撮影場所としても人気。

🏠 42nd St. (at Broadway)
🚇 地下鉄N・Q・R・S・W・1・2・3・7線 Times Sq - 42 St より徒歩約1分
www.timessquarenyc.org
ミッドタウン
MAP 別P.15 E-1

ブロードウエイの割引チケットを扱うTKTSの階段はマストスポット。朝10時のオープン直後なら空いているので撮影しやすい。

What is

注意すること

着ぐるみとの撮影
1 遠くを要求してもお金を要求してくる。高額なチップを要求してくるので、撮影はおすすめしない。

スリや盗難に気をつけて
2 常に荷物から目を離さないように。人が多いところではバッグは前に来るようにして持とう。

📷 Haretabi NY
Grand Slam

📍 47th St. & Broadway

周辺にはおみやげ屋さんがたくさん。観光名所がモチーフになった「いかにも」なおみやげすら、かっこよく撮影できてしまうのはNYならでは。
ミッドタウン　MAP 別P.15 E-1

📷 Haretabi NY
Broadway Sign

📍 46th St. & Broadway

通りをちょっと見上げると、ストリートの看板に自由の女神のイラストを発見。こんなところでもNYを感じることができて楽しい！
ミッドタウン　MAP 別P.15 E-1

📷 Haretabi NY
M&M's®

📍 48th St. & Broadway

カラフルチョコでおなじみのM&M's®のオフィシャルショップ。大型スクリーンに映し出される映像も一緒に撮るだけで絵になりそう。
ミッドタウン　MAP 別P.15 E-1

デリをテイクアウトして
セントラルパークで TO GO ランチ

ニューヨーカーがよく活用する TO GO＝お持ち帰りランチ。
天気のよい日には、開放感あふれるピクニックランチを楽しもう。

自然を感じながら
のんびりランチ！

B ストロベリー・レモネード（左）
$3.99
甘さ控えめ、見た目も
かわいいレモネード

B アイス・ティー（右）
$3.75
日本人にはうれしい、ス
トレートティー

B エンペナダ＆ビッグ・イン・ナ・ブランケット
$3.99
ビーフパテとソーセー
ジ入りの総菜系パイ

A トルティーヤ・チップ
$4.99
ブルー＆イエロー・
コーンのカラフル
なチップ

C サラダ
$10.79〜
ベイビー・スピナッチに
チーズと卵がオン！

B シャルキュトリー
$21
贅沢なハムやテリーヌ、
パテの盛り合わせ

A ヒカマ・マンゴー・サルサ
$6.20
メキシコ原産の根
菜類ヒカマとマン
ゴーのサルサ

A マッシュルーム・ピザ
$8.67
きのこたっぷりの
切り売りピザ。アツ
アツのうちに

緑のなかで食べるランチは格別だ

Go To Lunch

Central Park(Sheep Meadow)
セントラルパーク（シープ・メドウ）

**ニューヨーカーに愛される
人気のピクニックエリア**
セントラルパーク西部に位置し、
春から秋にかけて一般開放され
るオープンスポット。晴天時には
多くの人々でにぎわう。美しい芝
生の向こうに摩天楼を望みなが
らのピクニックが人気だ。

青空と同じ、いつも
違う摩天楼がある

のんびり過ごすの
にぴったり

🏠西側 66〜69th Sts.
🕐5〜10月中旬
🚇地下鉄 A・B・C・D・1線 59 St Columbus
Circleより徒歩約10分
www.centralpark.org
セントラルパーク
MAP 別 P.18 B-1〜B-2、C-1〜C-2

A. Whole Foods Market
ホールフーズ・マーケット

セントラル
パークから
徒歩約5分

テキサス発の人気グローサリー
全米各地に400以上もの支店を持つ、アメリカのオーガニック・
ブームの火つけ役。チェーンではあるが、ローカルにこだわった
食品や生活用品が充実。テイクアウト用のビュッフェも人気。

🏠10 Columbus Circle
(bet. 58th & 60th Sts.)
☎1-212-823-9600
🕐7:00〜22:00
🚇地下鉄 A・B・C・D・1線 59 St
Columbus Circleより徒歩約2分
www.wholefoodsmarket.com
アッパー・ウエスト・サイド
MAP 別 P.18 B-2

Let's
go!

マンハッタン

SIGHTSEEING

ART

ENTERTAINMENT

EAT

SHOPPING

STAY

B シリアス・グリーン
$8.51
ケール＆りんごのコールドプレス・ジュース

B ランチボックス
$11.02〜
ハーブチキン、穀物サラダとマック＆チーズ

ひとり旅におすすめの
ランチボックス

A ハニーデュー＆
ラズベリー・ウォーター
$4.99
メロンとベリー入りミネラルウォーター

A ロブスター・サラダ・
ロール＆ベジタブル・
ドラゴンロール
$12.99 ＆11.49
味も見た目も完璧なひと口サイズの巻き寿司

巻き寿司は複数名でシェアするのにも最適

B ウォールナッツ・
レーズン・ブレッド
$6.50
くるみとレーズンたっぷりの素朴なパン

お総菜と一緒
にパンも購入
したい

B ベリー・パフェ
$7.5
ヨーグルトとブルーベリーに話題のチアシードを

持ち運びも片付け
も楽な小さめサイズのデザート

Enjoy

B. Epicerie Boulud
エピセリー・ブールー

セレブシェフによる最高の味をお手軽に

ミシュラン・シェフとしても名高い巨匠、ダニエル・ブールーのディクアウト専門店。本格的なフレンチのお総菜やスイーツ、サンドイッチ、ジュースなど、グルメもうなるメニューが目白押し。

🏠1900 Broadway
(bet. 63rd & 64th Sts.)
☎1-212-595-9606
🕐8:00〜16:30
Ⓜ地下鉄1線66 St Lincoln Cent
erより徒歩約2分
epicerieboulud.com
アッパー・ウエスト・サイド
MAP 別P.18 B-2

セントラル
パークから
徒歩約6分

C. DIG
ディグ

彩り豊かな新鮮総菜のテイクアウト専門店

テーマは"農場から食卓へ"。近郊でとれた旬の素材でつくった多彩なメニューの中から、それぞれタンパク質、穀物、野菜や果物を組み合わせ、自分だけのランチボックスが楽しめる。

🏠100 West. 67th St.
(near Columbus Ave.)
☎1-212-335-2107
🕐11:00〜22:00
Ⓜ地下鉄1・2線66 Stより徒歩約3分
www.diginn.com
アッパー・ウエスト・サイド
MAP 別P.18 A-1

セントラル
パークから
徒歩約4分

ブラック・カルチャーの聖地
ハーレムに降り立つ

ブラック・カルチャー発信地でゴスペルとソウルフードを堪能。ウォーキング・ツアーにも参加して、変貌中のハーレムの今を体感しよう。

一度は聴いてみたい
Gospel

奴隷制時代に黒人たちが歌い始めた神への讃歌、ゴスペル。ハーレムでは毎週日曜日の礼拝で聴ける。

powerful!

Great!

TIME
約90分

歌以外にダンス・パフォーマンスも展開

Bethel Gospel Assembly
ベテル・ゴスペル・アセンブリー

迫力のステージが繰り広げられる

ゴスペルはもちろん、ダンスなども楽しめる。ヨーロッパからの観光客が多く、夏期は満席で入れないことも。早めに行こう。

🏠2-26 E. 120th St. (bet. 5th & Madison Aves.)
📞1-212-860-1510
🕐日曜礼拝10:15
🚇地下鉄2・3線116 Stより徒歩約9分
※見終わったら献金皿に1ドル程度を入れる
www.bethelga.org
ハーレム　MAP 別 P.22 C-2

画面に歌詞が映し出されるので一緒に歌える。会場中が一体感に包まれて大盛り上がり！

もっとディープにお勉強
Walking Tour

もっと深く知りたいなら、ハーレムに精通する現地在住ガイドさんが案内するツアーに参加！

TIME
約180分

出発〜

START

待ち合わせ場所は135丁目の地下鉄駅前
集合場所は地下鉄2・3線135 Stの駅前（詳しい場所は申し込み時に連絡）。タイムズスクエアから地下鉄で6つ目の駅で、約20分で到着

ブラック・カルチャー100%体感
ハーレム・ウォーキングツアー

ハーレム在住20年以上の堂本さんの解説を聞きながら、ディープなスポットを巡るツアー。ハーレムの今を体感できる！

催行日、料金など詳細は問い合せを
www.nybct.com

わぁ〜！ダイナミック

私がご案内します

堂本かおるさん
大阪出身。1996年に渡米。ブラック・カルチャーやマイノリティ文化などを専門とするライターとして活躍中。

まずはハーレム病院の巨大壁画を鑑賞
ハーレムの概要や歴史について聞いたあと、出発！　ガラス張りの巨大壁画は1937年に描かれた3作品を2012年に復元したもの

It tastes good!

TIME ⏱ 約90分

常連客だけでなく観光客も入りやすいカジュアルなレストラン

黒人の伝統料理
Soul Food

奴隷制時代に生まれた黒人たちの家庭料理。フライドチキンや煮物など、日本人にも親しみやすい。

Amy Ruth's
エイミー・ルース

ローカルも通う人気ソウルフード店
1998年のオープン以来、絶大な人気を誇る。特にチキン＆ワッフルが有名で、サービスのコーン・ブレッドも絶品。

🏠113 W. 116th St. (bet. Adam Clayton Powell Jr. & Malcom X Blvds.) ☎1-212-280-8779 🕐11:30〜21:00（金・土曜11:00〜22:00、日曜11:00〜21:00）🚇地下鉄2・3線 116 Stより徒歩約1分
amyruths.com
ハーレム MAP別P.22 B-2

\$23.50

The Tommy Tomita
ハーレムの日本人ガイドの名がついたフライドチキン＆ワッフル

マンハッタン

📷 SIGHTSEEING

🎨 ART

🎵 ENTERTAINMENT

🍴 EAT

🛒 SHOPPING

🏛 STAY

What is
ハーレム

1 どこのこと？
マンハッタンの北部に位置する。東西に走る125丁目をメインとし、この通り沿いには西から順に地下鉄 A・B・C・D と 2・3 線の駅がある。

2 どんなエリア？
もともとはオランダ人が住んでいたが、20世紀初頭から南部の黒人が流入。東側のイースト・ハーレムにはヒスパニック系も多い。

3 通り名が２つある
6番街はマルコムX、7番街はアダム・クレイトン・パウエルJr.、8番街はフレデリック・ダグラスと、黒人著名人の名がついている。

4 治安に注意
人通りの少ない裏通りは避けよう。イースト・ハーレム側を歩くときも注意。125丁目や135丁目周辺は観光客も多く、にぎやか。

\$20〜

please come!

おつかれさま

→ **FINISHED**

ハーレムモチーフが豊富なTシャツ店
おみやげにぴったりなアイテムが揃う。最後に周辺の地図がもらえるので解散後も散策できる

伝説的ラッパーへのオマージュ
24歳で射殺されたビッグ・エルの肖像。死後リリースされた彼のアルバムのジャケットがモチーフ

コミュニティ団体が制作
NY市警による有色人種の不当暴力に対抗するために、法的権利などが描かれている啓蒙的壁画

ハーレムならではのお店を訪問
鮮やかな色彩が魅力のアフリカン・ファブリックの店や、黒人絵画専門のアートギャラリーを訪問

映画の撮影地としても有名
ストライバーズ・ロウと呼ばれる通りには19世紀の美しい建物が並ぶ。著名人も住む高級住宅地

マイケル・ジャクソンもここから誕生！

メインストリートを散策
地下鉄に乗り、125丁目へ移動。ブラック・ミュージックの殿堂アポロ・シアターもこの通り沿いにある

アポロ・シアターで開催されるアマチュアナイトは、プロへの登竜門。過去にジャクソン5やローリン・ヒルなども出演した。

47

読めば快晴 ☀ **ハレ旅 STUDY**

NYが舞台の
Movie & Drama
映画・TVドラマ

『SATC』の新章として話題の『AND JUST LIKE THAT... / セックス・アンド・ザ・シティ新章』。シーズン2の上陸も待ち望まれる。

映画・TVドラマのロケ地が多いNY

　数々の映画やTVドラマの舞台として登場するNY。1966年、NY市は全米初の試みとして、映画やTVの撮影許可やサポートを専門で管轄する「映画・演劇・放送オフィス」を設置。この専門部署の存在によって、撮影はスムーズに進行し、現在のNYへの観光客誘致にもつながっている。ちなみに、ロケ地として人気のエリアを過去数年の撮影許可数別にみると、1位はタイムズスクエアがあるミッドタウン、以下、ウイリアムズバーグ、ロウアー・マンハッタン、ハーレム、グリーンポイントの順となっている。

**20代OLにオススメ
ミーハー心を満たす
映画・TVドラマはコレ！**

元気になれるラブコメ、スタイリッシュなイケメンが出てくるストーリーが大好きな人におすすめ。おしゃれなライフスタイルにうっとり。

NYファッション業界がわかる！

The Devil Wears Prada
プラダを着た悪魔

ジャーナリストを目指すアンディ（アン・ハサウェイ）が有名ファッション誌の名物編集長のアシスタントに。彼女の横暴に耐えつつ、仕事を学ぶ姿を描く。

アッパー・イーストが舞台

Gossip Girl
ゴシップガール

アッパー・イースト・サイドに住むハイソなセレブ高校生たちの恋愛物語。酒、ドラッグ、セックスなど、彼らの奔放でシャレた生活が描かれる作品。

Enchanted
魔法にかけられて

セントラルパークで歌うシーンも

魔法の国で暮らすプリンセスが、王子との結婚式の日に魔女に陥られ、現実のNYに送り込まれる。そこで大騒動を繰り広げる。

アン・ハサウェイやティナ・フェイ、デーブ・パテールなど映画で
おなじみの俳優陣も出演している『モダンラブ』

今はおしゃれエリアとなったブルックリンが、華やかな都会マンハ
ッタンの対比として描かれている、『サタデー・ナイト・フィーバー』

初心者にオススメ
あこがれのNYを楽しむ
映画・TVドラマはコレ！

最先端のスタイリング、クラシックな装いなど、
感性が磨けるセンスのいい作品が好きな人はこ
れ。あつ〜い友情と、ラブ要素もあり。

ミドルエイジにオススメ
サブカルな
映画・TVドラマはコレ！

昔あこがれた古き良きアメリカが描かれている
作品が見たい人に。名俳優たちの演技と、なつ
かしの音楽に酔いしれる。

あの伝説の物語の新章！

AND JUST LIKE THAT...
セックス・アンド・
ザ・シティ新章

伝説のガールズドラマ『S
ATC』の新たな物語。キャ
リー、ミランダ、シャーロ
ットを中心に、現代の彼女
たちのリアルライフと友
情を描いた作品。

1990年代のNYにタイムトリップ！

Saturday Night Fever
サタデー・ナイト・
フィーバー

ペンキ屋で働くトニー（ジ
ョン・トラボルタ）は、日々
のうっぷんを毎週土曜日
のディスコで晴らしてい
る。そこで出会ったステ
ファニーの独特な雰囲気
に魅かれていく。

4人の友情に共感と感動

SEX AND THE CITY
セックス・アンド・
ザ・シティ

恋も仕事もバリバリ
こなすNYの4人の女
性が、セックスや恋
愛、結婚など大人の
女性の本音をさらけ
出す。ファッション
や豪華ゲスト陣も話
題に。

五番街にあるティファニー！

Breakfast at Tiffany's
ティファニーで
朝食を

玉の輿を夢見てNYで奔放
に暮らすホリー。同じア
パートに住む作家志望の
ポールは、ミステリアスな
ホリーに魅かれていく。

Modern Love
モダンラブ

ニューヨーク・タイムズ
紙に掲載されたエッセ
イをもとに、愛にまつわ
る物語を描いたAmazon
オリジナルドラマ。各
話ともに違うキャスト
で別のストーリーを語
るオムニバス形式！

じんわり
心が温まる

マンハッタン中をかけ巡る！

On the Town
踊る大紐育

海軍の水兵3人が、NYで
24時間の上陸許可を与え
られる。3人はそれぞれ素
敵な女性に魅了され、短
い滞在時間の間にさまざ
まな冒険を繰り広げる。

公式サイト URL www.nyc.gov/filmでは、現在撮影中の作品リストやロケ地情報が公開されている。　49

マンハッタン

SIGHTSEEING

ART

ENTERTAINMENT

EAT

SHOPPING

STAY

ART 01

名作のオンパレード！

メトロポリタン美術館へ

世界三大美術館のひとつであるメトロポリタン美術館は、
NY観光の王道スポット。幅広い分野の珠玉の名作を堪能しよう。

五番街沿いの正面玄関はいつも人でいっぱい

wow!!

Exciting!!

チケット売り場やインフォがある1階ロビー

The Metropolitan Museum of Art (Met)
メトロポリタン美術館（メット）

TIME
約180分

世界有数のコレクションを誇る美の殿堂

メットの愛称で知られる世界最大級の美術館。古代文明から現代まで、あらゆる時代と地域の幅広い分野の作品を200万点以上所蔵し、その約4分の1を展示する。趣向を凝らして行われる特別展も話題。

🏠1000 5th Ave. (at 82nd St.)
☎1-212-535-7710
🕙10:00～17:00（金・土曜は21:00）
⊗水・5月の第1月曜日、12/25、1/1　⊛大人
⊛$30、シニア（65歳以上）$22、学生$17
🚇地下鉄4・5・6線86 Stより徒歩約10分
www.metmuseum.org
アッパー・イースト・サイド　MAP 別P.21 D-3

How to めぐり方

1 チケット購入
1階ロビーでチケットを購入。事前に公式ウェブサイトから購入することもできる。

3 作品を見る
1日で全部まわるのは難しい。MAPで見たいところを決めて、プランを立ててから歩き始めよう。

2 MAPを手に入れる
1階ロビーの中央にあるインフォメーションで、無料のMAPを入手しよう。日本語版もある。

4 ギフトショップ＆カフェも！
メインのギフトショップは1階ロビー。館内には屋上を含め、5つのカフェ＆レストランがある。

Museum Map

Guide Map!!

MAP内は、わかりやすく色分けされている

Great view!!

屋上からは摩天楼を見渡すこともできる

⊱ Floor Guide ⊰

フロアガイド	
5	Roof Garden/Cafe Terrace
4	Restaurant
3	Gallery（常設）
2	Gallery（常設）（特別展）、Cate
1	Entrance、Lobby、Gallery（常設）、Cate
B1	Library、Seminar Room、Restaurant

A Part of the Collection

絵画と彫刻のほか、写真、家具、楽器、工芸品など膨大なコレクションを誇るメット。その中から、見ておきたい有名作品をご紹介。

2人の女性の背後に黄色い翼の天使がいる。

イア・オラナ・マリア
Ia Orana Maria

ポール・ゴーギャン
Paul Gauguin

1891年

タイトルはマリア礼賛。ゴーギャンの第一次タヒチ滞在期に描かれた宗教画。赤いパレオを着たタヒチ人の聖母マリアが幼子イエスを肩にのせている。

タヒチ人として描かれた聖母マリアとイエス。

壁には2羽の鳥の家紋が描かれている。

ド・ブロイ公爵夫人
（ブログリィ妃）
Princesse de Broglie

ジャン・オーギュスト・ドミニク・アングル
Jean-Auguste-Dominique Ingres

1851～53年

外交官でフランスの首相を2度務めたド・ブロイ公爵の妻ポーリーヌの20代後半の肖像画。彼女は結核のため、5人の子を残したまま35歳の若さで亡くなった。

サテンの質感と光沢を見事に表現している。

マンハッタン

SIGHTSEEING

ART

ENTERTAINMENT

EAT

SHOPPING

STAY

シャルパンティエ夫人とその子供たち
Madame Georges Charpentier and Her Children
オーギュスト・ルノワール
Augustê Renoir

ドレスの豊かな質感と繊細なレースに注目。

1878年

パリの出版事業者の夫人が当時流行っていた日本風のリビングで子供たちとくつろいでいる。夫人の左は息子のポール、その左がポールの姉。

夏の自画像は麦わら帽子姿が多かった。

新印象派の画風で多くの色彩を使った。

女性の髪と服と同じ黄色で目隠しされている。

ステッピング・アウト
Stepping Out
ロイ・リキテンスタイン
Roy Lichtenstein

男性のシャツは右がストライプで左が黒地。

1978年

右の男性はレジェの1944年の作品『3人のミュージシャン』がモチーフ。左の女性はピカソが1930年代に描いていた女性を彷彿とさせる。

麦わら帽子の自画像
Self-Portrait with a Straw Hat
フィンセント・ファン・ゴッホ
Vincent van gogh

1887年

当時34歳のゴッホが鏡を見ながら描いた自画像。この絵の裏には、じゃがいもの皮をむく女性が描かれている。

オランダ西部の地図も他の作品にも登場する。

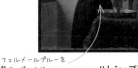

水差しを持つ女
Young Woman with a Water Pitcher
ヨハネス・フェルメール
Johannes Vermeer

1662年頃

左側の窓から光が差し込む典型的な構図。青いドレス、白い頭巾、赤いテーブルクロスなど色彩が見事に調和し、透明感と統一感を醸し出している。

フェルメールブルーを贅沢に使ったドレス。

ギリシャ神話の最強の英雄の厚い胸筋板。

たももの筋肉も大理石でリアルに表現。

若かりしヘラクレスの大理石像
Marble statue of a youthful Hercules
作者不明

紀元前69-96年頃

高さは約247cm。ネロ皇帝の公衆浴場のために作られたといわれる。12の功業のひとつで退治したライオンの毛皮を左手に持っている。

ハトシェプスト女王のスフィンクス
Sphinx of Hatshepsut
作者不明

紀元前1479〜1458年頃

古代エジプト第18王朝の女性ファラオ。公的な場では男装し、付け髭をしていたといわれる。この彫像は発見時には壊されていたが、復元した。

花崗岩でできていて、重さは約7トンある。

近代アートを堪能しに
MoMA を訪れる

ミッドタウンにあるニューヨーク近代美術館（通称 MoMA：モマ）は、20万点以上の作品を所蔵するモダンアートの宝庫。世界中の人々を魅了する珠玉の近代アートをじっくり鑑賞しよう。

The Museum of Modern Art (MoMA)
ニューヨーク近代美術館

美術界の巨匠たちの作品が勢揃い
ピカソやゴッホなど有名作家の作品を20万点以上所蔵。建物は日本人建築家の谷口吉生氏によって設計された。

TIME
約90分

🏠 11 W. 53rd St. (near 5th Ave.)
☎ 1-212-708-9400
🕐 10:30〜17:30（土曜〜19:00）
㉫ 12/25　⑤ 大人 $25、シニア（65歳以上）$18、学生 $14、16歳以下は大人同伴で無料
🚇 地下鉄 E・M 線 5 Av / 53 St より徒歩約3分

www.moma.org
ミッドタウン　MAP 別 P.19 D-3

⊱ Floor Guide ⊰

	フロアガイド
6	Gallery（特別展）、Store / Cafè
5	Gallery（常設 1880〜1940年代）/ Café
4	Gallery（常設 1940〜1970年代）
3	Gallery（特別展）
2	Gallery（常設1970年〜現代、特別展）/Café / Store
1	Entrance、Lobby、Store、Sculpture Garden
T2	Theater
T1	Theater

ミッドタウンのランドマーク的存在。正面玄関は53丁目沿いにある

How to
トクする

Lucky♪

オーディオガイドを活用
MoMA アプリ（無料）をダウンロードすれば、音声ガイドが使える。日本語あり。イヤフォンを忘れずに持参しよう。

ここに注目！作品を鑑賞する

有名作品が並ぶ4階と5階の常設展は必見。6階の特別展と1階のスカルプチャーガーデンも要チェック。

キャンベル・スープ缶
Campbell's Soup Cans

アンディ・ウォーホル
Andy Warhol

1962年

キャンベル・スープ社の32種類のスープ缶をシルクスクリーン技法で描いた。ウォーホルのポップアート誕生の記念碑的作品。

Amazing!

白と赤のトーンが微妙に違うことに注目。

ウォーホルが好きだったキャンベル・スープ社のトマトスープ。

近代美術の傑作をじっくり鑑賞しよう

ワン：ナンバー31
One:Number 31

ジャクソン・ポロック
Jackson Pollock

1950年

アクションペインティングで知られるポロックの最高傑作といわれる。横幅が5m以上あり、そばで見ると大迫力！

無秩序に見えるが、実は計算されている

この娼婦は最初は男性として描かれた。

古代イベリア彫刻とアフリカのマスクに影響された。

アビニヨンの娘たち
Les Demoiselles d'Avignon
パブロ・ピカソ
Pablo Picasso

1907年

キュビスムの原点的作品。当時26歳のピカソが、バルセロナの売春宿で働く5人の娼婦たちをモチーフに描いた。

眠るジプシー女
The Sleeping Gypsy
アンリ・ルソー
Henri Rousseau

1897年

マンドリンと水差しの横で眠るジプシーと、彼女に近づくライオンを描いた幻想的な作品。想像力をかき立てられる。

満月の下で輝く虹色の服とラグも美しい。

物思いにふける人物を自己投影として描いた。

水浴する人
The Bather
セザンヌ
Paul Cézanne

1885年頃

「水浴する人々」をテーマに多くの連作を描いたセザンヌ。この作品は、すべてを前面に配置した平面的な構図が特徴。
※〜2023年5月現在、非公開

鳥のほか、ライオンや象、猿が描かれている。

中央に蛇遣い、その下にピンクの蛇がいる。

夢
The Dream
アンリ・ルソー
Henri Rousseau

1910年

66歳で亡くなる直前に描かれた最後の作品。ルソーは「ソファの上の女性は蛇遣いの笛の音を聴く夢を見ている」と解説した。

星月夜
The Starry Night
フィンセント・ファン・ゴッホ
Vincent Willem van Gogh

1889年

フランスの精神病院で療養中に描かれた作品。渦巻く暗雲の中で光る三日月と星、天高くのびる糸杉を圧倒的な力強さで表現した。

迫力の天空と対照的に村は寝静まっている。

浮いているように見える足元にも注目。

空の青と地面の緑、ほか2色だけで描いた。

ダンス（1）
Dance (I)
アンリ・マティス
Henri Matisse

1909年

高さ約4mの大作。線と色の単純化を追求し平面的に描きながらも、画面をめいっぱい使って5人の女性ダンサーたちの躍動感を表現した。

オシャレなおみやげをGet
1階のデザイン&ブックストア、2階のブックストア、MoMAの向かいにあるデザインストアで購入できる。

$105

$10
薄手コットンのトート。色展開あり

$32

MoMAオリジナルデザインのロゴ入りキャップ

マグリット生誕125年記念のスウォッチ

MoMA Design Store
通りの前にはギフト専門のショップもある。要チェック。

館内には1階、2階、6階にレストラン&カフェがある。鑑賞中の休憩にもおすすめ。

マンハッタン

SIGHTSEEING

ART

ENTERTAINMENT

EAT

SHOPPING

STAY

ART 03

ハイラインのそばに移転した

ホイットニー美術館へ行く

ミート・パッキング・ディストリクトに移転オープン後、まだまだ話題の
ホイットニー美術館。おしゃれな新アート空間へ行ってみよう。

come visit whitney!

What is

ホイットニー

彫刻家女性が設立した美術館

鉄道王ヴァンダービルト家出身で彫刻家
だったホイットニー夫人が1931年に設立。
1954年までグリニッチ・ビレッジにあった。

Whitney Museum of American Art

ホイットニー美術館

近・現代アメリカン
アートの殿堂

2万2000点以上の近・現代ア
メリカ美術を所蔵。アッパー・
イースト・サイドからミート・
パッキング・ディストリクト
に移転。新美術館の建物は
イタリアの有名建築家レン
ゾピアノの設計で、1階のレ
ストラン WHITNEY CAFE も
話題だ。

TIME 約120分

🏠 99 Gansevoort St. (bet. 10th Ave. & Washington St.)
☎ 1-212-570-3600
🕐 10:30～18:00（金曜～22:00）
💲 大人 $25（金曜の19:00～21:30は任意）
🚫 火曜

🚇 地下鉄A・C・E・L線14 St - 8 Avより徒歩約8分
whitney.org
ミート・パッキング・ディストリクト
MAP 別P.10 C-3

全フロア天井が高く気持ちのよい空間になっている。大きな窓からはハドソン・リバーと対岸を眺められる。

5、6、8階では、アメリカの近・現代アーティストの作品を中心に、趣向を凝らしたテーマの特別展を随時開催。

Floor Guide

フロアガイド	
8	Gallery（特別展）/Cafe Terrace
7	Gallery（常設）/Outdoor Gallery
6	Gallery（特別展）/Outdoor Gallery
5	Gallery（特別展）/Outdoor Gallery
4	
3	Theater/Education Center
2	
1	Entrance、Lobby、Gift Shop、Restaurant

How to

チケット購入から入場まで

オンライン購入すれば並ばず入れる

チケットは当日窓口で購入できるが、公式サイトでも日時を指定して購入できる。入口はハイラインの横。金曜の19:00～21:30は任意寄付で入れる。

有名アーティストで彩られたおみやげも人気！

ロイ・リキテンシュタインのポーチとジェマ・コレルのカードセット

wow!!
Nice!!!

$28
$7

8階のカフェからはチェルシー側が見渡せる

7階は常設展。ホッパー、オキーフ、ポロックなど、おなじみの巨匠たちの名作が並ぶ。

マストで見たい5作品

ここの5作品は通常は7階の常設展で見ることができる。彫刻やインスタレーションを展示する5～7階の屋外ギャラリーも要チェック。

鮮明なラインによる光の描き方に注目。

直線的な幾何学模様が浮かび上がっている。

激動的な荒々しい筆致と過激な色使い。

2つある口は両方とも歯をむきだしにしている。

女と自転車
Woman and Bicycle

ウィレム・デ・クーニング
Willem de Kooning

1952-53年

1950年代から始まった「女」シリーズの代表的作品。激しい筆致と強烈な色彩で抽象絵画に新たな肉体性を与えた。初めて見たときのインパクトは群を抜いている。
※2023年5月現在、非公開

私のエジプト
My Egypt

1927年

チャールズ・デムス
Charles Demuth

故郷のペンシルバニア州にある穀物倉庫のエレベーターを描いた作品。人工的な風景を抽象化しつつ写実的に描写した。無機質で繊細さを感じさせる作品だ。

1階の窓の店名はわざとぼかしてある。

シュルレアリスム的な世界を美しく表現。

彼女が終生描いた米国南西部の自然を描いた。

砂漠の上に浮かぶような鹿の骨と花々。

日曜日の早朝
Early Sunday Morning

1930年

エドワード・ホッパー
Edward Hopper

マンハッタンの7番街を象徴的に描き、アメリカの都市の単調さと静けさのエッセンスを表現した作品。理髪店のポールが微妙に傾いていることにも注目。休日の雰囲気が漂う作品。ついついじっと眺め続けてしまう。

夏の日々
Summer Days

1936年

ジョージア・オキーフ
Georgia O'Keeffe

砂漠の上に浮かぶような鹿の骨と花々。オキーフが描き続けたモチーフである動物の骨と花は生命サイクルのシンボルだった。平面作品だが、立体感を感じるほどの荘厳な作品。

音楽付きで約2時間にわたって上演した。

カルダーのサーカス
Calder's Circus

アレキサンダー・カルダー
Alexander Calder

1926-31年

針金などで作ったこの彫刻作品をカルダーは一人で操りパリで即興的に上演。ジャン・コクトーから絶賛され一躍有名になった。動く芸術作品のキネティック・アートと呼ばれる。

針金やコルクなどで作られたサーカス団。

展示作品は数カ月に一度入れかわるため、上記作品が必ずしも展示されているわけではない。

映画『ナイトミュージアム』風に
アメリカ自然史博物館を探検

映画『ナイトミュージアム』の舞台になった博物館は、恐竜から宇宙まで壮大なスケールの展示が満載。子供も大人も楽しめるワンダーランドの探検に、いざ出発！

TIME
約90分

① ギルダーセンター

探検！START!
新しくオープンしたスペースからGO!

2023年4月に増設されて新築。「科学・教育・革新」をテーマに、カブトムシやチョウなど生きている昆虫の展示もある昆虫専門館。

Hello♪

これから僕が案内します！

② 北西海岸のインディアン

1階ではアメリカとカナダの北西海岸に居住する先住民たちの生活を紹介。約20mの巨大カヌーは、芸術作品としても見ごたえがある。

1本の木からつくられた。ハイダ族は精巧な彫刻技術で知られている

ハイダ・インディアンの巨大カヌー

両側にはシャチが描かれているよ！

WOW!

③ 海洋に息づく生命

1階では海に生息する750種類以上の生物を展示。なかでも、天井からぶら下がるメスのシロナガスクジラのジオラマは迫力満点！

博物館に一晩泊まるスリープ・オーバー・イベント（6〜13歳の子供対象と21歳以上の大人対象がある）のときは、このクジラの下に寝袋を敷いて寝ることもできる！ 詳細はウェブサイトで。

シロナガスクジラ

約29mだって。度肝を抜かれた！

Awesome!

ナイトミュージアム ベスト・ヒット
Night at the Museum
価格：¥2050
DVD販売元：20世紀フォックス ©2015 Twentieth Century Fox Home Entertainment LLC. All Rights Reserved.
AMNH/D. Finnin, AMNH/C. Chesek, AMNH/R. Mickens, American Museum of Natural History

American Museum of Natural History

アメリカ自然史博物館

**人類と自然と地球の
膨大なコレクション**

恐竜の化石から動植物、鉱物、隕石まで3200万以上のコレクションを誇る世界最大級の博物館。1階から4階までの巨大スペースに、趣向を凝らした圧倒的スケールで展示する。

🏠 Central Park W. (at 79th St.)
☎ 1-212-769-5100
🕙 10:00〜17:30　🎌 サンクスギビング、12/25　💲 大人$23〜
🚇 地下鉄B・C線 81 St - Museum of Natural History より徒歩約1分
www.amnh.org
アッパー・ウエスト・サイド
MAP 別P.20 B-3

MAP 別P.20 B-3

How to
アクセス

1　入口はふたつある
Central Park West 沿いの正面玄関と地下鉄81 St-Museum of Natural History駅に直結した入口がある。

2　上下の移動は階段で!
増改築を重ねているので館内は複雑。エレベーターの数も少ないので、移動は階段を利用しよう。

階段には動物の顔が。遊び心たっぷり

4　地球・宇宙ローズセンター

宇宙の誕生を4分間で描くビッグバン・シアターとその上のプラネタリウムの2つをメインに、地球と宇宙の歴史について学べる。

直径約26mの球体上部にある429席のプラネタリウムでは、最先端技術を駆使した壮大なスペース・ショーが繰り広げられる

プラネタリウム+ビッグバンシアター

映画の中での強烈な存在感で、現実の世界でも博物館の人気者に。

ライトアップされる夜は神秘的!

Ooh

5　太平洋の民族

歴史のホールでは、南太平洋諸島の民族と文化を紹介。イースター島のモアイ像を忠実に再現したレプリカも置いてある。

モアイ像

映画では「ガムガム」言ってたね!

Nice to meet you!

6　ニューヨーク州の哺乳類動物

3階のホールでは、白尾シカやコヨーテ、アライグマ、シマリス、ヤマアラシなどNY州に生息する50種類以上の陸生哺乳動物を紹介

哺乳類コーナーでは、ニューヨーク州のほかに、アフリカや太平洋、アジア(日本含む)など、民族についての展示コーナーもある。

NYって意外と自然が豊かだねー

So cute!

7　竜盤類恐竜、進化した哺乳動物

4階は恐竜の化石が一堂に会すフロア。なかでも、本物の化石を使ったティラノサウルス・レックスの全身骨格は博物館の目玉!

約1万1000年前の巨大マンモスはインディアナ州で発掘されたもの。約6500万年前のトリケラトプスの全身骨格も必見!

マンモス

ティラノサウルス

they are so big!

トリケラトプス

今にも動き出しそうならリアル!

GOAL!

おつかれさまー。ワクワクする探検だったね!

マンハッタン

SIGHTSEEING

ART

ENTERTAINMENT

EAT

SHOPPING

STAY

やっぱり本場は迫力が違う！
ミュージカルに感動する

音楽とダンスはもちろん、舞台美術や衣装も楽しめるミュージカルは、究極の
エンターテインメント。本場ブロードウエイで迫力の舞台を堪能しよう！

whooo!

まずは人気の演目をチェック！

「何を見たらいいの？」という人のために、
わかりやすくてメジャーな人気7作品をご紹介。

マイケルの半生を歌と踊りで構成。ライブ・パフォーマンスとはまったく異なる舞台を体感できる

Let's Showtime!
Broadway
MJ The Musical
MJ ザ・ミュージカル

数々の賞を受賞！
音楽好きならはずせない

50歳でこの世を去ったマイケル・ジャクソンの半生を描く話題作。スーパースターへと登りつめていくまでの苦悩や葛藤をおなじみのヒット曲で綴る。

名曲25曲以上が圧巻の
ダンスシーンと共に楽し
める

STORY

舞台は1992年の「デンジャラス・ワールド・ツアー」のリハーサル風景から。ジャクソン5の結成など、過去を振り返るマイケル・ジャクソン……。

料金	$65〜320
時間	2時間30分
英語力	★★★

Neil Simon Theatre
ニール・サイモン・シアター

1927年オープン。約1400人収容。元はアルビン・シアターと呼ばれていたが1983年劇作家ニール・サイモンにちなんで改名された。

🏠 250 W. 52nd St. (bet. Broadway & 8th Ave.)
☎ 1-877-250-2929 🕐 19:00〜（水・金・土曜20:00〜） 休月曜 🚇 地下鉄C・E線50 St より徒歩約2分
mjthemusical.com
ミッドタウン
MAP 別P.18 B-3

Photo by Matthew Murphy

鑑賞前に知っておきたい5つのこと

☑ **ブロードウエイとは？**
タイムズスクエア周辺の500席以上の劇場で行われる舞台のこと。南北に走る通りブロードウエイに近いことから、そう呼ばれる。料金は$27〜。

☑ **オフ・ブロードウエイとは？**
100席以上、499席以下の小規模な劇場で行われる舞台のこと。ミュージカルのほか、実験的なパフォーマンスなども含まれる。料金は$25〜。

☑ **トニー賞って？**
映画のアカデミー賞と音楽のグラミー賞に匹敵する、演劇とミュージカルの賞。1947年にスタートし、毎年6月に発表される。

☑ **プレビューって？**
公演を正式に開始する前に、約2〜3週間行われるリハーサル的な公演。観客の反応を見ながら、脚本や演出が調整されていく。

☑ **マナーを教えて！**
写真撮影と録音、飲食物の持ち込みは禁止。携帯電話はオフに。服装は、ドレスアップする必要はないが、ダメージジーンズや露出が多い服などカジュアルすぎるのは避けたい。特にオーケストラ席に座る場合はそれなりの格好で行こう。

マンハッタン

SIGHTSEEING

ART

ENTERTAINMENT

EAT

SHOPPING

STAY

Photos by Joan Marcus

トニー賞11部門のほか、ピュリツツァー賞なども受賞

cheers!

Let's Showtime!
Broadway

Hamilton

ハミルトン

話題沸騰のヒップホップ・ミュージカル

天才クリエイター、リン・マニュエル・ミランダが作詞、作曲、脚本を担当。アメリカ建国の父のひとりアレクサンダー・ハミルトンの生涯を斬新な手法で描く。

料金	$132〜500以上
時間	2時間45分
英語力	★★★★★

STORY

カリブ出身の孤児ハミルトンは独立戦争で活躍し、初代財務長官に就任。しかし、副大統領アーロン・バーと決闘することになり……。

ほとんどのキャストが
非白人なのも話題！

Richard Rodgers Theatre
リチャード・ロジャース・シアター

1924年オープン。1319人収容。多くのミュージカルを作曲したリチャード・ロジャースの功績を称え1990年に劇場名を改称した。

🏠226 W. 46th St. (bet. Broadway & 8th Ave.)
☎1-877-250-2999
🕐19:00〜(水・土曜は14:00〜と20:00〜、日曜は15:00〜)
㊡月曜
Ⓜ地下鉄N・R・W線49 Stより徒歩約5分
hamiltonmusical.com
ミッドタウン
MAP 別P.15 E-1

Dance with me

Let's Showtime!
Broadway

Wicked

ウィキッド

衣装も舞台装置もゴージャス！

2003年からロングランを続ける人気作。『オズの魔法使い』に登場する魔女エルファバが、悪い魔女といわれるようになった理由を解き明かしていく。

料金	$116〜327(抽選は$30)
時間	2時間45分
英語力	★★★

STORY

緑色の肌を持つ魔女エルファバは、大学で人気者のグリンダと会い友情を育む。しかし、ふたりはやがて別々の道を歩むことになってしまう。

緑色の肌と魔力をもつ少女のストーリー

Gershwin Theatre
ガーシュウィン・シアター

1972年オープン。1900人収容。作詞・作曲家コンビのガーシュウィン兄弟の名を冠した。

🏠222 W. 51st St. (bet. Broadway & 8th Ave.) ☎1-877-250-2999

🕐19:00〜(水曜は14:00〜もあり、金曜は20:00〜、土曜は14:00〜と20:00〜、日曜は15:00〜) ㊡月曜 Ⓜ地下鉄C・E線50 Stより徒歩約2分
wickedthemusical.com
ミッドタウン
MAP 別P.18 B-3

Photos: Joan Marcus

『オズの魔法使い』の魔女エルファバが主役

How to
チケットのとり方

1 ウェブサイト

オフィシャルサイト
各作品の公式サイトから日時と座席を指定して購入できる。eチケットまたは窓口で受け取る。

プレイビルのサイト
www.playbill.comのサイトでメンバーになると(無料)割引チケットが購入できる。

そのほかのサイト
www.broadway.com や www.broadwaybox.comなどのサイトでも割引チケットが買える。

2 ボックスオフィス
各劇場の1階ロビーにある窓口で日時と座席を指定して購入できる。ラッシュチケット(先着や抽選など当日割引)や立見席の購入もここに。

3 tkts(格安チケット)
タイムズスクエアにある赤い階段が目印の割引ブース。当日券を20〜50％割引で買える。手数料は$5。ほかにも3店ある。www.tdf.org

©Matt Murphy

きらびやかで美しい衣装にも注目!

Photo by Deen van Meer

魔法の絨毯をはじめ、壮大なスケールの舞台装置と、きらびやかな衣装で圧倒的な舞台を演出する『アラジン』

Broadway
Moulin Rouge!
ムーラン・ルージュ

ニコール・キッドマン主演映画を舞台化

2001年、バズ・ラーマン監督によって制作された大ヒット映画を舞台化。ビートルズからレディー・ガガまでのポップミュージックをアレンジした豪華な舞台が魅力。

料金	$66〜349
時間	2時間35分
英語力	★★★★

STORY

1900年のパリが舞台。作家の卵クリスチャンと、キャバレーで働く踊り子サティーヌの恋物語を描く。

Al Hirschfeld Theatre
アル・ハーシュフェルド・シアター

1924年オープンの1424人収容の劇場。アメリカの著名風刺画家の名前に2003年に改称された。

🏠302 W. 45th St. (bet. 8th & 9th Aves.)
☎1-877-250-2929

📅19:00〜(水・土曜日は14:00〜、20:00〜、日曜日は17:00〜) 🏖月曜 🚇地下鉄A・C・E線42 St Port Authority Bus Terminalより徒歩約2分
www.moulinrougebroadway.com
ミッドタウン
MAP 別P.15 E-1

Broadway
Aladdin
アラジン

子供から大人まで家族で楽しめるファンタジー

おなじみの『アラジンと魔法のランプ』を舞台化したディズニー作品。壮大な舞台装置と豪華な衣装、美しい楽曲で、砂漠の国の物語を描く。

料金	$65〜320
時間	2時間30分
英語力	★★★

STORY

砂漠の国に住む青年アラジンは、王女ジャスミンに恋をする。その後ランプの魔法ジーニーと出会い……。

New Amsterdam Theatre
ニュー・アムステルダム・シアター

1903年オープン。約1700人収容。アラジン上演前は、「ライオン・キング」と「メリー・ポピンズ」を上演。

🏠214 W. 42nd St. (bet. 7th & 8th Aves.)

☎1-866-870-2717 📅19:00〜(水曜13:00〜、金曜20:00〜、土曜14:00〜と20:00〜、日曜15:00〜) 🏖月曜 🚇地下鉄N・Q・R・S・W・1・2・3・7線 Times Sq - 42 Stより徒歩約2分
www.aladdinthemusical.com
ミッドタウン
MAP 別P.15 E-2

Photo by Jeremy Daniel

日本をはじめ世界中で上演されている名作

©Joan Marcus
©Disney Theatrical Productions

主要な楽曲はエルトン・ジョンが作曲した

©Joan Marcus 2014

Broadway
Chicago
シカゴ

ロングランが続いている大ヒット作

1920年代のアメリカ禁酒法時代のシカゴが舞台。奇才ボブ・フォッシーのセクシーな振り付けとリズミカルな音楽、迫力ある歌声が魅力。

料金	$60〜329
時間	2時間30分
英語力	★★★

STORY

クラブ歌手のロキシーとヴェルマ。スキャンダルを利用してショービズ界のスターを目指す2人を描く。

Ambassador Theatre
アンバサダー・シアター

1921年オープン。1125人収容。赤い座席シートやシャンデリアなど、クラシカルな内装で高級感あふれる劇場。

🏠219 W. 49th St. (bet. Broadway & 8th Ave.)
📅19:00〜(土曜は14:00〜もあり、水・土曜20:00〜) 🚇地下鉄C・E線50 Stより徒歩約1分
www.chicagothemusical.com
ミッドタウン
MAP 別P.15 E-1

Broadway
The Lion King
ライオンキング

女性芸術家が描く壮大な動物王国

同名のディズニー映画を舞台化し、1997年からロングラン中。天才芸術家ジュリー・テイモアがアフリカ美術とアジアの伝統芸術を融合して作り上げた独創的な舞台美術は一見の価値あり。

料金	$105〜444
時間	2時間30分
英語力	★★

STORY

ライオンの子シンバは、叔父の陰謀で父を失い王国を去るが、仲間と共に祖国を取り戻す決心をする。

Minskoff Theatre
ミンスコフ・シアター

1973年オープン。1597人収容。ライオンキングは以前は別の劇場で上演されていたが2006年に移転。

🏠200 W. 45st St. (at Broadway)
☎1-866-870-2717 📅19 :00〜(金曜は20:00〜、土曜は14:00〜と20:00〜、日曜は15:00〜) 🏖火曜 🚇地下鉄N・R・W線49 Stより徒歩約5分
www.lionking.com
ミッドタウン
MAP 別P.15 E-1

マンハッタン

SIGHTSEEING

ART

ENTERTAINMENT

EAT

SHOPPING

STAY

ENTERTAINMENT 02

サプライズが盛りだくさん

体験型ショーが楽しい！

ニューヨークでは、イマーシブ・シアターと呼ばれる観客体感型のショーがますます人気！　話題沸騰中のふたつのパフォーマンスを"体験"しに行こう！

I really enjoy it.

こちらが観客

©Robin Roemer Photography

ドラマチックなシーンを目の前で体験！

Bravo!!

Photos: Sleep No More

俳優は基本的に無言。想像力がふくらむ！

Let's Showtime!
Off Broadway

Sleep No More
スリープ・ノー・モア

次々展開する衝撃シーンの目撃者に！

閉鎖したホテルという設定の館内を、俳優たちを追いかけて上から下まで歩きまわる。観客は全員白い仮面をかぶり、約100の部屋で展開するシーンを目撃！

料金	$138.50〜346.44
時間	約2〜3時間（人により異なる）
英語力	★

STORY

シェイクスピアの『マクベス』とヒッチコックの『レベッカ』の世界観を表現。事前に予習していくと、さらに楽しめるだろう。

The Mckittrick Hotel
マッキトリック・ホテル

宿泊施設があるわけではなく、このショーのために付けられた架空のホテル名。以前はクラブだった。

🏠530 W. 27th St. (bet. 10th & 11th Aves.) ☎1-212-904-1880 🕐19:00〜20:00の15分ごとにスタート（金曜は19:30〜20:30の15分ごと。土曜は15:00〜16:00、20:00〜21:00の15分ごと。日曜は14:00〜15:00の15分ごともあり。季節によって変更あり）🚫火曜 🚇地下鉄7線34 St- Hudson Yardsより徒歩約9分
mckittrickhotel.com/sleep-no-more
チェルシー　MAP 別P.10 B-1

オフ・ブロードウエイもお忘れなく！

イマーシブではないけれど、オフ・ブロードウエイ（499席以下の小劇場で上演される作品）も要チェック。100以上の多彩な作品の中から、20年以上ロングランを続ける作品をご紹介！

Blue Man Group
ブルーマン・グループ

Photo:Blue Man Group

奇想天外なライブショー

青い顔の3人組が言葉を発しないまま、観客を巻き込みながら意表をつくパフォーマンスを次々と展開。特にラストシーンは圧巻。

料金	$54.5〜112
時間	約90〜105分
英語力	必要なし

Astor Place Theatre
アスター・プレイス・シアター

1847年完成。1991年からブルーマン・グループの拠点で、彼らが劇場の所有者となっている。

🏠434 Lafayette St. (bet. E. 4th St. & Astor Pl.) ☎1- 800-258-3626 🕐19:00（木曜は14:00もあり、土曜は14:00と17:00もあり、日曜は14:00と17:00）🚇地下鉄6線 Astor Plより徒歩約1分
www.blueman.com
イースト・ビレッジ
MAP 別P.12 A-3

👀 座席に座って舞台を見るというだけではない、サプライズ演出が満載なのがイマーシブ・シアター。

見る、聴く、うっとりする

JAZZクラブで優雅に演奏を楽しむ

NYで聴きたい音楽といえば、まずはジャズ！ ここでは、初心者でも行きやすい4軒をご紹介。心ゆくまでソウルフルな本場の演奏を楽しもう。

what a wonderful performance!

リズミカルな音楽に酔いしれる！

EXIT

名門ブルーノートの本店はステージと客席の間隔が狭いのが魅力。エネルギッシュな演奏を体全体で感じられる

Good music

こだわりPoint
大物プレイヤーを豊富にラインナップ。観光客にフレンドリーなので安心して入れる。

通常セッションのほか、金・土曜の翌0:30からのレイトナイト・グループ、日曜の11:30と13:30からのサンデーブランチもおすすめ

Blue Note
ブルーノート

1981年オープンの老舗名門ジャズクラブ

東京やミラノなどにも支店がある名門クラブの本店。こぢんまりした空間で有名プレイヤーたちの演奏を間近で聴ける。2階にはギフトショップもある。

🏠131 W. 3rd St. (bet. 6th Ave. & MacDougal St.)
☎1-212-475-8592
🕐ライブ 20:00、22:30（金・土曜は翌0:30もあり）、サンデーブランチ
日曜11:30、13:30
🚇地下鉄A・B・C・D・E・F・M線 W 4 St - Washington Sqより徒歩約1分
www.bluenotejazz.com/newyork
グリニッチ・ビレッジ
MAP 別P.8 B-1

ジャマイカ出身のスーパーピアニスト、モンティ・アレキサンダーの超絶パフォーマンス。最前列なら、かぶりつきで演奏を楽しめる

Photos：Blue Note, Dizzy's Club Coca Cola, Village Vanguard, Jazz Standard

マンハッタン

SIGHTSEEING

ART

ENTERTAINMENT

EAT

SHOPPING

STAY

この3軒も Check!

こだわりPoint
洗練されたフードも人気。趣向を凝らしたオリジナルカクテルにもトライしたい。

見事な夜景と一流の演奏を一緒に楽しめる

Dizzy's Club Coca Cola
ディジーズ・クラブ・コカ・コーラ

ゴージャスな夜景を一望できる

演奏者の背後にセントラルパークと摩天楼の夜景を一望できる。エレガントな大人の雰囲気でジャズを楽しみたいときにぴったりの空間。

🏠 10 Columbus Circle (Time Warner Center 5階の Jazz at Lincoln Center 内)
☎ 1-212- 258-9595
🕐 ライブ 19:30、21:30(木〜土曜は 23:15 もあり)
🚇 地下鉄 A・B・C・D・1線 59 St Columbus Circle より徒歩約1分
www.jazz.org/dizzys-club
アッパー・ウエスト・サイド
MAP 別P.18 B-2

こだわりPoint
1966年から毎週月曜日に演奏している16人編成の専属ビッグバンドは必見！

外観にもノスタルジックな雰囲気が漂う

Village Vanguard
ビレッジ・ヴァンガード

数々の伝説的プレイヤーたちが演奏

1935年創業の老舗クラブ。多くの名盤ライブアルバムが録音されたことで有名。壁に飾られた伝説的なプレイヤーたちの写真にも注目。

🏠 178 7th Ave. S. (bet. Perry & W. 11th Sts.)
☎ 1-212-255-4037
🕐 19:30〜、ライブ 20:30、22:30
🚇 地下鉄1・2・3線 14 Stより徒歩約3分
villagevanguard.com
グリニッチ・ビレッジ
MAP 別P.11 D-3

こだわりPoint
平日の最終セットがおトク。学割もあり

ローカルも気軽に通うカジュアルスポット

Mezzrow
メズロー

地元住民に愛されている

ピアノを囲める席が10席ほどある小さなジャズクラブ。ミュージシャンが近いため迫力ある演奏が楽しめる。

🏠 163 W. 10th St. (bet. Christopher)
☎ 1-646-224-1166
🕐 ライブ 19:30、21:00、22:30、24:00
🚇 地下鉄1・2線 7th Ave. S. & Waverlg Pl. St より徒歩約2分
www.smallslive.com
グリニッチ・ビレッジ
MAP 別P.11 D-3

How to

JAZZクラブの楽しみ方

1 到着は余裕を持って

ドアオープンの時間と演奏開始時間をウェブサイトでチェックして行こう。座席指定はないので、早めに行けばよい席を確保できる。

2 カバーチャージを払う

当日の飲食代と一緒に後払いするところが多いが、入店前に払う必要がある場合もある。また、カバーチャージがないところもある。

3 席に着く

ブルーノートなどは、バーとテーブル席でカバーチャージが違うので事前に伝える。オンラインで予約するときは、どちらかを選ぶ。

Corona

$8

Heineken

$8

4 飲み物や食べ物をオーダー

注文を取りに来るスタッフ、またはバーの場合はバーテンダーにオーダー。ミニマムチャージがあるところは、その分だけ注文する。

5 支払いをする

演奏終了間近に伝票が渡されるので、座席で支払う。15〜20%のチップが必要。ほとんどのお店でクレジットカードが使える。

押さえておきたいマナー

ドレスアップする必要はないがスマートカジュアルで。夏はクーラー対策も

高級店に行く場合はジャケットを着用

大きな荷物では入店できないこともあるので身軽に

短パンやビーチサンダルはNG

NG!! 大きな荷物
クロークがなく、預けられないこともあるので、最小限の持ち物だけで行こう。

チップは忘れずに NG!!
最後にチップを払うことを忘れずに。クレジットカードの場合は伝票にチップの額を記入する。

NG!! 店内は禁煙！
NYのレストラン、バー、クラブは完全禁煙。店内では喫煙できないので気をつけよう。

短パンやビーチサンダル NG!!
ドレスアップする必要はなく、カジュアルな服装の人が多いが、カジュアルすぎるのはNG。

OK! ひとりでも大丈夫
ひとりで来ているローカルや観光客も多い。年齢確認のための身分証明書を忘れずに。

MEZZROW

私を野球につれてって♪

ヤンキースタジアムで大声援

アメリカの4大スポーツのひとつでもある、ベースボール。ひとたび球場に足を運べば、本場のプロスポーツの空気や緊張感を肌で体感できる。ホットドッグ片手に熱く応援しよう！

開放感あふれるヤンキースタジアム。広い屋外の球場で観るゲームは気持ちがいい

How to
チケット購入

1 購入方法は4種類
チケットはマンハッタンにあるクラブハウス、ブローカー、スタジアムのチケット窓口、MLBウェブサイトなどで購入できる。

2 オススメはMLBサイト
MLBのウェブサイトなら日本から予約ができる。チケットを事前にプリントアウトできるので、現地での入場がスムーズだ。

ヤンキースのサイトから Buy Tickets の緑のボタンをクリック

日にちを入力し、Buy Tickets をクリック

拡大マップから希望の席をクリック

住所や名前など、必要事項を入力して、Accept and Continue をクリック

New York Yankees
ニューヨーク・ヤンキース

**数々のスターを輩出した
メジャー最強の名門チーム**

1901年の創立以来、27回のワールド・シリーズ優勝を誇るメジャーきっての名門。イチローや松井秀喜など日本人選手も多く活躍した。2022年はア・リーグ東地区で優勝。2023年も期待されている。

本拠地：ヤンキースタジアム
Yankee Stadium
🏠1E. 161st St. (bet. Jerome & River Aves.), Bronx
☎1-718-293-4300
🚇地下鉄B・D・4線161 St Yankee Stadium より徒歩すぐ
www.mlb.com/yankees
ブロンクス　MAP別P.4 B-1

Let's Go YANKEES!!

足早に球場にむかう
ヤンキースファン

困ったことがあったら、私に声をかけて！

HOW MAY I HELP YOU?

MLB初心者でも楽しめる3つのコツ

野球観戦ってどうしたらいいの？ という人のために、安心して観戦を楽しめる3つのコツをご紹介！

グラウンド整備中♪

国歌斉唱～

コツ 01

エンタメ感覚で歌ったり踊ったりも！

基本のかけ声は『Let's Go Yankees』。試合開始前に流れる国歌の斉唱や、観客全員で行うウェーブなど、観戦以外にもさまざまな楽しみ方がある。

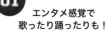

WE ❤ YANKEES

コツ 02

グッズGETでさらに盛り上がろう

せっかく球場まできたなら、ヤンキースグッズを身につけて応援しよう！ グッズはチームストアや、球場内のグッズ売り場で購入できる。

yum, yum!

コツ 03

観戦のおともに球場グルメをどうぞ

野球観戦に欠かせないのはやっぱり球場グルメ。ホットドッグやハンバーガー、ポップコーンなどアメリカならではのフードを楽しもう。

senga!

come on!

JETER 2

迫力満点の試合は旅の思い出になるはず

マンハッタン

📷 SIGHTSEEING

🎨 ART

🎵 ENTERTAINMENT

🍴 EAT

🛒 SHOPPING

🏛 STAY

ココもNYが本拠地！

地元ファンが多いメッツの応援に行こう！

ニューヨークを本拠地とするメジャーリーグの球団はヤンキースだけじゃない。ニューヨーク・メッツもお忘れなく！

クイーンズのシティ・フィールドが本拠地

Let's go Mets!!

メッツ側のホームランで後方フェンスから巨大なリンゴが現れる

スタジアムで買える！

Wowfulls
SNS映え（→P.81）で話題のワウフルズも！

Shake Shack
日本にも上陸の人気ハンバーガーはぜひ食べて

©Evan Sung

New York Mets
ニューヨーク・メッツ

1962年誕生、ナショナルリーグ東地区所属

「ニューヨーク・メトロポリタンズ」という愛称を元に「メッツ」と名付けられる。過去には、野茂英雄、松坂大輔など日本人選手も多く所属。ヤンキースに比べるとやや地味な印象はあるが、地元では圧倒的人気を誇る。

本拠地：シティ・フィールド
Citi Field
🏠 123-01 Roosevelt Ave, Queens
☎ 1-718-507-8499
🚇 地下鉄 7 線 Mets-Willets Point 駅より徒歩すぐ www.m1b.com/mets
クイーンズ　MAP 別 P.5 D-1

2022 年のオフにメッツと千賀滉大投手が7500万ドルで5年契約した。

読めば快晴 ☀ ハレ旅 STUDY

ゲイの人種運動のきっかけとなった場所、ストーンウォール・イン
グリニッチ・ビレッジ　MAP別P.11 E-3

✏ NYにみるゲイのタイプ

ひとくちにゲイといってもタイプはさまざま。ここでは、NYで見かけることの多いゲイピープルを体型や見た目の特徴でご紹介。

NYとゲイのふか～い関係

　アップルのCEOティム・クックがカミングアウトしたり、同性婚がアメリカ全州で認められたり、最近なにかと話題が多いゲイの世界。その歴史を語るうえで欠かせないのが、1969年6月にNYで起きた「ストーンウォールの反乱」だ。これは現在もグリニッチ・ビレッジにあるゲイバー、「ストーンウォール・イン」（MAP別P.11 E-3）に警察が踏み込み捜査を行った際に、居合わせた客たちが初めて真っ向から警察に立ち向かったもの。この画期的な事件をきっかけに一連の抗議運動が始まり、同性愛者の権利獲得運動が加速した。翌年1970年には、反乱1周年を記念してゲイ・プライド・パレードが実施され、以来、毎年6月最終日曜日には世界最大のパレードが盛大に行われている。

　現在でもゲイ・シティのNY。エリアは、上記ストーンウォール・インのある「クリストファー・ストリート」と、「チェルシー」、「ヘルズキッチン」の3カ所が中心で、この周辺にはゲイバーやゲイショップも多い。こうした店はゲイだけでなくLGBTQプライドを象徴するレインボー・フラッグを掲揚している。

Type1

若くてスリムなトゥインク

体毛が薄い、またはきちんと処理して清潔感たっぷり。スキンケア命でお肌はすべすべツルツル。もちろん洋服にも気を使う。アーティストやダンサー、ファッション、メディア業界に多い。

Type2

プーさん的ずんぐり体型の熊系

体毛とひげが濃く、丸くて大きいまさに熊（ベア）タイプ。独自にコミュニティを形成し「ベアクラブ」と呼ばれるグループを全米各地で結成。もちろんNYにも。「ベアプライド」という旗まである。

Type3

筋肉マッチョなサーキットボーイ

プロテインを愛飲。ジムやスポーツで鍛えた筋肉モリモリの肉体が自慢のナルシストがこのタイプ。全身または特徴的な部分にタトゥーを入れていることも多い。ストレートと区別がつきにくい。

Type4

わかりやすいドラッグ・クイーン

まさに女王の貫禄といったいでたち。実際には多くないが、ド派手な衣装とメイク、盛り髪の強烈な外見と、毒のあるトークで最も目立つ。NYではLypsinkaことJohn Eppersonが人気。

LGBTQ文化の中心でもあるクリストファー通り
グリニッチ・ビレッジ　MAP別 P.11 D-3

ゲイ・プライドの象徴レインボー・フラッグ

観光客でも気軽に入れる
バー＆ショーレストラン

観光客でもストレートでも気軽に入れる、人気
バー＆ショーレストランをご紹介。おしゃれな
ローカルゲイピープルたちと盛り上がろう。

NY ゲイ文化がわかる
COMIC & MOVIE

NYを舞台にゲイの世界を描く映画と漫画は、ゲ
イカルチャーを手っ取り早く知るのにぴったり。
どれも深い内容で考えさせられる。

The Ritz Bar and Lounge
ザ・リッツ・バー・アンド・ラウンジ

ダンスフロアもある
2階建てバー

客層はヒップスター系の若者
が中心。1階と2階の両方にダ
ンスフロアがあり、週末の夜は
大混雑。DJたちの選曲もクール
と評判。イベントも多数あり。

🏠 369 W. 46th St. (bet. 8th & 9th Aves.)　☎1-212-333-4177
🕐16:00～翌4:00（日曜15:00～）　🚇地下鉄A・C・E線42 St – Port
Authority Bus Terminalより徒歩約5分
ミッドタウン　MAP別 P.15 D-1

Industry Bar
インダストリー・バー

倉庫を改装した
スタイリッシュ空間

数々のローカル誌がNYのベス
トゲイバーに選出。月曜23時
からのショーなど曜日ごとにイ
ベントを開催。バラエティに富
んだ客層も魅力。

🏠 355 W. 52nd St. (bet. 8th & 9th Aves.)　☎1-646-476-2747
🕐18:00～翌4:00　🚇地下鉄C・E線50 Stより徒歩約4分
www.industry-bar.com
ミッドタウン　MAP別 P.18 B-3

Lips
リップス

ドラァグ・クイーンの
ディナー・ショー！

絢爛豪華なドラァグ・クイーン
のショーをディナーを食べな
がら楽しめる。ミュージカルの
ナンバーを歌う日曜のブラン
チショーも人気。

🏠 227 E. 56th St. (bet. 2nd & 3rd Aves.)　☎1-212-675-7710
🕐19:30～23:00（金曜18:45～23:30、土曜16:45～翌1:30、日曜12:00
～16:00、19:30～翌4:30）　🚇月曜　地下鉄E・M線Lexington Av / 53
Stより徒歩約4分　www.nycdragshow.com
ミッドタウン　MAP別 P.19 E-3

ニューヨーク・ニューヨーク

白泉社文庫　羅川真里茂著
全2巻　各720円

リアルなゲイの世界を知る

ゲイであることを隠す警官ケインは、複
雑な過去を持つ青年メルと惹かれ合う
が……。両親に対する罪悪感や、周囲か
らの偏見と差別などをリアルに描く。

デストラップ　死の罠

DVD 2000円（税抜）　ワーナー・ブラザ
ース・ホームエンターテイメント

最後に明かされる真実

落ち目の劇作家シドニーが昔の教え子ク
リフォードの傑作を自分のものにしよう
と殺人計画を立てる。公開時、ゲイのキ
スシーンが話題となった作品。

真夜中のパーティー

VHS（販売終了）　フォックス・ホーム・エ
ンターテイメント・ジャパン

1970年公開の革新的な作品

ゲイ仲間の誕生日を祝うために集まった
8人。その中にひとりだけストレートの
男性がいて……。ハリウッド映画史上初
めて、ゲイを真正面から描いた作品。

ノーマル・ハート

The Normal Heart（原題）
日本未公開

エミー賞受賞のTV映画

1980年代にNYのゲイコミュニティを襲
ったエイズをテーマに、社会の中で人権
を求めて闘う人々の姿を描く。劇作家で
ゲイ活動家の自伝的作品。

Sampo

ロウアー・マンハッタン
Lower Manhattan

ハーレム
セントラル
パーク
Manhattan
ミッドタウン
ソーホー
ウイリアムズバーグ
ダンボ
★ ロウアー・マンハッタン
Brooklyn

[行き方]

地下鉄 A・C・J・Z・2・3・4・5 線 Futon St、2・3・4・5 線 Wall St、J・Z 線 Broad St、R 線 Whitehall St – South Ferry、1 線 South Ferry など

観光地いっぱい
昼：◎ 夜：◎

歴史と経済を知りながらアートにも触れられる。最新ショッピングモールも見逃さないで。

再開発が進み、話題店が続々誕生

ビジネス街と歴史的観光スポットが混在するエリア。パブリック・アートも点在し、楽しめる。

[エリア紹介]

オランダ人がマンハッタン島で最初に居住した場所。毛皮貿易によって発展し、1626年にオランダ西インド会社が24ドル相当の品物と交換に先住民から買い取った地でもある。現在は、世界経済の中心として知られるウォール・ストリートやワン・ワールド・トレード・センター（WTC）があることで有名。最南端には、自由の女神行きのフェリーが発着するバッテリー・パークもある。WTCの復興とともに再開発が進み、特にWTCの西側にあるブルックフィールド・プレイスは最先端のショッピング＆グルメスポットとして話題。高層ビルが立ち並ぶビジネス街の中に、有名アーティストによるパブリック・アートも点在している。

01 NYの歴史にまつわる見どころをまわる

合衆国建国初期には一時首都だったNY。初の議会開催地や世界経済の中心地をまわろう。

世界の金融業界を表す代名詞でもある通り

Wall Street
ウォール・ストリート Ⓐ

ウォール街または金融街として知られ、周辺にはニューヨーク証券取引所や連邦準備銀行がある。世界経済の中心的役割を果たすエリア。

🚇 地下鉄2・3・4・5線Wall Stより徒歩すぐ
ロウアー・マンハッタン
MAP 別P.6 C-2

世界経済に大きな影響力を持つ

New York Stock Exchange (NYSE)
ニューヨーク証券取引所 Ⓑ

「ビッグ・ボード」とも呼ばれる、世界最大の証券取引所。上場審査も世界一厳しいとされる。中には入れないが、雰囲気だけでも味わいたい。

🏛 11 Wall St. (bet. New & Broad Sts.)
☎ 1-212-656-3000
🚇 地下鉄 J・Z 線 Broad St、R・W 線 Rector St、2・3・4・5 線 Wall St より徒歩約1分
www.nyse.com
ロウアー・マンハッタン　MAP 別P.6 C-2

初の議会開催もここ建国初期の中心地

Federal Hall National Memorial
フェデラル・ホール・ナショナル・メモリアル Ⓒ

初代大統領ジョージ・ワシントンが就任演説を行った地。現在の建物は1842年に税関として建てられた。中は博物館になっていて入場無料。

🏛 26 Wall St. (bet. Nassau & William Sts.)
☎ 1-212-825-6990
🕘 9:00〜17:00
🚫 土・日曜
🚇 地下鉄 J・Z 線 Broad St、R・W 線 Rector St、2・3・4・5 線 Wall St より徒歩約3分
www.nps.gov/feha
ロウアー・マンハッタン　MAP 別P.6 C-2

マンハッタン

SIGHTSEEING

ART

ENTERTAINMENT

EAT

SHOPPING

STAY

高層ビルの間の空間に
有名アーティストたち
の作品が点在している。
巨大作品が多く、圧倒
的な存在感！

Red Cube F
レッド・キューブ
イサム・ノグチ作

日系米国人イサム・ノグチの1968年の彫
刻作品。赤い立方体で真ん中に穴があい
ている。HSBC銀行ビルの前にある。

02
有名作品が
こんなとこに！
パブリック・
アートを巡る

Group of For Trees D
4本の木の群れ
ジャン・デュビュッフェ作

銀行家のデビッド・ロックフェラーの依
頼により、20世紀を代表するアーティス
ト、ジャン・デュビュッフェが制作した。

Charging Bull E
チャージング・ブル
アルトゥーロ・ディ・モディカ作

イタリア系米国人作家の雄牛（ブル）の
銅像。ブルは金融用語で上場相場を意味
することからウォール街の象徴的存在に。

Hello!

1 ダウンタウンの名所ブル
ックフィールド・プレイス
2 公園でランチを食べる人
々 3 ショッピングモール
もあるオキュラス 4 ひと
きわ高いビルがワン・ワール
ド・トレード・センター 5 ビ
ルの間にたたずむ教会 6
川の向こうはニュージャー
ジー 7 高層ビルが立ち並
ぶオフィス街 8 NY証券取
引所 9 街中でさまざまな
屋外アートが発見できる

名称変更してグランドオープンしたブルックフ
ィールド・プレイスは新しい必見スポット！

03
進化中の
話題スポットへ
行く

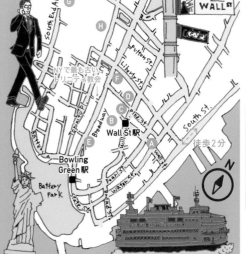

ショッピングとダイニングが楽しめる
最新のオフィス・コンプレックス
Brookfield Place G
ブルックフィールド・プレイス

人気ブランドが揃うショッピングエリアのほか、フードコート「ハドソ
ン・イート」とフレンチマーケット「ル・ディストリクト」も話題。

🏠230 Vesey St. (bet. North
End Ave. & West St.)
☎1-212-978-1673
🕙10:00〜20:00（日曜 12:00
〜18:00）

🚇地下鉄E線 World Trade Center
より徒歩約5分
bfplny.com
ロウアー・マンハッタン
MAP 別P.6 B-1

ユニークな外観の
複合商業施設
Oculus H
オキュラス

ワールド・トレード・センターの入口にあ
るトランスポーテーション・ハブ。白を基
調とするその建築美は必見。

🏠185 Greenwich St. (bet. Church &
Greenwich Sts.)
☎1-646-490-8456
🕙10:00〜19:00（日曜 11:00〜18:00）
🚇地下鉄1線 WTC Cortlandt Stより徒歩
すぐ
ロウアー・マンハッタン
MAP 別P.6 C-1

奥にはワン・ワールド・ト
レードセンターがそび
える。

👣マンハッタン南端の公園バッテリー・パークは、夕暮れスポット。ハドソン・リバーに沈む夕日にうっとり。

Osampo

ハーレム

セントラル
パーク

Manhattan

ミッドタウン

ソーホー　ウイリアムズバーグ
　　　　　★ ロウアー・イースト・サイド
ロウアー・　ダンボ
マンハッタン　　　Brooklyn

［行き方］

地下鉄 F線 Delancey St、もしくは J・M・Z線
Essex St を起点に歩き始めよう

個性派ばかり

昼：◎ 夜：◎

新鋭セレクトショップから昔ながらのユダヤ系のデリまで、新旧の店が入り交じる。

ロウアー・イースト・サイド周辺 Lower East Side

かつて多くの移民たちが暮らした街。

近年の再開発を経て、最新のトレンド発信地として成長中。

［エリア紹介］

頭文字を取ってLESと呼ばれる。かつては、主に東欧からのユダヤ系移民が多く暮らしていた。そのため、今でもパストラミサンドイッチで有名なカッツ・デリカテッセンや、ベーグルのラス＆ドーターズなど、昔ながらのユダヤ系フード店が残っている。また、19世紀後半から20世紀前半の移民たちの暮らしぶりがわかるテネメント博物館も観光名所として人気。現在は再開発が進み、おしゃれなショップやレストランが続々とオープン。バーやライブハウスも多く、夜は特に若者でにぎわう。ニュー・ミュージアムの移転に伴いギャラリーも激増中で、コンテンポラリーアートが楽しめる小規模ギャラリーが集まっている。

01 遊び心たっぷり 秀逸アイテムを求める

このエリアには個性あふれるユニークなデザインのショップが多い。お気に入りが見つかるかも。

古着ファンのお気に入り

Edith Machinist Vintage Boutique A

$75

エディス・マシニスト・ビンテージ・ブティック

10年以上にわたり、唯一無二の良質なビンテージ・アイテムで定評がある店。ファッション誌上でもたびたび紹介されている。

🏠 104 Rivington St. (bet. Ludlow & Essex Sts.)
☎ 1-212-979-9992
🕐 火・木～土曜 13:00～18:00　日13:30～18:00
🚫 月・水曜

🚇 地下鉄 F・J・M・Z線 Delancey St-Essex St より徒歩約4分
www.edithmachinist.com
ロウアー・イースト・サイド
MAP 別 P.9 F-1

$155

デコルテまわりがシースルーになっているワンピース

甘辛ミックスにぴったり。クールなレザーのバッグ

$320

$30

アジアンフィット仕様のノーズパッドを使用したLEMTOSH

一度は廃盤になったが人気で復活した定番モデルYUKEL

ファンたちを魅了する品揃え

Moscot B

モスコット

1951年の創業以来、5世代にわたりここロウアー・イースト・サイドに店舗があるアイウェア老舗ブランド。アーティストやセレブをはじめ世界中の人々に愛されている。

🏠 94 Orchard St. (bet. Delancey & Broome Sts.)
☎ 1-212-477-3796
🕐 10:00～18:00（日曜 12:00～）
🚇 地下鉄 F・M・J線 Delancey St-Essex St より徒歩約3分

moscot.com
ロウアー・イースト・サイド
MAP 別 P.9 F-2

Photos:Moscot

マンハッタン

SIGHTSEEING

ART

ENTERTAINMENT

EAT

SHOPPING

STAY

02 雰囲気も味も大満足！個性的なお店でひとやすみ

ストリート＆エスニック・カルチャーが同居する
エリアでは、休憩所もとびきり個性的。

チキン・サンドイッチ $6.50
フライドチキン＋グレ
イビーをビスケットで

生意気小僧のロゴが目印

Cheeky Sandwiches C
チーキィ・サンドイッチズ

自家製バターミルク・ビスケ
ットがおいしい、スケーター
たちに人気のお店。ゆる〜い
雰囲気が心地よい。

🏠 35 Orchard St. (bet. Canal & Hester Sts.)
☎1-646-504-8132
🕐7:00〜21:00（金曜〜24:00、土曜8:00〜）
🚇地下鉄F線East Broadwayより徒歩約4分
www.cheekysandwiches.com
ロウアー・イースト・サイド
MAP 別P.9 F-2

サワーチェリー・パイ 甘酸っぱいチェリーと
サクサクのクラスト！ $8

アメリカンなパイをどうぞ

Petee's Pie Company D
ピティーズ・パイ・カンパニー

バージニア州で30年以上続
く人気ベーカリーに育った
ペトラさん夫婦が切り盛り
するアメリカンパイの店。

🏠 61 Delancey St. (near Allen St.)
☎1-646-494-3630
🕐16:00〜23:00（金〜日曜11:00〜）
🚇地下鉄F・J・M・Z線Delancey St - Essex Stよ
り徒歩約4分
www.peteespie.com
ロウアー・イースト・サイド
MAP 別P.9 E-2

ソルティ・チョコ 塩味が効いたリッチな
レート・チェス チョコ・パイ $35 (ホール)

1 おしゃれに敏感な20〜30
代の人々に人気のエリア
2 エディス・マシニストの充
実の品揃え **3** かわいい雑
貨も見つかりそう **4** 移民
時代を感じる古い街並み
5 セレブにも人気のブランド
6 店内はいつも混雑 **7** さ
まざまなパイが並ぶ **8** ロ
ーキーな雰囲気 **9** ピティ
ーズ・パイの人気商品 **10** グ
ラフィティも随所にあるチ
ーキィ・サンドイッチズ

03 新カルチャー発信地 急成長するギャラリーたち

個性的なギャラリーが密集して
いる。各店にある無料のLESギ
ャラリーマップを入手しよう。

チェルシーからLESに移転

Derek Eller Gallery E
デレク・エラー・ギャラリー

1997年にチェルシーでオープン。先駆的な現
代アートを中心に幅広い作品を展開する。

🏠 300 Broome St. (bet. Eldridge & Forsyth Sts.)
☎1-212-206-6411 🕐11:00〜18:00 休月・
火曜 🚇地下鉄F線Boweryより徒歩約3分
www.daciagallery.com
ロウアー・イースト・サイド　MAP 別P.9 E-2
Photo:Derek Eller

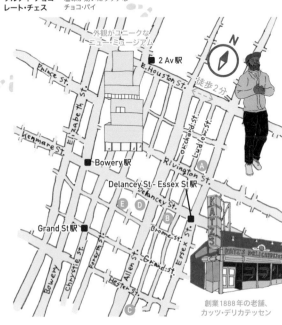

外観がユニークな
ニュー・ミュージアム
2 Av駅
徒歩2分
Bowery駅
Delancey St - Essex St駅
Grand St駅
創業1888年の老舗、
カッツ・デリカテッセン

Sampo

チャイナタウン
Chinatown

ハーレム
セントラル
パーク
Manhattan
ミッドタウン
ソーホー　ウイリアムズバーグ
★チャイナタウン
ロウアー
マンハッタン　　Brooklyn

[行き方]

地下鉄 J・N・Q・R・Z・6線Canal Stから徒歩すぐ。J・Z線Bowery、B・D線Grand St、F線East Broadwayから徒歩約5〜10分

♫

粉モノ天国！

昼：◎ 夜：○

カナル・ストリートとモット・ストリートには飲茶など粉ものの食べ物がたくさん。

アジアのエネルギーとパワー感じるエリア

全米最大規模を誇るNYのチャイナタウンには、安うまグルメがいっぱい。エネルギッシュなアジア空間で、食べ歩きを楽しもう！

[エリア紹介]

アジア以外のチャイナタウンでは世界最大で、最も古いといわれる。東西に延びる大通りのカナル・ストリートと、それと交差して南北に走るモット・ストリートを中心に、みやげ物屋やレストランが立ち並び、常に活気に満ちている。約10万人の人口を抱える生活密着型のチャイナタウンなので、安くておいしい庶民的なフード店が充実しているのも特徴。チャイニーズ系住民と観光客はもちろん、別エリアに住むニューヨーカーたちも足繁く通う。隣接してリトル・イタリーがあり、メインのマルベリー・ストリートとグランド・ストリートが交差するあたりには、イタリアンレストランやカフェが密集している。

01 NY最古の飲茶屋さんへ

まずはNYで一番古い飲茶レストランで腹ごしらえ。ノスタルジックな雰囲気を楽しもう。

1920年創業の歴史的飲茶レストラン

Nom Wah Tea Parlor Ⓐ
ノム・ワ・ティー・パーラー (南華茶室)

裏通りにある隠れ家的名店。写真入りのメニューがあり、オーダーは注文票に数を書くシステム。歴史を感じさせるインテリアにも注目。

⌂ 13 Doyers St. (bet. Pell St. & Bowery)
☎ 1-212-962-6047
🕐 木〜火11:00〜21:00
休水
🚇 地下鉄 J・N・Q・R・W・Z・6線 Canal Stより徒歩約7分
nomwah.com
チャイナタウン
MAP 別P.9 E-3

Scallion Pancake $5
バリバリの皮がおいしいネギのパンケーキ

Shrimp Siu Mai $6.50
プリプリのエビが入ったシュウマイ

ni-hao

$6.25

ワンタンヌードル

あっさり塩味とノドごしのよいヌードルですると食べられる

ローカルたちが通うディープな豆腐店と豚まん店で、ひと休み。住人気分を味わおう。

小腹がすいたら立ち寄りたい老舗の軽食レストラン

Mei Li Wah B
メイリワァ（美麗華）

ヌードルやおかゆなどの軽食が手軽に味わえる。なかでも、ワンタンヌードルとチャーシュー豚まんが人気。

🏠62 Bayard St. (bet. Mott & Elizabeth Sts.)
☎1-212-966-7866　⏰8:30〜19:30
🚇地下鉄J・N・Q・R・W・Z・6線 Canal Stより徒歩約3分
チャイナタウン
別MAP P.9 D-3

$1.25

Gingery Chicken & Vegetable

肉と野菜がゴロゴロたっぷり入った肉まん

ローカル一押しの豚まんが食べられるベーカリー

Golden Steamer C
ゴールデン・スティーマー（蒸包皇）

豚まんのほか、あんまんやカボチャまんなど種類も豊富。エッグカスタードや総菜パンなども楽しめる。

🏠143A Mott St. (bet. Grand & Hester Sts.)
☎1-212-226-1886
⏰7:00〜17:00（土・日曜7:00〜19:00）
🚇地下鉄J・N・Q・R・W・Z・6線 Canal Stより徒歩約5分
チャイナタウン
MAP 別P.9 D-2

02 おやつには粉モノを！

💬unmaa!

1みやげ物店も多い 2カナル・ストリート沿いにある観光案内所で情報をゲット 3鮮魚店で売られているカニ 4ストリートには旬の果物を売るフルーツスタンドも軒を並べる 5モット・ストリート沿いにある老舗のヌードルレストラン 6屋台ではチープなB級フードが楽しめる 7みやげ物店に並ぶキュートなベビー服 8ゴールデン・スティーマーのテイクアウト用パッケージ

03 B級グルメも食べちゃおう！

チャイナタウンといえばB級グルメの宝庫。ローカルに人気の格安食堂へ行ってみよう。

Chicken Leg Over Rice

ひき肉のソースが美味。ゆで卵はプラス¢50

$7

ボリュームたっぷりのぶっかけ飯

Wah May Fast Food D
ワ・メイ・ファスト・フード（華美）

ポークチョップやチキンレッグのオーバーライス（ぶっかけ飯）が人気。入口は2つあり、右はテイクアウト。

🏠190 Hester St. (bet. Baxter & Mulberry Sts.)
☎1-212-925-6428
⏰9:00〜20:00
🚇地下鉄J・N・Q・R・W・Z・6線 Canal Stより徒歩約2分
チャイナタウン
MAP 別P.9 D-2

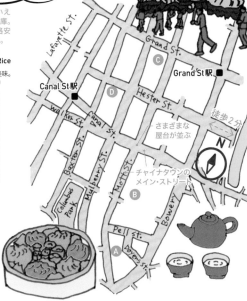

マンハッタン
SIGHTSEEING
ART
ENTERTAINMENT
EAT
SHOPPING
STAY

👣 チャイナタウンの北にある、リトル・イタリー。イタリア系住民のコミュニティだが、近年中国系におされ縮小傾向。 73

osampo

グリニッチ・ビレッジ
Greenwich Village

ハーレム
セントラル
パーク
Manhattan
ミッドタウン
★グリニッチ・ビレッジ
ソーホー ウイリアムズバーグ
ロウアー ダンボ
マンハッタン
Brooklyn

[行き方]

地下鉄 1線 Christopher St Sheridan Sq、A・B・C・D・E・F・M線 W 4 St Wash Sq Park、A・C・E線、F・M線、1・2・3線 14 St から徒歩約5〜10分

センス抜群の店が集まる

昼：◎ 夜：○
小さなストリートが多いのが特徴。隠れ家的な店も多く、歩けば歩くほど発見が！

アーティストや文化人たちに愛されてきた街

歴史を感じさせる閑静な住宅街で、散策とショッピングを楽しもう。

[エリア紹介]

グリニッチとは、オランダ語で緑の地区を意味する単語を英語化したもの。その名の通り、緑あふれる閑静な住宅街には、1900年代頃から有名作家や芸術家たちが住み始め、50年代からのビート・ジェネレーション、60年代からのカウンター・カルチャーの東海岸における中心地だった。ブルーノートやビレッジ・ヴァンガードなど名門ジャズクラブや小劇場も多く、現在も文化的な香りが漂う。ブリーカー・ストリート沿いには有名ブランドや個性的なショップが軒を連ね、ショッピングが楽しいエリアでもある。また、クリストファー・ストリートはゲイ解放運動の発祥地であり、この通り沿いにはゲイバーが立ち並ぶ。

01 マーク・ジェイコブスが手がける本屋さんでばらまきみやげをまとめ買い

Bleecker St.には、マーク・ジェイコブスのブックストアがある。マーク好きには天国！

アートや写真、ファッションなどを中心にマーク・ジェイコブスが厳選したこだわりの書籍が並ぶ

$6

何かと重宝するリングタイプのノート

$8

バラマキみやげにおすすめの手鏡

個性的なおみやげ探しもできるおしゃれ書店

Bookmarc Ⓐ
ブックマーク

アート本のほか、マーク・ジェイコブスの雑貨やアクセサリー類も豊富。ポップなデザインが多く、おみやげにもぴったり。

🏠 400 Bleecker St. (at. W. 11th St.)
☎ 1-212-620-4021
🕚 11:00〜17:00
🚇 地下鉄1線 Christopher-St Sheridan Sq より徒歩約5分
www.marcjacobs.com
グリニッチ・ビレッジ
MAP 別 P.11 D-3

$5

アメリカで定番の形の油性ペンもマークで

$10

持ち運びによさそうな色えんぴつ

マンハッタン

SIGHTSEEING

ART

ENTERTAINMENT

EAT

SHOPPING

STAY

02

SNSもいいけど……
旅先だから手紙を書く

旅先からの手紙を
さらにスペシャル
にするアイテムを
探しに、専門店に
行ってみよう。

目的別に選べるカー
ドとNYモチーフ
のポストカード

$2~4.75

かわいいがいっぱいの
カード専門店

Greenwich Letterpress ⓑ

グリニッチ・レタープレス

活版印刷のグリーティングカー
ドがぎっしり。洗練されたデザイン
が多く、見るだけでもハッピー
気分に。

🏠 15 Christopher St. (Greenwich Ave.&Waverly Pl.)
☎ 1-212-989-7464
🕐 11:00〜19:00 (日・月曜12:00〜18:00)
🚇 地下鉄1線 Christopher St-Sheridan Sqより徒
歩約2分
greenwichletterpress.com
グリニッチ・ビレッジ
MAP 別P.11 E-3

$6

$6

$6

$6

ニューヨークを感
じられるカードが
たくさん見つかる

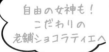

7

9

8

Cute!

10

❶絵はがきはグリニッチ・レ
タープレスで ❷日本まで
のエアメールは$1.30 ❸日
本未上陸のデザイナーもの
を探そう ❹ファッション感
度の高い人が集まる ❺緑
豊かな小道も歩いてみよう
❻こぢんまりとした小さな店
が点在 ❼個性が光る手書
きの看板にも注目 ❽アー
ト本を扱う店が多い ❾ニ
ューヨーク大学に隣接する
ワシントン・スクエア・パーク
❿NYモチーフのピン

03

自由の女神も！
こだわりの
老舗ショコラティエへ

小さなストリートに、かわいい路
面店が並ぶのもこのエリアの特徴。
散策すれば新しい発見があるかも！

パープルカラーが目印の
チョコレート・ブティック

Li-Lac Chocolates ⓒ

ライラック・チョコレート

1923年創業の老舗。昔ながらの製法
で作られるフレッシュなチョコレート
が、地元ニューヨーカーに人気。市内
に6店舗あるが本店はこちら。

🏠 75 Greenwich Ave. (at 11th St.)
☎ 1-347-609-0942
🕐 11:00〜20:00 (日曜〜19:00) 🚇 地下鉄A・
C・E線 14 Stより徒歩約4分
www.li-lacchocolates.com
グリニッチ・ビレッジ
MAP 別P.10 C-3

$16

自由の女神をかたどったユ
ニークなチョコレート$16

$18

NYモチーフを詰め
込んだガナッシュ
やトリュフ。8個入
りで$18

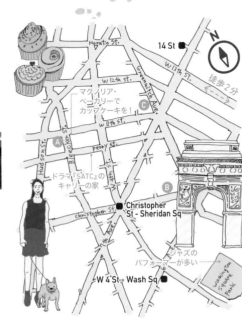

14 St

Horatio St.

W 12th St.

W 11th St.

Perry St.

マグノリア・
ベーカリーで
カップケーキを！ ⓒ

ドラマ『SATC』の
キャリーの家 Ⓐ

Christopher
St - Sheridan Sq

ⓑ

ジャズの
パフォーマーが多い

W 4 St - Wash Sq

徒歩2分

NY市警はアメリカ最大の警察組織。気軽に記念撮影に応じてくれる

OK!

知っていたらツウの証！
N Y Vehicle
NYの乗り物

街なかでよく目にする
あの乗り物をチェック！

NYのアイコン的なイエローキャブ、最近登場したグリーンキャブ、映画やドラマでおなじみのニューヨーク市警（NYPD）のパトカー、9・11のときも大活躍したニューヨーク消防局（FDNY）の消防車。NYのストリートで見る機会が多いこれらの乗り物について見てみよう！

Yellow Cab
イエローキャブ

NYの公認営業タクシー。メダリオンという免許プレートをつけることからメダリオンタクシーとも呼ばれる。約1万3000台が営業中。

次世代の公式タクシーは日産車
2015年9月に日産のNV200が正式標準車に確定。最終的には全タクシーの80％がこの車種になる。

Green Cab
グリーンキャブ

2013年から登場した公認営業タクシー。ボロー・タクシーと呼ばれ（ボローは区の意味）、主にマンハッタン以外で営業する。通称グリーンキャブ。

乗車は指定場所　降車はどこでも
マンハッタン北部とブロンクス、クイーンズ（空港を除く）、ブルックリン、スタテン島で乗車できる。

New York City Police Department (NYPD)
パトカー

車種はフォードやシボレー、ダッジのほか、最近は日産のアルティマやトヨタのプリウスなどハイブリッドカーも使われている。

白地に青の二本線が目印！
車体に書かれているCourtesy（礼儀）、Professionalism（プロ意識）、Respect（敬意）は、NYPDの標語。

Fire Department City of New York (FDNY)
消防車

FDNYの消防隊は、ポンプ小隊、はしご小隊、救助隊など6つの小隊に分かれる。9・11のときは、198のポンプ小隊のうち121隊が出動。

車体のナンバーは小隊の支部名
写真のパンパートラック（ポンプ車）はシーグレーブ社製で、ミッドタウンにあるポンプ小隊65のもの。

FDNY発行のカレンダー。イケメン揃い！

CHECK!

まだまだある NYのこんな乗り物

多彩な乗り物がある セントラルパーク！

セントラルパークは基本的に東西を横断する4つの大通りしか車は入れないが、園内には馬車やリキシャーが走っている。NYPDの2人乗りミニカーと三輪車、公園管理局の車も見られ、降雪時には衛生局の除雪車が出動する。

ニューヨークの『食べる』事件簿

特にサーバーにサービスしてもらうレストランでは、日本と違うマナーがある。楽しく食事するためにも知っておこう。

事件ファイル 1

注文しようと店員さんを呼んだら、無視された！

注文するものが決まったから早くオーダーしたいのに、スタッフを呼んでも来てくれないし、白い目でスルー。聞こえないかと大声で呼んでも無視。どうゆうこと…？

えくすきゅーずみー!!

知っておきたいこと

1 なるべく予約を

高級店はもちろんカジュアルなお店でも、まずは座席を予約しておきたい。なかには予約を受け付けない店もある。

2 喫煙について

NYでは、レストラン、カフェ、バーなど、屋内の喫煙は法律で禁止されている。決められた場所で喫煙を。

3 ドレスコード

NYの高級レストランでは、ドレスコード（服装規定）がある店も。ナイスカジュアルと呼ばれる規定が多く、おしゃれに着こなしていればジーンズでもOK。ただし、ダメージジーンズやTシャツ、スニーカーは避けたい。

解決！ アイコンタクトが基本

NY（アメリカ）をはじめとする欧米諸国では、日本のように「すみません！」と大声で店員を呼び止めるのはマナー違反。テーブル担当のウエイターやウエイトレスが決まっていることがほとんどなので、彼らにアイコンタクトで呼びかけを。

入店から退店まで

入店、エスコート

案内係にごあいさつ

入店したら、まずは案内係（メートルディー）のいるブースかカウンターへ。予約していれば名前と人数を告げる。席が用意できていないとバーで待つこともできる。

↓

着 席

案内係の誘導でテーブルへ

自分の座るテーブルに案内されると、そのテーブル担当者であるウエイターかウエイトレスが来て、あいさつ。その後メニューをくれる。

↓

オーダー

注文時にはアイコンタクトで

先に飲み物をオーダー。それを持ってきてもらう段階で食事のオーダーを。最近はスマホのQRコードを使いオーダーする店も多い。

↓

食べる

おしゃべりを楽しみながら

食事中にテーブル担当者がやってきて、「食事はどう？」などと声をかけてくる。おいしかったら、「Good！」などと答えよう。

↓

会 計

座席で行うのが基本

テーブル担当者に「Check, please」と告げると伝票を持ってきてくれる。基本的にはテーブル会計。チップの支払いも忘れずに。

↓

退 店

そのまま退店してOK

テーブル会計を済ませたら、おつりを欲しいとき以外はそのまま退店してよい。サーバー、案内係にあいさつをしたい。

事件ファイル**2**

チップを払ったのに
イヤーな顔をされた

飲食費の18%の金額のチップを現金（コイン）で置いたのに、テーブル担当者はすごく不機嫌な顔に。何か悪いことしたかしら…？

解決！	少額コインで支払わないように

お財布にたくさん入っているからといって、ペニー（1¢＝日本円でいうところの1円）で支払うのは、サービスが悪かったという意味になるので注意を。なるべく紙幣か25¢硬貨で。

レストランでの	チップのルール

サービスしてくれた人への心づけ

アメリカ（NY）では、サービスを受けたらチップを渡す慣習があり、レストランも同じ。ウエイター、ウエイトレスにテーブル担当のサービスをしてもらったら、チップを支払うのがルールで、これらは彼らの収入になる。最近では、このように接客にあたる従業員と、調理場で働く従業員との間に収入に差が生じることがたびたび問題視され、NYのレストランではチップ廃止となる動きもある。

チップ金額の	目安について

定価の18〜20％が目安

アメリカでは15〜20％が基本だが、物価が高いNYでは18〜20％が一般的。税金が8.875％なので、これをざっと2倍にした金額にすれば良い。困ったときは右図を参照。上記で説明したように、チップはあくまでも「心づけ」なので、すばらしいサービスを受けた場合や、やや困ったことに対応してくれた場合などはもっと上乗せしてもよい。逆に、サービスがひどければ少なくてもよい。

■ **チップ早見表**

$	18%	20%	$	18%	20%
$1	$1.18	$1.2	$200	$236	$240
$5	$5.9	$6	$250	$295	$300
$10	$11.8	$12	$300	$354	$360
$15	$17.7	$18	$350	$413	$420
$20	$23.6	$24	$400	$472	$480
$25	$29.5	$30	$450	$531	$540
$30	$35.4	$36	$500	$590	$600
$35	$41.3	$42	$550	$649	$660
$40	$47.2	$48	$600	$708	$720
$45	$53.1	$54	$650	$767	$780
$50	$59	$60	$700	$826	$840
$55	$64.9	$66	$750	$885	$900
$60	$70.8	$72	$800	$944	$960
$65	$76.7	$78	$850	$1,003	$1,020
$70	$82.6	$84	$900	$1,062	$1,080
$75	$88.5	$90	$950	$1,121	$1,140
$80	$94.4	$96	$1,000	$1,180	$1,200
$85	$100.3	$102	$1,050	$1,239	$1,260
$90	$106.2	$108	$1,100	$1,298	$1,320
$95	$112.1	$114	$1,150	$1,357	$1,380
$100	$118	$120	$1,200	$1,416	$1,440

事件ファイル**3**

アルコールを頼んだら
買いに行けと言われた…なぜ！

食事の前にワインが飲みたくてオーダーしようとしても、メニューにない。お店の人にたずねると、近くのリカーストア（酒屋）に買いに行けばと言う。私には出せないの？

解決！	リカーライセンスがないだけ

アメリカ（NY）では、レストランで酒類を提供するには、「リカーライセンス」という許可が必要。ライセンスのないレストランでは酒類の持ち込み（Bring your own beverage＝B.Y.O.B）が許される。

いまEATで一番NEWなしたいこと！

フォトジェニックフードでハッピーに！

おいしいだけじゃ物足りない！ 見ているだけでハッピーになれちゃう
新感覚のフォトジェニックスイーツを楽しもう。

どこから
食べる？

$16.50

The Cake Shake

ケーキがのってるミルクシェイク Ⓐ

手の大きさと
比べて！

$5.45

Toasted Coconut Doughnut

ふわふわ食感のトーステッド・ココナッツ・ドーナツ Ⓑ

Photogenic
★
#amazing
#驚き

中はこんなに
cute!

Mini $30
Midi $150

Explosion Cake

スプリンクルが溢れだすエクスプロージョン・ケーキ Ⓒ

カラフルさは
まるで万華鏡♡

$19

Cotton Candy Milk Shack

子供にも人気コットンキャンディー・シェイク Ⓐ

I shared
on Instagram!

人気ナンバー1のバーガーショップ

A. Black Tap Craft Burgers & Beer
ブラック・タップ・クラフト・バーガーズ＆ビア

🏠 529 Broome St.(bet.Sullivian & Thompson Sts.)
☎ 1-917-639-3089
🕐 12:00～22:00（金・土曜）～24:00、日曜11:00～）
🚇 地下鉄C・E線 Spring Stより徒歩約9分
blacktap.com
ソーホー　MAP 別P.8 B-2

NYでドーナッツと言えばココ

B. Dough
ドウ

🏠 14 W. 19th St.(bet 5th & 6th Aves.)
☎ 1-212-243-6844　🕐 6:00～20:00（金曜～21:
00）、土曜7:00～21:00（日曜～20:00）
🚇 地下鉄L・N・Q・R・W・4・5・6線14 St-Union Sq
より徒歩約5分　www.doughdoughnuts.com
チェルシー　MAP 別P.11 F-2

オーナーはファッション業界出身

C. Flour Shop
フルール・ショップ

🏠 177 Lafayette St. (bet Broom & Grand Sts.)
☎ 1-646-864-2223
🕐 10:00～18:00
🚇 地下鉄6線 Spring Stより徒歩約3分
flourshop.com
ノリータ　MAP 別P.9 D-2

what is

ニューヨークのアイスクリーム事情

ポップでかわいいビジュアルだけではなく、原材料にこだわったオーガニック指向の店からピクルスなどのユニークなフレーバーを販売する店まで、ニューヨークでは個性的なアイスクリーム店が続々オープンしている。

マンハッタン

SIGHTSEEING

ART

ENTERTAINMENT

EAT

SHOPPING

STAY

#かわいすぎ
#cute

Cheesecake

シンプルでかわいい ▢

$6～

Blood Orange *Doughnut*

オレンジの飾りが素敵なブ
ラッドオレンジ・ドーナツ ▢

$5.45

Taiyaki *Ice Cream*

女子の憧れが詰まった
ユニコーンたい焼き ▢

$9

#おしゃれ
#cool

milk *Bananna Butter Chocolate chip*
Crunchy cookie *Sundae*

カスタマイズして
楽しんで（$1.50～） ▢

$9～

Matcha *Latte*

ラテアートがかわいい
抹茶ラテ ▢

$4.75

Cake *Cornuffles*

ひと口サイズが
かわいい ▢

$30

#ボリュームすごい
#american

Hibiscus *Doughnut*

色鮮やかなハイビスカス
色ドーナッツ ▢

$5.45

Ice Cream

バニラアイスにホイップ
とホットファッジをかけて ▢

$6

Wowfulls

トッピングでアレンジ
自在のワッフルアイス ▢

$9

老舗のチーズケーキ屋さん

D. Eileens Special Cheesecake
アイリーンズ・スペシャル・チーズケーキ

⌂17 Cleveland Pl. (near Kenmare St.)
☎1-212-966-5585
🕐11:00～19:00（金・土曜～20:00）
Ⓜ地下鉄6線 Spring St より徒歩約1分
www.eileenscheesecake.com
ノリータ　MAP 別P.9 D-2

たい焼きとふわふわパンケーキ

E. Taiyaki NYC
タイヤキNYC

⌂294 Bedford Ave.(near Grand St.)
☎1-917-909-1856
🕐13:00～22:00（土・日曜12:00～）
Ⓜ地下鉄L線 Bedford Av より徒歩約7分
taiyakinyc.com
ウイリアムズバーグ　MAP 別P.23 E-3

深夜までの営業も嬉しい

F. Milk Bar
ミルク・バー

⌂251 E 13th St. (bet. 3rd & 2nd Aves.)
☎1-646-692-4154
🕐11:00～23:00（月～水曜15:00～）
Ⓜ地下鉄L線 3rd Av より徒歩約3分
www.milkbarstore.com
イースト・ビレッジ　MAP 別P.12 B-2

NYで人気の抹茶専門店

G. Cha Cha Matcha
チャチャ・マッチャ

⌂373 Broome St. (near Mott St.)
☎646-895-9484
🕐8:00～22:00
Ⓜ地下鉄J・Z線 Bowery より徒歩約4分
chachamatcha.com
ノリータ　MAP 別P.9 D-2

クリエイティブなフレーバーが人気

H. Odd Fellows
オッドフェローズ

⌂40 River St. (at N. 3rd St.)
☎1-718-387-4676
🕐14:00～22:00（木～日曜13:00～）
Ⓜ地下鉄L線 Bedford Av より徒歩約9分
oddfellowsnyc.com
ウイリアムズバーグ　MAP 別P.23 D-3

香港スタイルをアレンジ

I. Wowfulls
ワウフルズ

⌂90 Kent Ave. (スモーガスバーグ内)
🕐13:00～18:00（4月～10月）
Ⓜ地下鉄L線 Bedford Av より徒歩約9分
wowfulls.com
ウイリアムズバーグ　MAP 別P.23 D-2

フードホールの厳選ショップを巡る

一流の味を手軽に楽しめるフードホール。
今やあちこちにオープンしているが、やはり欠かせないのはこの2つ。
ここではその中から厳選ショップを紹介。おしゃれな空間で食べ歩きを楽しもう。

BROOKFIELD PLACE
ブルックフィールド・プレイス

川沿いの景色も楽しめるオフィス街きってのフードスポット

Brookfield Place
ブルックフィールド・プレイス

ランチタイムは行列必至

ロウアー・マンハッタンのオフィス街にある複合ビルに入っている。館内には2つのフードホールがあり、1階がル・ディストリクトで、2階がハドソン・イーツ。ランチタイムのパブリックスペースは多くの人でにぎわう。

🏠230 Vesey St.
(bet. North End Ave. & West St.)
☎1-212-978-1673
⏰10:00〜20:00(日曜12:00〜18:00)
※店舗により異なる
🚇地下鉄E線World Trade Centerより徒歩約6分
bfplny.com
ロウアー・マンハッタン　MAP別P.6 B-1

テナント数：21		
ベーカリー／3	スイーツ／2	
寿司／1　など		
雰囲気		
カジュアル ←─┼─┼─★─┼→ セレブ		

ブルックフィールド・プレイスの厳選SHOP

DIG
ディグ

選べるプレートでバランス良く
肉、魚、野菜などは、契約農家などから仕入れたもの。こだわりの素材を使ったヘルシープレートを提供。

ビルド・ユア・オウン
店内のショーケースからメイン1品と、サイド3品を選べる

$12.74〜

BLACK SEED BAGELS
ブラックシード・ベーグル

モントリオール式ベーグル
ノリータの有名店の支店。従来のNYスタイルよりちょっと小ぶりで甘みがあるのが特徴

$3

全粒粉ベーグル
アーモンドバターを挟んだもの。ほかにサンドイッチなどバラエティに富んだメニューがある

LE DISTRICT
ル・ディストリクト

マーケット＆フードホール
コンセプトはフランス。モノトーンが基調の店内は、カフェ、マーケット、ガーデン、レストランの4つのコーナーに分かれている。

$2.75

カフェ・コーナー
目の前で焼いてくれるクレープやケーキ、マカロンなど、見ためもかわいいスイーツが豊富

マンハッタン

SIGHTSEEING

ART

ENTERTAINMENT

EAT

SHOPPING

STAY

What is
フードホール in NY

フードホールはカジュアルで簡単。レストランのようなチップも不要。利用時のルールを知ろう。

1 **まずは探検**
多彩な店舗の集合体であるフードホールでは、セクションごとに店舗が看板を掲げている。まずは一周し、好きな店で直接購入しよう。

2 **イートインなら座席確保**
とくにランチタイムは多くの人で賑わう。まずは座席の確保を。ただし、貴重品は決して座席に置いたままにしないこと。

3 **セルフサービス**
購入した食べ物は自分で座席まで運び、食後のトレイも自分で下げるのが基本。ゴミは備えつけのゴミ箱へ。分別にも気をつけて。

ひと言英会話

会計時によくたずねられるのが、「For here or to go?（イートインか、それともテイクアウトするか）」。ほかの店でも使える表現なので覚えておこう。テイクアウトなら「To go」で。

開放的な空間が魅力

ハドソン・ヤードにも近く

CITIZENS CULINARY MARKET
シチズン・カリナリー・マーケット

Citizens Culinary Market
シチズン・カリナリー・マーケット

スターシェフによるレストランも併設

マイアミやシカゴにある全米チェーンのフードコート。店内のデザインを手がけたのは現代建築で有名なロックウェル・グループ。ソファやコミューターテーブルなどユニークな座席が配置されてどこか開放的。12のテナントがあり、場所柄、観光客や地元のオフィスワーカーまで多くの人々が訪れる。

⌂ 398 10th Ave. (bet. 31st & 32nd Sts.)
☎ 1-212-734-2715
🕐 11:00〜18:00（水・木・金曜は〜19:00）
🚇 7番 34 St-Hudson Yardsより徒歩約4分
www.ctzns.com/newyork
ミッドタウン　MAP 別P.14 C-3

テナント数：12		
ハンバーガー／2	寿司／1	
地中海料理／1	アジア料理／1	など

雰囲気		
カジュアル ←─┼─┼─★┼─┼─→ セレブ		

シチズン・カリナリー・マーケットの厳選SHOP

UMAMI BURGER
ウマミ・バーガー

日本にも上陸した話題店
全米各地に店舗があるLA発のハンバーガーチェーン。「ウマミ」とその名前に由来するとおり、旨み成分を最大限に引き出す調理法で作られるバーガーが味わえる。

サニーサイド・バーガー
トリュフとタマゴ、パルメザンチーズとアレグラをサンド。

$12.95

KRISPY RICE
クリスピーライス

フュージョン寿司をどうぞ
スパイシーマグロをはじめ、鮭とユズ、ピリ辛ハマチ＆ワサビなど、アメリカンなツイストをくわえた寿司が楽しめる。おかずやおつまみがセットになったボックスが人気。

$25
ジャストクリスピー
オリジナルの寿司とクリスピーフライドシュリンプがセットに

CINDY LOU'S COOKIES
シンディ・ルーズ・クッキー

かわいくておいしいアメリカンなクッキー
フロリダ出身のシンディさんが作るクッキー専門店。グアバココナツマカロン、ホワイトチョコレートマカデミアなど、どれも大きめサイズのざっくりとした味がおいしい。

$5.50
チョコレートチップ・クッキー
外はサクサク、中は噛みごたえのあるねっとりとしたアメリカンクラシックなクッキー。

EAT
02

チェルシー・マーケットで
食べ歩きを楽しもう！

1997年のオープン以来、NYフードトレンドを牽引する巨大フードマーケット。
さまざまなテナントが揃うので、ぶらぶら見てイートインしてもよし、持ち帰るもよし。

多様な食文化が大集合
アートと食が融合した空間

古い倉庫をそのまま活かした館内。
今や周辺エリアのランドマーク的存在となっている

Chelsea Market
チェルシー・マーケット

旧ナビスコ工場が食のショーケースに

おなじみの人気店から話題の新店舗まで、NY
の食のトレンドを凝縮していて楽しい。イート
インが可能で、ローカルに加えて世界中の旅行
者がやって来る人気スポット。

🏠 75 9th Ave. (bet. 15th & 16th Sts.)
☎ 1-212-652-2121
🕐 7:00 ～ 22:00 (日曜 8:00 ～)
🚇 地下鉄A・C・E線14 Stより徒歩約5分
www.chelseamarket.com
ミート・パッキング・ディストリクト
MAP 別P.10 C-2

🚏 まわり方のコツ

観光客でにぎわっているのでオープン直後が狙い
め。まずは館内を見て、食べたいものを選ぼう

テナント数：約39
ベーカリー／3
スイーツ／2　シーフード／2　など
雰囲気
カジュアル ←─★─┼─┼─┼→ セレブ

What is
チェルシー・マーケット

9th Ave. と 10th Ave.、15th St. と 16th
St. に囲まれたブロックを占める。旧ナ
ビスコのオレオの工場だった建物を改
装、2階以上はオフィスビル。NYの歴
史的遺産としても推薦されている。

館内には壁画やアートなど
もあり、ミート・パッキング・
ディストリクトらしいアート
な雰囲気

RECOMMENDED SHOP 🚩

チェルシー・マーケットの厳選FOODS7

新鮮魚介がおいしいLobster Place、ローカルに人気のAMY'S BREADやFat Witch Bakeryは要チェック。

① DICKSON'S FARMSTAND
ディクソンズ・ファームスタンド

上質のこだわりミートを！
抗生物質やホルモン剤を使用しない、ホルモンフリーの精肉を扱うお店。ホットドッグをはじめ、ステーキサンドなどのランチメニューは必食！

$7

ハウスメイド・ホットドッグ
自家製ソーセージを使用した定番メニューに、ハラペーニョとキューピーマヨネーズをトッピング。

② LOS TACOS NO.1
ロスタコス・ナンバーワン

絶品タコスをどうぞ
少し奥まったところにあるメキシカンフード店。なかでも、NYで一番おいしいと評判のタコスはぜひお試しあれ！

$4.05

タコス（ノパル）
グリルド・カクタス（食用サボテン）をトッピング

③ LOBSTER PLACE
ロブスター・プレイス

フレッシュなシーフードをカジュアルにいただく
いつも活気ある魚市場。テイクアウト用の商品をはじめ、寿司バーや立ち食いロブスター、チャウダー・コーナーも併設。

ロブスター
見ためもインパクト大の名物フード。スモールサイズで$27くらい。

④ FILAGA
フィラーガ

シチリア地方のイタリアン
店名はオーナーの出身地である村の名前。生地作りからこだわったシチリア式ピザ（正方形）が味わえる。

$7

ゼッポレ
名物スイーツのひとつである揚げドーナツ。リコッタチーズがイン！

⑤ FAT WITCH BAKERY
ファット・ウィッチ・ベーカリー

**おみやげに断然人気
しっとりチョコのブラウニー**
小さな魔女がトレードマークのブラウニー専門店。クルミやキャラメル、コーヒーを使ったもので多彩なフレーバーが揃う。

$2.75

$3.75

キャラメル・ウィッチ
サイズはレギュラーとミニサイズあり。オリジナル・フレーバーが定番

⑥ AMY'S BREAD
エイミーズ・ブレッド

NYを代表する有名ベーカリー
ハード系からデニッシュやカップケーキなどの甘い系まで、バリエーション豊かなパンを販売。ランチのピクニックメニューもある。

$3.50

ブルーベリーマフィン
ていねいに焼き上げられたマフィンの中には、ブルーベリーがたくさん入っている

⑦ CREAMLINE
クリームライン

牛乳屋さんとのコラボカフェ
ローカルファームの乳製品ブランド、ロドニーブロックと提携。ドリンクのほか、サンドイッチやバーガーもある。

$3.75

バニラミルクシェイク
牛乳のおいしさがぎゅっと濃縮したシエイク。ホイップとぴったり！

CHELSEA MARKET

マンハッタン

SIGHTSEEING

ART

ENTERTAINMENT

EAT

SHOPPING

STAY

今日も特別な1日になるように
気分が盛り上がる朝食を食べる

1日の活力は朝ごはんが大切。とびきり人気のレストランで話題の朝食を食べ、旅行中のパワーをしっかり充填しよう。

フワフワの絶品パンケーキ!

$17

Blueberry Pancakes

新鮮なブルーベリーとの相性抜群

ふわふわ&サクサクのパンケーキに、あったかいメープルバターをかけていただく、このコラボが絶品。月〜金曜の朝8〜9時の間に入店すると、お得なコーヒーやオレンジジュースつきのパンケーキ・スペシャル($13)が楽しめる。

Community Food & Juice
コミュニティ・フード・アンド・ジュース

あの人気店の味が楽しめる

NYベストパンケーキNo.1を総なめにしたClinton Street Baking & Co.の姉妹店。人気のパンケーキはここでも健在。コロンビア大学に近く、学生や地域住人でにぎわっている。

🏠2893 Broadway (bet. 112th & 113th Sts.)
☎1-212-665-2800
🕐9:00〜15:30、16:00〜21:00
Ⓜ地下鉄1線Cathedral Pkwy (110 St) より徒歩約3分
www.communityrestaurant.com
モーニングサイド・ハイツ
MAP 別P.22 A-3

Community Food & Juiceの人気朝食ランキング

1 *Pancakes with Warm Maple Butter* — **$17**
絶妙な焼き上がりが最高のパンケーキ

2 *Brioche French Toast* — **$17**
ふんわりブリオッシュのフレンチトースト

3 *Country Breakfast* — **$18**
野菜も卵も一度に味わえるプラッター

Good Morning!!!

Bubby's
バビーズ

アメリカ家庭料理の良心が詰まった店

ニューヨークへ行ったらトライベッカの本店に。早朝から深夜まで、懐かしのアメリカの味を求めて客足が絶えない。

⌂ 120 Hudson St. (bet. N Moore & Franklyn Sts.)
☎ 1-212-219-0666　営 8:00〜22:00　地下鉄1線
Franklynより徒歩3分
www.bubbys.com
トライベッカ
MAP 別 P.8 B-3

ボリューム満点の
ブレックファースト！

$26

Eggs Benedict
色鮮やかなオランディーヌソースがとろり！

Bubby'sの人気朝食ランキング		
👑1 **Bubby's Breakfast** これぞアメリカの朝食。不動の人気メニュー	$24
👑2 **Bubby's Pancakes** しっとり感がたまらないやわらかパンケーキ	$23
👑3 **Eggs Benedict** 濃厚な卵の味わいがグッドなエッグベネディクト	$26

Sarabeth's
サラベス

洗練された美しい朝食の店

「朝食の女王」として、東京・新宿でも大人気のサラベス。NY市内には現在5つの店舗を展開。NYを代表するレストランとしてニューヨーカーに愛されている。

⌂ 381 Park Ave S. (at 27th St.)
☎ 1-212-335-0093　営 8:00〜22:00（日曜〜21:00）　地下鉄6線28 Stより徒歩約1分
sarabethsrestaurants.com
グラマシー　MAP 別 P.12 A-1

Sarabeth'sの人気朝食ランキング		
👑1 **Lemon & Ricotta Pancakes** レモンが香るさわやかパンケーキ	$25
👑2 **Classic Ham Benedict** オランデーズソースが絶品	$24
👑3 **Fat & Fluffy French Toast** フワフワのフレンチトースト	$26

$25

I want to eat

さわやかなレモンの香りと新鮮フルーツ！

Lemon & Ricotta Pancakes
ふんわりパンケーキのブラックベリー添え

Nice!

Little Collins
リトル・コリンズ

オーストラリア人が経営

オーストラリア発のサードウェーブ・コーヒーが話題のカフェ。サラダやサンドイッチなど、朝食に食べたいメニューが豊富。

⌂ 708 3rd Ave. (bet. 44th & 45th Sts.)
☎ 1-212-308-1969　営 7:00〜18:00（土・日曜7:30〜17:00）
地下鉄S・4・5・6・7線Grand Central-42 Stより徒歩約5分
www.littlecollinsnyc.com
ミッドタウン　MAP 別 P.16 C-1

Little Collinsの人気朝食ランキング		
👑1 **Sweet Uncle Fred**	$9	バナナブレッドにリコッタチーズなどをオン！
👑2 **Crispy Quinoa Tuscan Kale**	$16	トスカーナ産ケールを使ったサラダ
👑3 **The Pick Me Up Sandwich**	$9	オムレツに炒めたオニオンやトマトをサンド

たっぷりのアボカドがオン！

$13

Smashed Avo Toast
マッシュしたアボカドの上にポーチドエックをのせて

🌺 ニューヨークでは朝食とはいえボリューム満点なので、食べきれなければ持ち帰り（To Go）してもいい。

なにがなんでも
NY ステーキが食べたい！

牛の飼育方法から肉の熟成方法、そして焼き方まで、
とことんこだわった NY が誇る本場ステーキはぜひ味わいたい。

good!!

香ばしさと味わいは
ドライエイジドならでは

Prime Porterhouse Steak for Two

Filet Mignon

質・量ともに
申し分ない
完璧な仕上がり

プライム・ポーターハウス・ステーキ・フォー・トゥー

● **$155**

米国農務省（USDA）が格づけする最高級部位、プライム・ビーフ。骨を境にフィレとサーロインの両方を一度に楽しめる贅沢なステーキ（2人前）。

店頭に掲げられたレトロな牛の巨大サインが目印

Old Homestead Steakhouse
オールド・ホームステッド・ステーキハウス

セレブが足繁く通う

ミート・パッキング・ディストリクトが今のように華やかな人気地区になるずっと昔から、舌の肥えたニューヨーカーたちに上質なステーキを振る舞い続けてきた老舗専門店。

老舗にふさわしい、上品で落ち着いた雰囲気のダイニングルーム

🏠 56 9th Ave. (bet. 14th & 15th Sts.)
☎ 1-212-242-9040
🕐 17:00～21:00（土曜～22:00、日曜16:00～）
🚇 地下鉄 A・C・E・L 線 14 St-8 Av より徒歩約1分
www.theoldhomesteadsteakhouse.com
ミート・パッキング・ディストリクト
MAP 別 P.10 C-2

フィレミニョン

● **$56**

USDA 認定プライムビーフの最高級部位を使用。きめ細やかでやわらかい極上ステーキが味わえる。

ビストロのカジュアルな雰囲気が楽しめる

BLT Prime
ビーエルティー・プライム

上質な赤身肉を提供

2004 年、BLT ステーキの旗艦店がオープン。2014 年には 東京・六本木＆銀座にも進出。メニューにはステーキのほかにシーフードも用意。海と陸の幸を同時に味わえる。

モダンで洗練された美しいインテリアにも注目

🏠 1032 Lexington Ave. (near 74th St.)
☎ 1-212-995-8500
🕐 17:00～22:00
🚇 地下鉄 5・6 線 77 St より徒歩約4分
bltrestaurants.com/
アッパー・イースト・サイド
MAP 別 P.19 E-1

What is

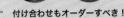

1 部位について知ろう
肉は部位によって味わいが違う。また、小さくて食べやすいフィレは少食派に、Tボーンはシェア向きなど、楽しみ方も変わる。

2 付け合わせもオーダーすべき！
ステーキハウスの定番付け合わせメニューは、ビーフトマトの厚切りサラダやコクのあるクリームド・スピナッチ（ホウレンソウ）が有名。蒸し野菜も相性よし。

3 おすすめの焼き加減
ミディアム・レアかミディアムがおすすめ。特にドライエイジド・ビーフなら独特の香ばしさと肉のジューシーな質感をあますことなく堪能できるだろう。

4 ステーキはこう食べよう
専門店では、最初のひとくちは何もつけずにいただきたい。アメリカのステーキがなぜ人気なのか、肉そのものを味わうことでそれを実感できることだろう。

Porterhouse Steak for Two or More

肉本来の旨みをとじこめた本場のドライエイジド

最高級の
フィレ・ミニオンが
味わえる

Prime Filet Mignon

 プライム・フィレ・ミニオン

とろけそうにやわらかい口当たりに加え、噛むほどに味わえる熟成した肉の深みが広がる。お好みでソースのオプションも可能。

 $55

Keens Steakhouse
キーンズ・ステーキハウス

重厚なインテリアが印象的

創業1885年。風格を感じさせる広々とした店内には、かつて常連だった歴代大統領や実業家などの著名人たちのパイプが飾られている。人気メニューは、オリジナル製法で熟成させたフィレやサーロイン。

老舗店の風格を感じる人気店。事前に予約しておくのがおすすめ

⌂72 W. 36th St. (bet. 5th & 6th Ave s)
☎1-212-947-3636
🕐11:45〜22:30（土曜17:00〜、日曜17:00〜21:30）
🚇地下鉄B・D・F・M・N・Q・R・W線34 St-Herald Sqより徒歩約6分
www.keens.com
ミッドタウン　MAP 別P.16 A-2

ミッドタウンの中心という便利なロケーションも魅力

ポーターハウス・ステーキ・フォア・トゥー・オア・モア

USDAプライム・ビーフを専用の熟成庫で長期熟成。独自の香ばしさと旨みが一躍人気に。フィレもサーロインも楽しめるので、大人数でシェアしたい一品。

 $66

Wolfgang's Steakhouse
ウルフギャング・ステーキハウス

日本でも話題の本格派

NYの名門店に長く勤めたウルフギャング・ズウィナー氏が独立、2004年にオープン。日本をはじめ世界中にドライエイジド・ビーフを広く伝えている話題の専門店。

店内の壁には来店した各国の首相や著名人たちの写真が

⌂409 Greenwich St. (bet. Beach & Hubert Sts.)
☎1-212-925-0350
🕐12:00〜22:00（金・土曜12:00〜23:00）
🚇地下鉄A・C・E線 Canal Stより徒歩約6分
wolfgangssteakhouse.net
トライベッカ
MAP 別P.8 B-3

比較的予約が取りやすいトライベッカ店は穴場的存在

SHOPPING

STAY

フードもインテリアも美しい
大人レストランにおでかけ

せっかくNYに来たのだから、滞在中に一度はとっておきのレストランに
行ってみたいもの。洗練された大人空間で贅沢なくつろぎのひとときを。

気品と静謐さが漂う
本物を知る大人たちの空間

Grand Salon
グランド・サロン

**バカラ・ホテルの
レストラン**

創業250年を超えるクリスタルブランド、バカラが初プロデュースしたバカラ・ホテル内。レストランは宿泊しなくても利用可能。

バカラの世界が広がる美しい店内

How to
食事をするまで

1 メートルディーに従う
店に到着したらメートルディー（案内係）に従い、席に着く。

2 バーで待機
すぐに着席できないときはバーで待つよう勧められることも。

3 トイレを済ませておく
オーダーを終えたら、そのタイミングで行けば食事中に行かなくて済む。

ひと言英会話

What is today's special?
本日のおすすめは何ですか？
I cannot pick between beef and chicken.
Which do you recommend?
ビーフとチキンで迷っているのですが、
どちらがおすすめですか？

大人POINT
高い天井から吊されたシャンデリアなど、インテリアがエレガントでゴージャス。おしゃれして出かけたい。

メニュー例
有名なのが12:00～16:00のみ提供されるアフタヌーンティー$140～（要予約）。ほかにもランチやディナーなど、見た目も美しいワンランク上の味が楽しめる。

大人気のアフタヌーンティー

🏠28 W. 53rd St. (bet. 5th & 6th Aves.)バカラ・ホテル内　☎1-212-790-8867　⏰朝食7:00～11:00、11:00～23:00（日曜日～20:00）　🚇地下鉄E・M線5 Av/53 Stより徒歩約3分　www.baccarathotels.com/dining/grand-salon
ミッドタウン
MAP 別P.19 D-3　予算 $300～

The Baccarat Hotel NYC
バカラのシャンデリアが美しいゴージャスな空間で、とびきり優雅な時間を

世界中にレストランを運営するアラン・デュカスが手がける

特製ソースをつけていただくRoast Chicken $29

彩り鮮やかで見た目も美しい

Photos: Bart Barlow

白と青のさわやかな外観。夏期はテラス席も
Photos: Pierre Monetta

Benoit
ブノア
セレブシェフの極上フレンチ

ミシュラン3つ星シェフのアラン・デュカスが経営。モダンであたたかい雰囲気のなか一流の味がいただける。週末のブランチメニューも人気で、パンケーキなどが味わえる。

🏠60 W. 55th St. (bet. 5th & 6th Aves.)
☎1-646-943-7373 🕐12:00～21:15(木～土曜～21:45、日曜～21:00) 🚇地下鉄F線57 Stより徒歩約2分
www.benoitny.com
ミッドタウン　MAP 別P.18 C-3

予算　$70～

大人POINT
フランスのビストロを感じさせるクラシックで落ち着いたインテリア。フランス語を話す人たちの声も聞こえてくる

メニュー例
フィレミニヨン・オー・ポワブル $52、オニオン・グラタン・スープ $18、クリーム・キャラメル $10

Gramercy Tavern
グラマシー・タバーン
NYファンなら一度は行きたい

タバーン(大衆居酒屋)の名のとおり、どこかカジュアルな雰囲気が漂う。上質なアメリカ料理を求め、気品ある大人たちで常時にぎわっている。

1994年のオープン以来、予約必須の人気店

色とりどりの食材で生み出される美しい料理
Photos: Maura McEvoy

🏠42 E. 20th St. (bet. Park Ave. & Broadway)
☎1-212-477-0777
🕐ランチ:11:30～14:30、ディナー:17:00～21:30(金・土曜～22:00) 🚇地下鉄6線23 Stより徒歩約3分
www.gramercytavern.com
グラマシー
MAP 別P.12 A-2

予算　$200～

大人POINT
カジュアルなタバーン(予約不要)とダイニングに分かれている。落ち着いた雰囲気が好きなら後者へ。

メニュー例
ダイニングルームでは、ランチは2品$58または3品$72のコース、ディナーは$165のコースのみ。

NYで誇るフレンチとトップクラスのサービス

Photos: t.Schauer, E. Laignel

3つ星を獲得したこともある名店

味だけでなく、繊細で芸術的な盛りつけも人気

閑静な高級住宅街の一角にたたずむレストラン

Photos: t.Schauer, E. Laignel

Daniel
ダニエル
NYフレンチの巨匠
D.ブー氏の旗艦店

数々の話題のレストランを手がけ、常にNY料理界を牽引してきたダニエル・ブー氏の一流の味とサービスを求めるリピーターも多い人気店。

🏠60 E. 65th St. (bet. Madison & Park Aves.) ☎1-212-288-0033 🕐17:00～22:00 🈭月曜 🚇地下鉄F・Q線Lexington Av/63 Stより徒歩約5分
www.danielnyc.com
アッパー・イースト・サイド
MAP 別P.19 E-2

予算　$130～

大人POINT
アッパー・イースト・サイドらしい、上品で落ち着いた雰囲気が楽しめる。ぜひドレスアップしていこう。

メニュー例
アラカルトのほか、プリフィクス(4品)$188、テイスティング・メニュー(7品)は$275。ベジタリアン向けも。

愛され続けるフランク上のタイミング

Photos: Maura McEvoy
ひときわ洗練されたダイニングルーム

マンハッタン
SIGHTSEEING
ART
ENTERTAINMENT
EAT
SHOPPING
STAY

👣 こちらで紹介したレストランはすべて要予約。OpenTable　URL www.opentable.comなどで予約を。

おしゃれでヘルシー！
オーガニックサラダを食べよう

ヘルシー志向の人が多いニューヨークでは、
オーガニックやビーガン、マクロビなど、
食材にこだわったヘルシーフードの存在は不可欠。
こだわりの野菜をたくさん食べよう！

$3.50

ブルーベリー・
バジル・レモネード
ピリッとバジル風味が
アクセント。ベリーの
甘酸っぱさが後を引く

$10.35～

カスタマイズサラダ
アレグラにメキシカン・コーンやト
マトをドレッシングで和えて

NYで目にするオーガニック用語

■オーガニック
有機栽培のこと。化学合成農薬や化学肥料に頼
らず有機肥料により栽培する農法のこと。

■ビーガン
完全菜食主義者。肉や魚をはじめ、卵や乳製品
など動物性食品を一切とらない人のこと。

■マクロビオティック
体にストレスがかかる食品を避け、野菜、豆、
海藻といった自然のものが中心の料理方法。

■ベジタリアン
菜食主義者。野菜、豆類など植物性食品を中心
にとる人のこと。卵、乳製品は食べる人も。

■USDA
米国農務省のこと。USDAオーガニックという
制度により、オーガニック食品の認定を行う。

■ローフード
Raw Food＝生の食べ物。生で
食べることで酵素や栄養素を
効果的にとるという料理方法。

Kale Chips

Sweetgreen
スイートグリーン

ローカル野菜が楽しめる
NY近郊で栽培された有機野菜にこだ
わるサラダ・バー専門店。旬の素材を
使った彩り豊かなサラダはカスタマイ
ズ可能。オリジナル・ドリンクもあわ
せてオーダーしたい。

🏠1164 Broadway (bet. 27th & 28th Sts.)
☎1-646-449-8884
🕐10:30～21:00
🚇地下鉄R・W線28 St
より徒歩約1分
グラマシー
MAP 別 P.16 A-3

買ったサラダを店内でイートイ
ンすることができる。テーブル席
に加えて、奥には階段状になった
ベンチもある

店内でイートインすることもできる

Have fun

INDAY
インディ

**ヘルシー系
インディアンフードを楽しむ**

クミンやシナモンなど、インド料理でよく
使われるスパイスで味付け。ヘルシーで見
た目も華やかなサラダ・ボウルが人気。

🏠1133 Broadway (at 26th St.)
☎1-917-521-5012
🕐11:00〜21:00
🚇地下鉄R・W線
28 St駅より徒歩約3分
www.indaynyc.com
グラマシー
MAP 別P.14 A-4

$8.50〜

$9.50〜

好みの具材を
選べるサラダ
Make Your Own

定番でもあるレンズ豆
を使ったサラダ

量り売りなので 1lb(約
453g)で$11.99。取り
すぎに注意を

$18.57

テイクアウト用に紙
のボックスもある

MUSTARD

KETCHUP

MAYONNAISE

Whole Foods Market
ホールフーズ・マーケット

**オーガニック系スーパー内
にあるサラダバー**

NY市内至るところにあるオーガニッ
ク系スーパー、ホールフーズ。こちら
は店内にあるサラダバーも見逃せな
い。野菜を中心にさまざまなおかずが
並び、自由に取るスタイル。好きなだ
け取って会計をしたら、イートインス
ペースでいただこう。
>>>P.128

Single Serv~
Ioulized Salt

Single Serv~
Pepper

必要なら調
味料もGET!

WHOLE FOODS

マンハッタン

SIGHTSEEING

ART

ENTERTAINMENT

EAT

SHOPPING

STAY

こんなにオシャレでこの価格!?

コスパのよいレストランで満腹!

とびきりステキでおいしいのにお値段はリーズナブル。
ローカルも大好きな人気のあのレストランで上質な料理を堪能しよう。

Reasonable price!

Morocco
モロッコ料理

POINT

カフェ・モガドールのラムタジンは、情報誌『Time Out』で「死ぬ前に食べておきたいタジン」と言われるほどの絶品。マストトライな一品。

Moroccan Lam Tagine
$29
ラムとチキンから選べるモロッコ伝統の鍋料理はここのお店の定番料理。ランチとディナーのみサーブ。

$9

Spicy Carrot
香辛料でピリッと味付け。アクセントになる

Pita
フムスをオーダーするとついてくる。ディップしてどうぞ

$15

Hummus Platter
1度食べるとやみつきになるおいしさ!

壁に掛けられた写真がレトロな雰囲気の店内

Halloumi Eggs
$17
黄身が溢れだす半熟の卵にふわふわのピタパンとサラダが付いたブレックファーストで人気のメニュー。

Cafe Mogador
カフェ・モガドール

家族で経営する伝統的なモロッコ料理店

モロッコ人オーナーが経営する本格中東料理店。店の奥にはおしゃれなガーデンテラス席があり、食通だけでなく若い客層まで魅了する。

🏠133 Wythe Ave. (bet. N. 7th & N. 8th Sts.) ☎1-718-486-9222 🕐10:00～23:00（金・土曜～24:00）🚇地下鉄L線Bedford Avより徒歩約4分
www.cafemogador.com
ウイリアムズバーグ
MAP 別P.23 D-2

マンハッタン

SIGHTSEEING

ART

ENTERTAINMENT

EAT

SHOPPING

STAY

カスタード入りフレンチトースト$4.75と、おなじみメニュー春巻き$4.75。どちらもやみつきになるおいしさ

中国料理
China

POINT

たくさんの種類の点心を注文して大人数でシェアするのがおすすめ。一番人気のベイクド・ポーク・バンは一度試してみる価値あり。

みんなでシェアして！

Tim Ho Wan
ティム・ホウ・ワン（添好運）

世界一安いミシュランレストラン

点心専門レストラン。レシピは全てミシュランシェフによるオリジナルで、どれも$5前後からと値段も良心的。

🏠 85 4th Ave.(near 10th St.)
☎ 1-212-228-2800
🕐 11:30～20:00(水・木曜～20:30、金・土曜～21:00)
Ⓜ 地下鉄6線Astor Plより徒歩約3分
timhowanusa.com
イースト・ビレッジ
MAP 別P.12 A-3

Dim Sum

海老餃子やシュウマイなど、人気の点心を大人数で楽しくシェアしたいもの。$4.50～

$4.50～

Nice!!

ぼんやりと温かい明かりの店内はロマンチック

POINT

あのブロードウェイショーで活躍する米倉涼子さんも行きつけのお店。ブロードウェイ鑑賞の前のディナーにもおすすめ。

フランス料理
France

La Bonne Soupe
ラ・ボン・スープ

著名人も訪れる創業1973年のフレンチビストロ

一番人気は手間暇かけてソテーしたオニオンスープ。セットメニューではスープ、サラダ、デザート、ワインが付いて$22とお得。

🏠 48 W 55th St.(bet.5th & 6th Aves.)　☎ 1-212-586-7650
🕐 12:00～21:00(金・土曜～22:00)
Ⓜ 地下鉄F線57 Stより徒歩約2分
labonnenyc.com
ミッドタウン　MAP 別P.18 C-3

$17

Soupe a l'Oignon

サクサクなチーズで覆われたオニオンスープ。レシピは創業当時から変わっていない。

アメリカ料理
America

POINT

ドーム型になった天井は1920年代に流行った造り。食事を楽しめるだけではなく建物からニューヨークの歴史を感じられる。

鉄道駅の地下にあり雰囲気抜群

Grand Central Oyster Bar & Restaurant

グランド・セントラル・オイスターバー＆レストラン

NYのオイスターバーと言ったらここ！

1913年創業の100年続く老舗のオイスターバー。広々とした店内は450人収容可能。種類豊富な生ガキとワインで気軽に食事を楽しめるのが人気。

🏠 89 E.42nd St.(グランド・セントラル・ターミナル内)
☎ 1-212-490-6650　🕐 11:30～21:30　Ⓜ 地下鉄S・4・5・6・7線Grand Central-42 Stより徒歩約1分
www.oysterbarny.com　ミッドタウン　MAP 別P.16 B-1

$12.45

New England Clam Chowder

クリーミーで魚介類の新鮮なうまみがぎっしり詰まっている。大きいサイズのアサリは食べ応えあり。

👄 これらのカジュアルなレストランは予約なしでも入れることがあるが、席だけでもウェブや電話で予約しておくほうがおすすめ。

NYを象徴するフードの代表格

マイベスト☆ベーグル
を見つける

多くの人々に愛されるシンプルで素朴なま〜るいパン。
種類も食べ方も人それぞれ。自分好みのベストベーグルを見つけよう。

HOW TO ORDER

1 ベーグルの種類を決める

ベーグルとひとくちにいっても、じつはさまざまな種類がある。もともとはプレーンやセサミが王道だったが、時代の流れとともに多くのフレーバーが定着してきた。

plain

> 基本のベーグル、プレーン。甘い・塩辛い具材のどちらとも好相性。何よりベーグルが持つ本来の素朴な味わいを楽しめるのが魅力。

sesami

> 白ゴマで香ばしさがアップ。プレーン同様、甘い・塩辛い具の両方と相性バッチリ。食べる際にボロボロとゴマが散らばるのが難。

poppy seeds

> ポピーシード（＝ケシの実）。ゴマ同様、香ばしい味わいが楽しめ、甘い・塩辛い具の両方と合う。プチプチとした食感も人気。

Everything

> ゴマ・玉ねぎ・にんにく・塩・ポピーシードをトッピングしたもの。ハムやチーズなど塩辛い具材で食べ応えあるベーグルに。

Pumpernickel

> ドイツパンの代表プンパーニッケルで使われるスパイス、キャラウェイを使った黒いベーグル。肉やチーズとの相性はばっちり。

2 フィリングを決める

シンプルな味わいのベーグルにパンチを効かせてくれるのがフィリング。クリーム状のスプレッドや肉類や野菜など、好みの具を選んで自分だけのベーグル・サンドを作ろう。

フィリングの定番はクリームチーズ

a クリームチーズ

野菜やフルーツを混ぜ合わせたものなど、種類もさまざま。ちなみにNYでは、クリームチーズは例外なくてんこ盛り傾向にある。

plain + salmon

> 刻んだスモークサーモンを惜しみなく練り込んだもの。食べごたえがあり、スモークサーモンの旨みがベーグルにマッチする絶妙な一品。

> デザート感覚で楽しめるのがイチゴのクリームチーズ。爽やかなイチゴの甘さとクリームチーズのまろやかさが最高の組み合わせ。

strawberry

Tofu

> カロリーが気になる人におすすめなのがこちら。クリームチーズに豆腐を練り込んだもので、味はあっさり、カロリー控えめがうれしい。

b バター

「クリームチーズはちょっとヘビー」という人にはバターがおすすめ。シンプルだけど、ベーグルのおいしさを引き立てる名脇役だ。

スモークサーモンを挟んだLOX

c そのほか

スモークサーモンやローストビーフ、野菜などを挟むとよりボリュームアップ。スプレッドをはじめ、多彩な具材が用意されている。

NYで話題の
モントリオール
ベーグル！

please come!

モントリオール
の味が楽しめる

NYのものに比べ、小ぶりでやさしい甘みが特徴的なカナダ・モントリオールのベーグルが楽しめる店。オープン以来地元のフーディーたちを魅了し続けている。

Black Seed Bagels
ブラック・シード・ベーグル

🏠170 Elizabeth St. (bet. Spring & Kenmare Sts.)
☎1-332-900-3090
🕐8:00～15:00
🚇地下鉄 J・Z線 Boweryより徒歩約2分
www.blackseedbagels.com
ノリータ
別MAP P.9 D-2

ユニークなトッピングも人気。$3～

本店はノリータ。数は少ないがイートインスペースあり

3 トーストする・しないを決める

ベーグルは焼きたてが香ばしくておいしい。が、好みはそれぞれ。ベーグルの力強い食感が好きならそのままで、香ばしさとやわらかさを望むのであればトーストしてもらおう。

4 オーダーする

希望のベーグル構想が頭の中でかたまったら、カウンター越しの店員さんにいよいよオーダーを。注文時のポイントは、シンプルに要点を伝えること。以下の会話例を参考に。

英会話

トーストしないのなら
Can I have one plain bagel with strawberry cream cheese ?
ストロベリー・クリームチーズのプレーンベーグルをひとついただけますか？

トーストするなら
Can I have one toasted plain bagel with strawberry cream cheese ?
ストロベリー・クリームチーズのプレーンベーグルをトーストして、ひとついただけますか？

フィリングを挟んでほしくないなら
Can I have one toasted plain bagel with strawberry cream cheese on the side ?
プレーンベーグルをひとつトーストして、ストロベリー・クリームチーズを横に添えていただけますか？

5 できあがり！

マイ・ベスト・ベーグルが完成！ ベーグルは通常、食べやすいように半分に切ってサーブされる。具が入ることで厚みが増すので、大口でしっかりかぶりつこう。

$5.25

Cinnamon Raisin Bagel + Strawberry Cream Cheese

シナモンレーズン・ベーグルには甘酸っぱいストロベリー・クリームチーズを

$8.75

Tuna Sandwich (Everything Bagel + Tuna Salad)

ツナのサラダにロマーヌ・レタスとビーフ、トマトを挟んだ具だくさんのサンドイッチ

Murray's Bagels
ミュレイズ・ベーグル

ローカルがこよなく愛する
ベーグル専門店

店舗の地下工房でひとつひとつていねいにつくられる伝統的な手びねりベーグルが人気。チェルシー（🏠242 8th Ave.）にも支店あり。

🏠500 6th Ave. (bet. 12th & 13th Sts.)
☎1-212-462-2830
🕐6:00～16:00 (土・日曜7:00～)
🚇地下鉄F・M線14 Stより徒歩約1分、地下鉄1・2・3線14 Stより徒歩約3分
murraysbagels.com
グリニッチ・ビレッジ MAP別P.11 E-2

ベーグルの種類多数。店内でイートインもできる

ベーグルは焼きたてが一番。時間が経つとかたくなり食べにくくなるので、トーストしたほうがおすすめ。

マンハッタン
SIGHTSEEING
ART
ENTERTAINMENT
EAT
SHOPPING
STAY

焼きたての熱々セサミ
ベーグル。香ばしい！

ブンパーニッケルや全
粒粉など種類も豊富

NYフードの代表

Bagel

ベーグル

シンプルな味わいがやみつきに
ユダヤ系の伝統パン

　カリッと焼き上げた表面＋もちもち
の内側。ふたつの異なる食感が同時に
楽しめるベーグルは、小麦粉と水、イー
ストとモルト（砂糖やハチミツを加
えることも）など、シンプルな食材で
作られる味わい深いパンだ。バターや
卵を使用していないので、低コレステ
ロールのパンとしても人気を博してい
る。今ではNYを象徴する食べ物とし
て定着しているが、そのはじまりは
400年以上前のポーランドにあった
という説が有力。NYへ欧州からの移民
が大量に流れ込んできた19世紀後半
に、ユダヤ系移民たちによってもたら
された。時代の流れとともに老舗店舗
が姿を消す一方で、今なお伝統を守り、
昔ながらの方法でベーグルをつくって
いる店がニューヨーカーのお気に入り
となっている。

ベーグルが
できるまで

Hi!

ぼく、ベーグルくん！
バズ・ベーグルに
潜入だよ

1 生地をねかす

すべての材料を混ぜ、専用機でたんねんにこね上げられ
た生地は、すべて職人の手で形成される。二次発酵のた
め、ベーグルはプレートに並べて発酵専用室へ。

Zzz

ゆっくり寝
るのが、お
いしさの秘
訣だよ

2 ゆでる

ベーグル特有のツヤツヤでハリのある表面をつくるのが
この工程。生地は大釜に投じられ、ほんのわずかな時間
だけ熱湯に通され、素早く網ですくい上げられる。

熱湯風呂
につかる
よ♪

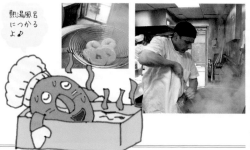

ベーグルくんが潜入したお店はここ！

Baz Bagel & Restaurant
バズ・ベーグル＆レストラン

リトル・イタリーの小さな専門店

伝統的製法でつくる本格的な手びねりベーグル
が人気。ノスタルジック感漂う店内は、古き良
き時代のアメリカを彷彿とさせてくれる。

🏠181 Grand St. (bet. Boxter & Mulberry Sts.)
☎1-212-335-0609
⏰7:30〜14:00（土・日曜〜15:00）
🚇地下鉄J・N・Q・R・W・Z・6線 Canal Stより徒歩約
4分
www.bazbagel.com
リトル・イタリー
MAP 別P.9 D-2

please
come

店先には定番メニュー
が掲げられている

ベーグルに塗るスプレ
ッドがずらりと並ぶ

昔ながらのカウンター
でイートインが可能

変わらない味を求めて
地元客がやって来る

3 冷ます

ゆでたてのベーグルは熱々。並
べ替えやトッピングがしやすいよ
う、釜に入れる前にすばやく冷水
で熱を冷ます。店舗によってはこ
の作業を省くところも。

急に急激に冷
やすよ。
寒い〜！

4 トッピング

セサミやポピーシードなど、ベーグルの表面にトッピン
グをする場合はこの段階で。大量のゴマをまだ乾ききっ
ていないベーグルの表面にまぶす。

今日は
ゴマだねー

5 焼く

ベーグルを一列に並べた長方形の材木を、1枚ずつ高温
の窯の中へ。窯の内部は回転式になっており、焼き上が
ったものから随時引き上げられる仕組みに。

窯も裏も
こんがりね

6 でき上がり

完成したベーグルは巨大なプレートを使って一気に窯の中
から出される。焼き具合を入念にチェックしたのち、店頭
販売用のバスケットへ。

Ta-da!!

イエイ、
完成！

ベーグルの種類

セサミにケシの実、
種類も豊富なNYベーグル

基本はプレーン、セサミ、シナモン・レー
ズンなどだが、街なかでは季節に応じた
変わりベーグルを見かけることも。これ
らは正統派とはいえないが、NYの多様
さのひとつとして楽しめるだろう。

LOXってなに？

一度は試したい、
ベーグルの代表的サンドイッチ

LOXとはイディッ
シュ語（ドイツな
まりのユダヤ語）
で塩や砂糖、油な
どで加工した鮭の
切り身のこと。こ
の切り身（スモークサーモンの場合も）
をクリームチーズと一緒にベーグルで挟
んだものがロックス・オン・ベーグルだ。

最近はモントリオール
ベーグルが流行

ベーグルのもうひとつの聖地
カナダのモントリオール

NY以外のベーグル聖地として知られる
のがカナダのモントリオール。やや小ぶ
りでほんのり甘く、フレーバーもシンプル
なのが特徴。NYでもモントリオール式
のお店が増え、流行の兆しを見せている。

EAT 09

ファストフード or レストランフード？

ハンバーガーを食べ比べ

アメリカで絶対試したいのが本場のハンバーガー。
NYには個性豊かなバーガーが大集合。ひとつと言わず、いろいろ試してみたい。

 ファストフード形式

 チップ不要

BURGER JOINT
Cheese Burger
$9.87
チーズバーガー

焼きたてのジューシーなパテに、新鮮なトマト＆レタスがオン！ 支払いは現金のみ

およそホテルロビーの隣とは思えない店内

Burger Joint
バーガー・ジョイント

高級ホテルのロビー横にある
隠れ家的バーガー店

知る人ぞ知る隠れバーガー専門店。クチコミですっかり有名になり、2号店もオープン。今も昼食時には行列ができる。

🏠 119 W. 56th St. (bet. 6th & 7th Aves.)
Thompson Central Park Hotel 内
☎ 1-212-708-7414
🕐 11:00〜23:00
🚇 地下鉄 N・Q・R・W 線 57th St - 7 Av より
徒歩約3分
burgerjointny.com
ミッドタウン　MAP別 P.18 C-3

we ♥ hamburger

ランチタイムは大行列！
旨みが凝縮された隠れた逸品

Photos : Burger Joint

➕ するならコレ　付け合わせはもちろん
フレンチフライ $4.13

 ファストフード形式

💲 チップ不要

ShakeShack
ShackBurger
$6.99
シャックバーガー

Shake Shack
シェイク・シャック

全米各地にチェーンが拡大中
ニューヨーカーが誇る味

人気レストラン経営者として名高いダニー・メイヤー氏。彼の手がけたNY発のバーガー・チェーン。ナチュラルビーフを使ったバーガーは瞬く間にNYのアイコン的存在に。

🏠 23rd St. at Broadway
（マディソンスクエア・パーク内）
☎ 1-212-889-6600
🕐 10:30〜23:00
🚇 地下鉄 R・W 線 23 St より徒歩約1分
shakeshack.com
グラマシー　MAP別 P.11 F-1

NYに訪れたら必ず食べておきたい

➕ するならコレ

ギザギザカットが特徴的なフレンチフライ各 $2.95

シェイク各 $5.25

日本にも上陸済み！
NYから世界に発信の
人気ナチュラルバーガー

I'm hungry!

ふんわりポテトバンズにジューシーなパテとチーズがたっぷり。女性でもペロリといけちゃうおいしさ

Photos : Evan Sung

standard
定番

和牛パテにトリュフ・バター、金粉＆キャビアと、高級食材をふんだんに使った高級バーガー

gorgeous

レストラン形式

要チップ

yum, yum!

Serendipity3
セレンディピティ3

**セレブたちもお忍びで通う
映画にも度々登場する有名店**

アンディ・ウォーホルやマリリン・モンローが通ったことでも有名なレストラン。映画『セレンディピティ』に登場したフローズン・ホット・チョコレートが人気。

🏠 225 E. 60th St. (bet. 2nd & 3rd Aves.)
📞 1-212-838-3531
🕐 11:00～23:00 (土・日曜 10:00～)
🚇 地下鉄N・R・W線 Lexington Av/59 St より徒歩約3分
serendipity3.com
アッパー・イースト・サイド
MAP 別 P.19 E-2

Photos : Serendipity3

ギネス認定の世界でもっとも高額なグルメバーガー

ホットドッグもお忘れなく

週末ともなると、入口前には長蛇の列ができるほど人気だ

こちらも30cmという長さでギネスに認定されたホットドッグ $69

レストラン形式

要チップ

plus! するならコレ

Community Food & Juice
**Natural Grass
Fed Beef Burger
$20**
コミュニティバーガー

味わい深いパテが美味。フレンチフライ付きで$15。ブラッディマリー$10と一緒に。

Community Food & Juice
コミュニティ・フード・アンド・ジュース

**ヘルシー志向レストランが
手がける自慢のバーガー**

オーガニック＆サスティナブルがテーマ。近郊の素材を使って作られた美しいエクレクティック・アメリカ料理は、どれもお腹にやさしい味わい。人気のバーガーは看板メニューのひとつ。

→ P.86

**大地の恵みが
凝縮されたバーガー**

健康志向の人にはもってこいだ

レストラン形式

要チップ

plus! するならコレ

**BLACK TAP
The All-American
Burger
$18.50**
クラフトバーガー

ケーキがのったケーキシェイク $18.50

Black Tap Craft Burgers & Beer
ブラック・タップ・クラフト・バーガース＆ビア

人気ナンバー1のバーガーショップ

様々なクラフトバーガーを取り揃えているが、オススメは定番のオール・アメリカン・バーガー。食後には巨大なCrazy Shakeを食べよう！

→ P.80

クラフトビールとの相性も最高。$9～

トッピングでオリジナルバーガーを楽しもう

reasonable

Photos : Black Tap Craft Burgers & Beer

unique

🍴 ブルックリンにあるピーター・ルーガー・ステーキハウス (P.186) のバーガーもおすすめ。ランチタイムだけオーダーできる。

マンハッタン

SIGHTSEEING

ART

ENTERTAINMENT

EAT

SHOPPING

STAY

ゴージャス

リーズナブル

ユニーク

101

Now & Then を感じてみよう！
くつろぎのひととき at 老舗店

移り変わりが激しいNYにも、何十年も普遍の場所がある。
親から子へ受け継がれ続ける、古きよきダイニングを訪ねてみよう。

古きよきアメリカの味を
100年続く老舗で

hello!

4代目店主となったジョシュ・ラス・タッパーさん（左）と、ニキ・ラス・フェダーマンさん（右）。昔からの家族経営

整然とした店構えは今もそのまま！

歴史を感じさせるレトロな看板が目印だ

NOW

THEN

創業当時の様子は現代へと引き継がれている

1914年創業

Russ & Daughters
ラス・アンド・ドーターズ

**ユダヤの伝統食文化を伝える
NYのランドマーク的存在**

かつて多くのユダヤ系移民が暮らしたロウアー・イースト・サイドにあるアペタイジングストア。ユダヤ料理である良質なサーモンやニシンなど、魚中心のお総菜が有名。2014年にはカフェ（MAP 別P.9 E-2）もオープンした。

⌂179 E. Houston St.（bet. Orchard & Allen Sts.）☎1-212-475-4880
⊗8:00〜16:00
⊗地下鉄F線2 Avより徒歩約2分
www.russanddaughters.com
ロウアー・イースト・サイド
MAP 別P.9 E-1

上質サーモンと特注ベーグルを使ったLOXも

$16

食事を楽しみたい人は姉妹店のカフェへ

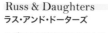

Open a cafe!

愛読者カード

本のタイトル

お買い求めになった動機は何ですか？（複数回答可）

1．タイトルにひかれて　　2．デザインが気に入ったから
3．内容が良さそうだから　　4．人にすすめられて
5．新聞・雑誌の広告で（掲載紙誌名　　　　　　　　）
6．その他（　　　　　　　　）

表紙　1．良い　2．ふつう　3．良くない
定価　1．安い　2．ふつう　3．高い

最近関心を持っていること、お読みになりたい本は？

本書に対するご意見・ご感想をお聞かせください

ご感想を広告等、書籍のPRに使わせていただいてもよろしいですか？

1．実名で可　　2．匿名で可　　3．不可

ご協力ありがとうございました。
尚、ご提供いただきました情報は、個人情報を含まない統計的な資料の作成等に使用します。その他の利用について詳しくは、当社ホームページ
https://publications.asahi.com/company/privacy/をご覧下さい。

郵便はがき

| 1 | 0 | 4 | - | 8 | 0 | 1 | 1 |

東京都中央区築地
5－3－2

株式会社
朝日新聞出版
生活・文化編集部 行

ご住所　〒
電話　（　　　）

ふりがな お名前

Eメールアドレス

| ご職業 | 年齢 歳 | 性別 |

このたびは本書をご購読いただきありがとうございます。
今後の企画の参考にさせていただきますので、ご記入のうえ、ご返送下さい。
お送りいただいた方の中から抽選で毎月10名様に図書カードを差し上げます。
当選の発表は、発送をもってかえさせていただきます。

マンハッタン

SIGHTSEEING

ART

ENTERTAINMENT

EAT

SHOPPING

STAY

1892年創業

Old Town Bar Restaurant
オールド・タウン・バー・レストラン

19世紀のNYを閉じ込めた空間

映画のシーンにもたびたび登場する、クラシック感たっぷりのバー。禁酒法を生きながらえ、現代に当時の面影をそのまま残すこのランドマークは多くのファンに愛されている。

🏠45 E. 18th St. (bet. Broadway & Park Ave.)
☎1-212-529-6732
🕐11:30〜翌1:00 (月曜〜24:00、土曜12:00〜翌1:00、日曜13:00〜24:00)
🚇地下鉄L・N・Q・R・W・4・5・6線14 St - Union Sqより徒歩約4分
グラマシー　MAP 別P.12 A-2

カウンターがおすすめ！

昔ながらのバーカウンターとブース席

ここであった出来事が凝縮されています

クラシック・カクテルのひとつ、マンハッタン

窓ガラスには創業1892年の年号が

金曜日の夜ともなると地元客で混雑する

一世紀の間に訪れた人々の記録が壁に

THEN

タイムスリップした気分！

かつてのキャンディショップがダイナーに

NOW

1925年創業

ストアフロントにはレトロなディスプレイが

Lexington Candy Shop
レキシントン・キャンディ・ショップ

古き良きアメリカ 地域住民の憩いの場

瀟洒な住宅地近くにたたずむダイナー。レトロな食と雰囲気を求める人でにぎわっている。現在は3代目のジョン・フィリスさんが切り盛りしている。

古い街角とその景観は今なおそのままに

THEN

🏠1226 Lexington Ave. (at 83rd St.)
☎1-212-288-0057
🕐7:00〜18:00 (土曜8:00〜、日曜8:00〜16:00)
🚇地下鉄4・5・6線86 Stより徒歩約3分
www.lexingtoncandyshop.com
アッパー・イースト・サイド
MAP 別P.21 E-2

昔ながらのバターミルク・パンケーキ

$8.50

深夜でも営業してるよ！

映画『恋人たちの予感』のロケ地としても有名

NOW

1888年創業

歴史的な著名人たちも足繁く通っていた

Katz's Delicatessen
カッツ・デリカテッセン

夜のネオンが眩しい 雰囲気抜群の老舗デリ

伝統的なユダヤ料理をコーシャー・スタイルで振る舞い続ける家族経営のデリカテッセン。名物はボリュームたっぷりのパストラミ・サンド。

地域住民たちの胃袋を満たしてきた人気の店

THEN

ロウアー・イースト・サイドのランドマーク

🏠205 E. Houston St. (at Ludlow St.)
☎1-212-254-2246
🕐8:00〜23:00 (金曜8:00〜土曜23:00)
🚇地下鉄F線2 Avより徒歩約3分
katzdelicatessen.com
ロウアー・イースト・サイド
MAP 別P.9 E-1

👥 家賃高騰のため、レストランの閉店・移転が多いNY。長年人気を保ちながら今なお営業している老舗レストランは一見の価値あり。

EAT 11

世界の味をいただきます

エスニック料理で yummy!

世界各国からのさまざまな移民が集まる街NY。
日本ではなかなかお目にかかれない世界の味を楽しもう。

 ★ Vietnam ポークチョップ・サンドイッチ

Grilled Pork Chops Sandwich

$11.95

バゲット

マリネした豚肉とたっぷり野菜をバゲットでサンドしたお手軽な人気メニュー。 **A**

ニンジンやキュウリ

ポークチョップ

$14.25

キャベツ

スパイシー・クミン・ラム
ハンドリップド・ヌードル **China**

Spicy Cumin Lamb Hand-Ripped Noodles

C 中国の古都・西安の郷土料理。モッチリ手打ち麺と羊肉、キャベツをクミンなどで炒めた香り高い一品。

キムチ

ピリ辛ポーク

$8

羊肉

モチモチ
手打ち麺

⦿ Korea スパイシー・ポーク弁当

Spicy Pork Over White Rice

卵焼き

辛味噌で和えた豚肉＆玉ねぎを炒めて、卵焼きとともに白米にのせたお弁当。キムチつき。 **B**

A. Saigon Shack

サイゴン・シャック

**地元学生でにぎわう
本格的ベトナム料理**

夜遅くまでにぎわう通りの一角にある。値段＆味ともに学生たちに人気。座席待ちは必至。

🏠114 Macdougal St. (bet. Bleecker & 3rd Sts.)
☎1-212-228-0588
🕒11:00〜21:00
🚇地下鉄A・B・C・D・E・F・M線 W 4 St-Washington Sqより徒歩約3分
www.saigonshack.com
グリニッチ・ビレッジ　MAP別P.8 B-1

B. Woorijip Korean Restaurant

ウーリ・ジップ・
コリアン・レストラン

**腹ペコ族がやって来る
良心的価格の人気店**

ビュッフェから日替わり弁当まで、韓国の家庭料理を手軽に楽しめる。ランチ時は大混雑。

🏠12 W. 32nd St. (bet. 5th Ave. & Broadway)
☎1-212-244-1115
🕒10:00〜21:00（木〜土曜〜22:00）　㊡日曜
🚇地下鉄B・D・F・M・N・Q・R・W線 34 St - Herald Sqより徒歩約4分
woorijip32.com
ミッドタウン　MAP別P.16 A-3

C. Xi'an Famous Foods

シーアン・
フェイマス・フーズ

**故郷・西安の伝統食を
若き起業家が再現**

もとはクイーンズで人気だった手打ち麺店。職人の息子がマンハッタンで出店して話題に。

🏠45 Bayard St. (bet. Bowery & Mott St.)
☎1-212-786-2068
🕒11:30〜20:30
🚇地下鉄B・D線 Grand Street Stより徒歩約9分
www.xianfoods.com
チャイナタウン
MAP別P.9 E-3

ピタパン — $10.50

🇮🇱 Israel

Falafel Sandwich

ファラフェル・サンドイッチ

ひよこ豆のコロッケをレタスやトマトと一緒にピタパンでサンド。タヒニソースとの相性ばっちり。 **D**

ホワイトソース／タヒニソースとひよこ豆のコロッケ

ピタパン — $11.99

Chicken Platter
チキン・プラッター

E チキンオーバーライスにシラチャーソースとホットソースをかけてガツッと。ボリューム満点！

串焼きチキン

チキン

チャパティ

$7

🇮🇳 India　チキン・ティッカ・ロール

Chicken Tikka Roll

ベンガル地方の郷土料理。チャパティ（薄いパン）に串焼きチキンをのせて巻いた軽食。 **F**

D. Taïm

タイーム

ヘルシー志向派に大人気 中東のお手軽サンドイッチ

街角の屋台でおなじみのファラフェル・サンド。おしゃれなカフェになって登場した。

⌂ 222 Waverly Pl. (near Perry St.)
☎ 1-212-691-1287
🕐 11:00〜22:00
Ⓜ 地下鉄1線 Christopher St-Sheridan Sqより徒歩約4分
taimkitchen.com
グリニッチ・ビレッジ
MAP別 P.11 D-3

E. Halal Guys

ハラル・ガイズ

朝4時までオープン 人気のハラルフード

ヒルトン・ホテルのそばに出店するハラルフードの屋台。コスパがよいのでいつも大行列。

⌂ 53rd St. & 6th Ave. の南西角
☎ 1-347-527-1505
🕐 11:00〜翌4:00 (金・土曜〜翌5:30)
Ⓜ 地下鉄B・D・E線7 Avより徒歩約2分
thehalalguys.com
ミッドタウン
MAP別 P.18 C-3

F. The Kati Roll Company

カティロール・カンパニー

座席数わずか8つの 小さなインディアン・カフェ

昼下がりになると小腹をすかせたローカルが立ち寄る極小カフェ。食べ歩きがベター。

⌂ 99 MacDougal St. (bet. Bleecker & W. 3rd Sts.)
☎ 1-212-420-6517
🕐 11:45〜24:00 (金・土曜11:30〜翌3:00)
Ⓜ 地下鉄A・B・C・D・E・F・M線 W 4 St-Washington Sqより徒歩約3分
www.thekatirollcompany.com
グリニッチ・ビレッジ　MAP別 P.8 B-1

🍴 ウーリ・ジップのある32nd St. はコリアンタウン。韓国料理店がたくさん並ぶのでここもチェック！

かわいさは無敵

カップケーキに恋する

NYのアイコンとして定着したカップケーキ。
カップケーキは甘いだけ！というのは、すでに過去の話。
昨今は味わいも見た目も優秀なケーキが続々と登場している。
スイーツ女子・男子をうならせる、とっておきを探しに行こう。

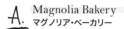

A. Magnolia Bakery
マグノリア・ベーカリー

カップケーキ・ブームの源流！

人気TVドラマ『セックス・アンド・ザ・シティ』でおなじみの人気ベーカリー。日本をはじめ、各国で展開している。

🏠1000 3rd Ave. (Bloomingdale's内)
☎1-212-265-5320
🕐9:30～20:00 (日曜～19:00)
🚇地下鉄N・R・W線Lexington Av/59 Stより徒歩約1分
www.magnoliabakery.com
アッパー・イースト・サイド
MAP 別P.19 E-2

Red Velvet
レッド・ベルベット

$3.75

A アメリカの定番、不思議な味わいの真っ赤なレッド・ベルベット。ビターなココア味のケーキの上に、クリームチーズを効かせたアイシング。

Mixed Berry
ミックスド・ベリー

$3.75

イチオシ！

B ラズベリー＆ブルーベリーを混ぜ込んだ甘酸っぱいアイシング。バニラケーキの中にもフルーツがゴロリと入り、贅沢な味わい。

Blueberry on Chocolate
ブルーベリー・オン・チョコレート

$4.25

C 甘さ控えめのビターチョコレートのケーキに、香りも爽やかなブルーベリーのアイシングがマッチ。ちょっぴり大人の味わいが人気。

Triple Cinnamon
トリプル・シナモン

$4.95

D 名前のとおり、シナモンをふんだんに使った一品。ボリューミーな見た目とは裏腹に、アイシングもケーキもあっさりした味わいなのがいい。

マンハッタン

SIGHTSEEING

ART

ENTERTAINMENT

EAT

SHOPPING

STAY

B. Molly's Cupcakes
モリーズ・カップケーキ

具だくさんがうれしい。シカゴ発の人気店

全体的に甘さを抑えた味わいがローカルに人気。内部に、たっぷり詰め込まれた具も人気の要因のひとつ。

🏠 228 Bleecker St. (near Carmine St.)
☎ 1-212-414-2253
🕙 10:00〜21:00
🚇 地下鉄A・B・C・D・E・F・M線 W 4 St-Washington Sqより徒歩約4分
www.mollyscupcakes.com
グリニッチ・ビレッジ　MAP 別P.8 B-1

C. Butter Lane Bakery
バター・レーン・ベーカリー

こだわりバターのケーキがツウ好み！

オーガニック・バターにこだわっている店。店内奥で開催されているカップケーキ教室は旅行者にも人気だ。

🏠 123 E. 7th St. (bet. 1st Ave. & Ave A)
☎ 1-212- 677-2880
🕙 12:00〜20:00（金・土曜〜21:00）
🚇 地下鉄L線1 Avより徒歩約7分
www.butterlane.com
イースト・ビレッジ
MAP 別P.12 C-3

D. Sprinkles Cupcakes
スプリンクルズ・カップケーキ

西海岸生まれのポップなケーキ

ビバリーヒルズ発、全米各地で展開中の話題店。マダガスカル産バニラやベルギー・チョコなど上質素材にこだわる。

🏠 780 Lexington Ave.(bet. 60th & 61st Sts.)
☎ 1-212-207-8375
🕙 10:00〜21:00（金・土曜〜22:00、日曜〜20:00）
🚇 地下鉄4・5・6線59 Stより徒歩約1分
sprinkles.com
アッパー・イースト・サイド
MAP 別P.19 E-2

Vanilla Vanilla
バニラ・バニラ

$3.50

A バニラ味のカップケーキにバニラ味のアイシングをトッピング。見た目のキュートさとクセになる甘さに、ついついふたつ目に手がのびてしまう。

Blueberry Cheesecake
ブルーベリー・チーズケーキ

$3.75

イチオシ！

B クリームチーズ入りのしっとりケーキに、フレッシュなブルーベリーとグラハムクラッカーをトッピング。冷やしていただくとおいしさ倍増。

Peach on Banana
ピーチ・オン・バナナ

$4.25

イチオシ！

C バナナたっぷりのケーキに、ほんのり桃のやさしい香りが詰まったアイシング。果物のみずみずしさが感じられ、甘さ控えめ。

Lemon Meringue
レモン・メレンゲ

$4.95

D ふわふわの甘〜いメレンゲをのせた、レモンたっぷりのかわいいケーキ。爽やかなシトラス感と綿菓子のような食感が楽しい。

最近は、卵やバターなどの動物性素材を使用しない、ビーガンの人向けのカップケーキも増えてきた。　107

おいしいパンが食べたい！
注目のベーカリーでいただきます！

クラシックなアメリカンはもとより、フレンチからイタリアンなど、有名パン職人たちが手がける人気のパンが盛りだくさん。お腹を空かせて、レッツイート！

イチオシ！

Chocolate Babka

Maple Walnut Scone

イチオシ！

CSB Stencil Boule

Oatmeal Raisin Cookie

Demi Baguett

Seasonal Bomboloni

Are you ready to order?

A. Amy's Bread
エイミーズ・ブレッド

**体にやさしい
ナチュラルな味わい**

アメリカの伝統が息づくベーカリー。オーナーのエイミー・シャーバーさんのこだわりを感じる。

🏠75 9th Ave. (bet. 15th & 16th Sts.)　チェルシー・マーケット内
☎1-212-462-4338　🕐8:00～18:00(土・日曜～18:00)
🚇地下鉄A・C・E・L線14 St-8Avより徒歩約5分
www.amysbread.com
ミート・パッキング・ディストリクト
MAP 別P.10 C-2

B. Sullivan Street Bakery
サリバン・ストリート・ベーカリー

**「こねないパン」の
先駆者の超・人気店**

レシピ本でも有名なイタリア人職人ジム・レイヒーさん。彼による味わい深いパンが楽しめる。

🏠236 9th Ave. (bet. 24th & 25th Sts.)
☎1-212-929-5900
🕐8:00～19:00(日・月曜～16:00)
🚇地下鉄C・E線23 Stより徒歩約4分
www.sullivanstreetbakery.com
チェルシー
MAP 別P.10 C-1

C. Vesuvio Bakery
ヴェスヴィオ・ベーカリー

**創業から100年の
イタリアン・ベーカリー**

地元の人に愛されるベーカリー。一時は閉店していたが2020年に再オープン！

🏠160 Prince St.
(bet. Thompson St. & W. Broadway)
☎1-646-869-0090
🕐8:00～18:00
🚇地下鉄C・E線Spring Stより徒歩約4分
vesuvio-bakery.com
ソーホー　MAP 別P.8 B-1

マンハッタン

SIGHTSEEING

ART

ENTERTAINMENT

EAT

SHOPPING

STAY

How to
パンを買う

1 セルフサービス or フルサービス？
自らトレイにパンをのせて会計へ持っていく場合と、店員に取ってもらう場合と2つある。

2 惣菜系とスイーツ系
日本と同様、塩味の効いた惣菜系 (Savory) と菓子パンのようなスイーツ系がある。

イチオシ！

Potato Pizza

Lemon Puppy Seed Muffin

Fig & Hazeln

Dark Chocolate Chocolat Chip

Lemon Cake

yummy!!!

❶ Lemon Puppy Seed Muffin $4 [C]
さわやかなレモン風味の生地にたっぷり入ったポピーシードのプチプチ食感がたまらない。甘酸っぱくて風味豊かなマフィン。

❷ Fig & Hazelnut $4.75 [A]
Fig (イチジク) とヘーゼルナッツを練り込んだハード系カンパーニュ。ナッツの香ばしさとしっとりイチジクが融合しておいしい。

❸ Potato Pizza $4 [B]
素朴さと力強さが印象的な薄～いドゥに、香ばしいポテトとオニオン、ローズマリーをトッピング。カリカリで香ばしい食べきりサイズのピザ。

❹ Dark Chocolate Chocolate Chip $5 [E]
フランス産のココアとチョコチップを使ったリッチなクッキーはチョコレート好きには大満足！

❺ Lemon Cake $4.75 [E]
爽やかなレモンの香りと、ほのかな甘酸っぱさが際立つパウンドケーキ。サイドには薄くアイシングが。しっとりした舌触りが絶品。

❻ Maple Walnut Scone $4.25 [D]
かむたびに口中に広がるクルミの香ばしさとメープルのやさしい甘さが特徴のサクサク・スコーン。甘さ控えめなのがさらにうれしい。

❼ Demi Baguette $3.95 [D]
Demi (半分) の名のとおり、小ぶりサイズのミニ・バゲット。小さくても香りや味わいはそのまま。スープやサラダなど、ちょっと食べたいときのお供に。

❽ Oatmeal Raisin Cookie $5 [C]
看板商品のチョコレート・チップ・クッキーに並んで人気を誇るオートミール・レーズン・クッキー。サクサクの食感がクセになる。

❾ Seasonal Bomboloni (Peach) $3.50 [B]
イタリアで揚げドーナツとして知られるボンボローニ。ラズベリーやカスタードが一般的だが、こちらは旬のフルーツのピーチがイン！

❿ Chocolate Babka $16.95 [F]
ユダヤ人のみならず、ニューヨーカーに広く愛される菓子パン、バブカ。バターとチョコレートをたっぷり使ったリッチな味わい。

⓫ I ♥ NY CSD Stencil Boule $7.50 [A]
「アイ・ラブ・NY」をステンシルであしらったブール。ハード系だがやわらかい。大きいのでシェアしながら、味わいたいパン。

D. Silver Moon Bakery
シルバー・ムーン・ベーカリー

地元民に愛され続ける街角の小さなベーカリー

オーナーは元音楽家のジュディス・ノレルさん。上品で、味わい深いバゲットやタルトは絶品。

🏠 2740 Broadway (at 105th St.)
☎ 1-212-866-4717
🕐 8:00～19:00
🚇 地下鉄1線103 Stより徒歩約2分
www.silvermoonbakery.com
アッパー・ウエスト・サイド
MAP 別P.22 A-3

E. Levain Bakery
ルヴァン・ベーカリー

店内はいつも満員御礼！甘～い香り漂う人気店

焼きたてクッキーとパンが大好評。小さいながら、オープンから行列が絶えない人気店。

🏠 167 W. 74th St. (bet. Columbus & Amsterdam Aves.)
☎ 1-917-464-3769
🕐 8:00～20:00
🚇 地下鉄1・2・3線72 Stより徒歩約2分
levainbakery.com
アッパー・ウエスト・サイド　MAP 別P.18 A-1

F. Breads Bakery
ブレッド・ベーカリー

2カ国の伝統がNYでひとつの味わいに！

パン職人はユーリ・シェフトさん。イスラエルとデンマークがルーツの国際色豊かなパンが揃う。

🏠 18 E. 16th St. (bet. 5th Ave. & Broadway)
☎ 1-212-633-2253
🕐 7:00～20:00
🚇 地下鉄L・N・Q・R・W・4・5・6線より14 St – Union Sqより徒歩約3分
breadsbakery.com
イースト・ビレッジ　MAP 別P.11 F-2

🐾 チャイナタウン (P.72～73) にもベーカリーがたくさんある。日本と似たような惣菜パンも見つかる。　109

EAT 14

$10以下で食べられる
大好き♡ファストフード

種類が多いアメリカのファストフード。ひとり旅でも気軽に入れる店構えなので、利用する機会も多いはず。ヘルシー志向のものや定番フードまで、いろいろ試してみよう。

SOUP

具だくさんがうれしい
ほっこりアメリカの家庭の味

じわりと染み入るお腹にやさしい味わい。寒い日に飲みたい！

もれなくついてくるパンかクラッカー。どちらか選べる

Hale & Hearty Soups
ヘール＆ハーティ・スープ

NY発の手作りスープ専門店

高品質でよりおいしい食作りを目指して1996年に創業。旬の素材を活かした多彩なスープが人気に。

🏠 462 7th Ave. (bet 35th & 36th Sts.)
☎ 1-212-971-0605　⏰ 10:00〜17:00
🚇 地下鉄1・2・3線34 St - Penn Station より徒歩約4分
www.haleandhearty.com
ミッドタウン　MAP 別P.15 E-2

Three Lentil Chili ・$3.85
3種類のレンズ豆をチリで味付けしてボリュームたっぷり

ビールが飲みたくなる
クセになるおいしさ！

CHICKEN

タバスコがピリリ！骨なしだから食べやすいよ！

Sticky's Finger Joint
スティッキーズ・フィンガー・ジョイント

こだわりチキン・フィンガーをお手軽に味わえる

ホルモン剤無添加のチキンをさまざまなソースで楽しめるチキン・フィンガー専門店。骨なしなので食べやすい。

🏠 484 3rd Ave.(at 33rd St.)
☎ 1-646-490-5856
⏰ 11:00〜23:30(木曜〜翌1:30、金・土曜〜翌3:30)
🚇 地下鉄6線33 Stより徒歩約3分
stickys.com
グラマシー
MAP 別P.16 C-3

3 Fingers Buffalo Blue(3ピース入り) ・$8.95
カリカリのチキンにピリ辛バッファローウィングソースを

110

マンハッタン

SIGHTSEEING

ART

ENTERTAINMENT

EAT

SHOPPING

STAY

PIZZA

外はサクサク、
中はふっくらなクラスト

$5

Pepperoni Pizza
チーズとペパロニを
のせた定番ピザ

Two Boots Pizza
ツー・ブーツ・ピザ

ピザといえばココ！

1987年創業のピザ専門店。独特の薄
いクラストとユーモアあふれるネーミ
ング、多彩なトッピングが人気。

🏠 42 Avenue A (at 3rd St.)
☎1-212-254-1919　⏰12:00～22:00
(木曜～23:00、金・土曜～翌1:00)
🚇地下鉄F線 2 Avより徒歩約5分
twoboots.com
グリニッチ・ビレッジ
MAP 別P.9 F-1

HOT DOG

お手軽なのに満足感100%
良質素材のホットドッグ

Nathan's Famous
ネイザンズ・フェイマス

**早食い競争で
有名な人気店**

ブルックリンのコニー・アイランド
に本店があり、毎年開催され
る「ホットドッグの早食い競争」
でおなじみ。パリッと焼かれた
ジューシーなソーセージが挟
まれたシンプルなホットドッグ。

$4

Hot Dog
他店よりやや長めの
ソーセージも人気

🏠 4 South St. (Staten Island
Ferry-Whitehall Station)
☎1-917-536-3918　⏰9:00
～22:00　🚇地下鉄R/W線
Whitehall Street-South Fer-
ry Station より徒歩約2分
nathansfamous.com
ロウアー・マンハッタン
MAP 別P.7 D-3

DOUGHNUT

上品な味わいのシンプルなドーナツ

$4.75

DOUGHNUT PLANT
ドーナッツプラント

**季節のフルーツの
フレーバーを試したい**

1994年に創業。創業者マークが、祖
父のレシピを元に生み出した。卵を一
切使わず、こだわりの自然素材を使用。

🏠 379 Grand St. (bet. Essex & Norfolk Sts.)
☎1-212-505-3700　⏰8:00～ 19:00
🚇地下鉄S・J・M・Z線 Delancey St - Es
sex Stより徒歩約4分
www.doughnutplant.com
ロウアー・イースト・サイド　MAP 別P.9 F-2

Tres Leches
3種のミルククリームを
存分に使用している

FRENCH FRIES

香ばしさと甘さが交差する無敵の味わい

Cajun Style Fry (Little Size)
ピーナッツ油で揚げた
ピリ辛フレンチフライ

$6.29

Five Guys
ファイブ・ガイズ

**1000以上もの支店を
全米各地で展開中**

ワシントンDC発の人気チェーン。各州
の「ベスト・バーガー」にたびたび選出
されている。ピリ辛ポテトが人気。

🏠 690 3rd Ave. (bet. 43rd & 44th Sts.)
☎1-646-783-5060　⏰11:00～22:00
🚇地下鉄S・4・5・6・7線 Grand Central -
42 Stより徒歩5分　fiveguys.com
ミッドタウン　MAP 別P.16 C-1

PRETZEL

噛むほどに
香ばしい
ドイツ発のパン

$2～

Pretzel
塩をまぶした素朴で
かためのパン

屋台など

SANDWICHES

片手で食べられる
カジュアルさが根強い人気

Egg Sandwich
卵＋トマト＋レタスを
挟んだ朝食サンド！

$2.99

Lenwich by Lenny's
レンウィッチ・バイ・レニーズ

**NY発、カスタムメイド・
サンドイッチの草分け**

多様な具で好きなサンドイッチをカスタマイ
ズできる専門店。手頃な価格帯と親し
みやすさから、地元でも人気。

🏠 1024 2nd Ave. (bet. 54th & 55th
Sts.)　☎1-212-355-5700　⏰7:
00～18:00 (土・日曜8:00～)
地下鉄E・M線 Lexington Ave - 53
Street Stより徒歩約4分
www.lenwich.com
ミッドタウン
MAP 別P.19 F-3

近年はロスタコス・ナンバーワン (P.85) のようなメキシカンのファストフードも人気。　111

·GREEN·

ケール、ウイートグラス、ホウレンソウなどが代表野菜。すっきり味がいい。

A ·$6.95

B ·$10.56

C ·$10

D ·$11.95

A キュウリ、パセリ、ケール、ホウレンソウなど緑の野菜がたっぷりのGreens　B パイナップルや青リンゴ入りのGET UR GREEN ON　C Green Juice はキュウリもブレンド　D 緑の野菜たっぷりのSupa Dupa Greens

イチオシ！

EAT 15

GREEN or ORANGE
ジュースで
エネルギーチャージ

忙しいけれど、栄養もしっかりとりたい。
そんなヘルシー派を虜にしているのがコールドプレスジュース。
手軽でおしゃれな人気スタンド店をチェックしよう。

Photos : Juice Press, Juice Generation

what!?

What is

コールドプレス

低速圧搾（コールドプレス製法）で作られた、100％混じりっけなしの野菜や果物のジュース。良質な栄養素を壊さず、そのまま抽出するため、野菜や果物の栄養をまるごととり入れられる。

D ·$10.75

C ·$10

イチオシ！

B ·$6.44

A ·$6.99

·ORANGE·

オレンジ、ニンジン、マンゴーなど、口当たりがよくまろやかな味わいが特徴。

A 搾りたてのオレンジジュース　B グレープフルーツ、レモンをミックスしたglo　C オレンジとニンジンがベース　D オレンジベースにターメリックや黒コショウもミックスのOrange Turmeric

---

A

B

C

D

Pressed Juicery
プレスド・ジューサリー

コールドプレスが評判のジュースバー。
🏠1000 8th Ave.
（駅構内ターンスタイル内）
☎1-212-977-7707
🕐7:00～19:00
🚇地下鉄 A・B・C・D・I線 59 St - Columbus Circleより徒歩約2分
pressed.com
アッパー・ウエスト・サイド
MAP 別P.18 B-2

Juice Press
ジュース・プレス

ローフードダイエット研究家が監修。
🏠122 Greenwich Ave.
(bet. 13th & 14th Sts.)
☎1-646-901-1316
🕐7:30～21:30(土・日曜～20:30)
🚇地下鉄 A・C・E・L線 14 St-8Avより徒歩約1分
juicepress.com
グリニッチ・ビレッジ
MAP 別P.11 D-2

The Butcher's Daughter
ブッチャーズ・ドーター

ジュースのネーミングにも注目を。
🏠19 Kenmare St. (at Elizabeth St.)
☎1-212-219-3434
🕐8:00～21:00(金・土曜～22:00)
🚇地下鉄 J・Z線 Boweryより徒歩約1分
www.thebutchersdaughter.com
ノリータ　MAP 別P.9 D-2

Juice Generation
ジュース・ジェネレーション

100種類以上のレシピが自慢。
🏠117 W. 72nd St. (bet. Columbus & Amsterdam Aves.)
☎1-212-531-1110
🕐7:00～20:00(日曜8:00～)
🚇地下鉄 1・2・3線 72 Stより徒歩約4分
www.juicegeneration.com
アッパー・ウエスト・サイド
MAP 別P.18 A-1

ニューヨークの『買う』事件簿

洋服からバッグ、靴、雑貨、コスメまで、お買い物天国のニューヨーク。買い物事情をお勉強してスマートに戦利品を手に入れちゃおう!

事件ファイル1

お店の人がめちゃくちゃ冷たい! 私、何かしたかしら?

買い物をするためにお店に入って、商品を広げたり、羽織ったりチェックしたあとにレジへ。買わなかったわけではないのになぜかお店の人が冷ややかな対応。どうして?

ショッピングはカードがスマート

NYショッピングには欠かせないアイテム

ニューヨーク(アメリカ)では、現金払いよりカード払いが一般的。たとえば、支払い時レジが長蛇の列で、後ろに並ぶ人がイライラしているなかで、計算に慣れない現金を数えるのはストレス。カード払いならその時間を短縮できるメリットがある。また、ニューヨーク(アメリカ)では、カード払いできる人＝ステイタスがあるとされるので、特に高級ブランドショップなどでは、現金よりカードで支払うほうがスマート。

最近は非接触でタッチ決済できたり、サインレスのお店も多い

解決! 入店後の挨拶はマストルール

ブランドショップやセレクトショップ、デパートなどでは、お店のスタッフへの挨拶なしに商品を勝手に触ったり広げたりするのは御法度。入店後に挨拶、商品に触る前にも聞くのが一応のルールとなっている。もちろん安売りショップなどは別。

入店から退店まで

あいさつ

お店に入店したらまずはこれ!
お店に入ってスタッフと目があったら「Hi!」「Hello」などと、軽くあいさつを。買う気がある、なしに関わらず行いたい暗黙のルール。

商品を見る

触るときも忘れずにひと声
日本にいるような感覚で、勝手に触ったり広げたりはNG。「May I see this one?」(これ見せてもらえますか?)などと聞こう。

試着

気に入ったら必ず試着を
体型やサイズ感が違うので必ず試着をしたいもの。ここでも「May I try this on?」(試着してよいですか?)などとたずねてから。

支払い

レジまたはその場で支払い
ここでレジ係のスタッフに交代することも。最近ではタブレットなどを使い、その場でカードの支払いができることもある。

退店

あいさつしたら終わり
包装などはごく簡単。「Thank you」と言って終わり。日本のように、お店の外までスタッフがつきそうこともなくドライに終わる。

N.Y. CASE FILES

事件ファイル2

買った商品にボタンがない！
返品してOK？

ファストファッションやオフプライス・ショップで買い物したら、ボタンがとれていて、穴があいていた！それに汚れてる。試着をして確認したつもりだけど、返してもいいの？

解決! 不備があったらすぐ返品・交換！

消費者のほうが有利な権利を持つアメリカでは、返品・交換は一般的。条件（Return/Exchange Policy）については、レシートに記載されていることが多い。店により異なるが、主な条件は①レシートがあること、②未使用であること、③タグがついていること。

■ 返品ルールいろいろ

ファストカジュアル	基本は返品期限30日、レシートの提示、未使用でタグつき。チェーン店なら他店舗でも対応可なことも。プリペイドカードで返金されることもある。
ブランド	購入日から30〜90日を返品期限とする店が多い。ファストファッションや大型スーパーと違い、柔軟性があまりないので、よく確認してから購入を。
オフプライス	洋服と雑貨では、返品期限が違うので注意。オフプライス・ショップの返品コーナー（またはレジ）はいつも長蛇の列なので、覚悟して行こう。

事件ファイル3

手持ちの現金をすべて使っちゃった……。
1枚しかないカード、使えるかな？

たくさんショッピングして、お財布を見たら、現金がない！クレジットカードも1枚しか持ってきていない……。ハワイのように日本円で支払いできるのかな？

解決! カードは2枚以上持っていこう

NYでは、ほとんどのお店で、Visaなどの国際ブランドのカードは利用できる。しかし、磁気やICチップの不良で使用できないと困るので、2、3枚は持っていこう。スリに遭ったときのために、保管場所を分けておくのもおススメ。また、現金が必要になった場合は、カードで引き出すこともできる。

ニューヨーク（アメリカ）で一般的な支払い方法

クレジットカード	個人経営の雑貨店などでは1〜2社のカード会社にしか対応していないところも。そんなお店でも使えるのが『Visa』や『American Express』。端末機にクレジットカードのチップ部分を読み込ませて暗証番号（PIN）を入力するのが一般的。タッチ決済も増えている。
デビットカード	利用すると口座から引き落とされる。限度額は口座残高となるので使いすぎる心配もない。カード会社により海外のすべての加盟店で買い物が可能。支払回数は一括のみ。
トラベルプリペイド	出発前にチャージしておくだけ。大金を持ち歩く必要も、使いすぎの心配もなし。
現金(USドル)	100ドル札など高額紙幣は、観光地以外では受け付けてくれないことも。現金の持ち歩きは危険なので、必要最低限を日本から持参するのがおすすめ。

アメリカで広がるキャッシュレス

モバイル決済も利用可能

NYでは、クレジットカードはもちろん、Apple PayやGoogle Payのようなモバイル決済システムが普及しているので、選択肢に入れてみるのもよい。ちなみに、日本のPayPayのようなQRコード決済はない。

いま SHOPPING で一番 NEW なしたいこと！

映画の主役気分で
ティファニーNY本店「The Landmark」へ！

女子なら誰もが憧れるティファニージュエリー。『ティファニーで朝食を』の映画の舞台にもなった
歴史あるティファニー本店で主役気分を味わって。

so cute!

$100

NYとその伝統
にオマージュ
を捧げるトワ
ール コレクシ
ョン

$125

ティファニーブ
ルーに繊細なプリン
トのマグカップ

美術館のような
雰囲気の1階メ
インフロア

Tiffany & Co.
ティファニー

1837年創業の超一流宝石店

時代を超えて世界中の女性から愛されてきた老舗店。アメ
リカでシルバー純度基準を一番最初に設定したブランドで
もある。NY本店がここにオープンして初の全面改装を終え、
2023年4月に再オープンした。

🏠727 5th Ave.（at 57th St.）　☎1-212-755-8000
🕙10:00〜20:00（日曜11:00〜19:00）
🚇地下鉄 F 線 57 St より徒歩約5分
tiffany.com　ミッドタウン　MAP別 P.19 D-3

マンハッタン

SIGHTSEEING

ART

ENTERTAINMENT

EAT

SHOPPING

STAY

ティファニーで朝食を！

Awesome!

Blue Box Café™ by Daniel Boulud
ブルーボックス カフェ・バイ・ダニエル・ブリュー

『ティファニーで朝食を』が叶う夢のカフェ

ティファニー本店6階にあり、朝食やランチ、アフタヌーンティーが楽しめるカフェ。店内の窓からは5番街を見下ろせる。

🏠727 5th Ave. (at 57th St.)
ティファニー6F
☎1-212-605-4090
🕐10:00〜20:00
　(日曜11:00〜19:00)
🚇地下鉄F線57 Stより徒歩約5分
blueboxcafenyc.com
ミッドタウン　MAP別 P.19 D-3

ティファニーブルーで包まれた店内

How to

世界一予約の取れない（？）レストランの予約テクニック

check 1　予約がないと入れない

必ず事前の予約が必要で、非常に人気が高いため30日前の予約開始後5分で予約がいっぱいになることも。

予約のとり方はこちら！

check 2　メニューはこちら（2023年5月現在）

●Breakfast of Tiffany's　$58
●Holly's Favorites　$32
●Tea at Tiffany's　$98

上記以外にも、アラカルトや季節のメニューなど、見た目も美しいさまざまなメニューが楽しめる。

check 3　ダニエル・ブリューとは

NYきってのスターシェフ。ベーカリーからミシュラン2つ星の高級店まで、さまざまな店舗を手がけている。今回の改装でダニエルがティファニーのカフェをプロデュースした。

1　RESYにて事前登録

ブルーボックスカフェのウェブサイトから予約サイト「RESY」にログインして予約する。

2　30日前AM9:00の予約開始時にスタンバイ

30日先までの予約が可能だが、NY（アメリカ東部）時間午前9時の予約開始後数分で完売するため開始時間前からスタンバイしておく。

3　キャンセル待ち狙いのためNotify meでメルアド登録

希望日がすでに埋まっていたら、キャンセル待ちが出た場合連絡がもらえるNotify Meをクリックしてメールアドレスを登録しておこう。

💎 ドレスコードはなくても超高級宝石店での食事。きれいめな服装で行くのがおすすめ。

スゴイがたくさん！

バーグドルフ・グッドマンを 200%楽しむ

歴代ファーストレディやセレブも顧客。ニューヨーク随一の超一流老舗デパートの楽しみ方を徹底検証！

セレブを魅了する
由緒正しいデパート

7階のエレベーターホールには著名人の写真やイラストがずらりと並ぶ。100年以上にわたる華麗な歴史を感じさせる

バーグドルフ・グッドマンの
ここがスゴイ！

1901年創業
老舗デパート バーグドルフ・グッドマン

1901年に創業し、1928年から現在の五番街沿いに君臨する超高級店。商品からサービスまですべてがスペシャル。ホリデーシーズンのディスプレイは常に話題。

POINT 1 ボビイ・ブラウンのはじまりはここ

全世界のコスメファンから絶大な支持を受けているボビイ・ブラウンのはじまりは、1991年にここで発売された10色の口紅から。初日から100本の売上を記録した。

セレブ御用達の
名門中の名門デパート

Bergdorf Goodman
バーグドルフ・グッドマン

🏠 754 5th Ave. (at 58th St.)
☎ 1-212-753-7300
🕐 11:00〜19:00（日曜11:00〜19:00）
🚇 地下鉄N・R・W線5 Av / 59 Stより
徒歩約3分
www.bergdorfgoodman.com
ミッドタウン
MAP 別P.19 D-3

POINT 2 若手デザイナーのショップも揃う

5階のコンテンポラリーフロアには、ラグ＆ボーン、トリーバーチ、レベッカ・テイラーといった話題のブランドが集結している。個性的なディスプレイにも注目しよう。

POINT 3 ハイセンスなメンズ館もある

五番街の東側にある別館のメンズ館も要チェック。1階はネクタイやバッグなどアクセサリー、2階はスーツやコート、3階はデザイナーズ・コレクションを取り扱う。

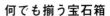

SHOPPING 02

何でも揃う宝石箱
デパートで優雅にお買いもの

コスメからアパレル、ホームグッズまで、多彩な商品が揃うデパートは、高級感と安心感がある特別な場所。個性豊かなNYのデパートで、ゆったりショッピングを。

$18

$32

バルコニー階のビジターセンターでパスポートを提示すると10%オフのパスがもらえる

ストアフロントがモチーフのコスメケース

店の紙袋と同じデザインのバッグは人気商品

$210

オリジナルブランドのカーディガン。高品質にこだわっている

独自の郵便番号を持つほど、巨大な8階の靴売り場が有名。品揃えも良く、価格も幅広い

Bloomingdale's
ブルーミングデールズ

全米で40店舗以上を展開する高級老舗デパートの本店

あらゆる商品が並ぶ9フロアの店内は、高級なのに親しみやすい雰囲気。バルコニー階にあるオリジナルグッズも人気。ソーホーにも支店あり。

🏠 1000 3rd Ave. (at 59th St.)
☎ 1-212-705-2000
🕐 10:00～20:00(日曜11:00～19:00)
🚇 地下鉄N・R・W線 Lexington Av / 59 Stより徒歩約1分
www.bloomingdales.com
アッパー・イースト・サイド
MAP 別P.19 E-2

Saks Fifth Avenue
サックス・フィフス・アベニュー

五番街というロケーションと洗練された品揃えが魅力

ロックフェラー・センターの目の前にある高級店。落ち着いた雰囲気で、老舗の風格が漂う。趣向を凝らした各フロアのディスプレイにも注目を。

🏠 611 5th Ave. (bet. 49th & 50th Sts.)
☎ 1-212-753-4000
🕐 11:00～19:00(日曜12:00～18:00)
🚇 地下鉄B・D・F・M線47 - 50 Sts - Rockefeller Ctrより徒歩約5分
saksfifthavenue.com
ミッドタウン
MAP 別P.16 A-1

もとはシューズ専門店としてスタートしているデパートなので、靴の品揃えが抜群!

ナイキとのコラボシューズアイテムも見つかる

ビジターセンターでパスポートを提示すると10%オフのパスがもらえる。30日間有効

$26

$15

ニューヨークをモチーフにした陶器のグラス

星のロゴをちりばめたキッチンミトン

空間を大胆に使ったおしゃれなディスプレイは必見

Nordstrom
ノードストローム

米西海岸シアトル発のスペシャリティストア

地上5階、地下2階の高級デパート。レディスファッションが中心で、なかにはNY限定の商品も多数。気軽に休憩できるレストランやカフェもあり、ゆったり買い物を楽しめる。近くにはメンズ専門店あり。

🏠 225 W 57th St (at Broadway)
☎ 1-212-295-2000
🕐 11:00～19:00(日 12:00～18:00)
🚇 地下鉄N・Q・R・W線57 Stより徒歩約2分
www.nordstrom.com
ミッドタウン
MAP 別P.18 B-3

Macy's
メイシーズ

売り場面積は世界最大級!ローカル御用達のデパート

全米展開するデパートの旗艦店。9フロアの巨大な店内には複数のカフェがあり、一日中楽しめる。主催するサンクスギビングのパレードでも有名。

🏠 151 W. 34th St. (bet. 6th & 7th Aves.)
☎ 1-212-695-4400
🕐 10:00～21:00(土 曜～22:00、日曜11:00～)
🚇 地下鉄B・D・F・M・N・Q・R・W線34 St- Herald Sqより徒歩約1分
macys.com
ミッドタウン
MAP 別P.15 E-3

メイシーズの地下にはフードコートがある。ショッピングに疲れたらひと息つけるのがいい。

みんなよりひと足お先に
最旬のアメカジをGet！

日本でも人気のアメリカ発のカジュアルブランド。NYには全米から集まった、お手頃で魅力的なブランドがたくさん。日本に上陸する前のトレンドアイテムを買っちゃおう。

TOPS

ひとくちにトップスといっても、
そのテイストはさまざま！
トップス次第で印象を変えることもできるので、
オシャレの強い味方です！

T-SHIRT

波線柄Tシャツ
いつものコーディネートにパンチを加えるにはベスト

$34.50

ロゴ入りTシャツ
白地にロゴ入りのTシャツはシンプルにさらっと着こなしたい

$16

ダマスク柄Tシャツ
大人っぽく清楚なスタイルに合わせてクールに

$98

A

G

A

$17.50

NYプリントTシャツ
タイムズスクエアが背景になっている

F

プリントTシャツ
ロゴのスパンコールで華やかな印象に

$24.50

$14.99

NYプリントTシャツ
マンハッタンの摩天楼が大きく描かれている

F

D

$24.50

グラフィックTシャツ
創業年がかかれたシグネーチャースタイルのTシャツ

F

マンハッタン

SIGHTSEEING

ART

ENTERTAINMENT

EAT

SHOPPING

STAY

SLEEVELESS

キャミソール
どんなコーディネート
にも合わせやすい
$78

ノースリーブシャツ
シンプルなので、オフ
ィスシーンでも活躍
$39.50

タンクトップ
スパンコールの自由の
女神がゴージャス
$39.95

タンクトップ
蛍光色がかわいい、スポーティーなコーデに
$26.95

タンクトップ
いつものボーダーとは
ひと味違う
$49.50

A. Madewell
メイドウェル

**ジェイクルーの妹ブランド
若者人気も高い**

シンプルでトレンドを意識したきれいめブラン
ド。休日スタイルからジャケットなどオフィス
で活躍するアイテムまで揃う。日本未上陸。

🏠115 5th Ave. (bet. 18th & 19th Sts.)
☎1-212-228-5172
🕙10:00〜20:00（日曜11:00〜18:00）
🚇地下鉄L・N・Q・R・W・4・5・6線 14 St -Union Sq
より徒歩約6分
www.madewell.com
チェルシー
MAP 別P.11 F-2

B. Urban Outfitters
アーバン・アウト
フィッターズ

**ユニーク&トレンド
アイテムを探すなら**

旬のアイテムがリーズナブルな価格で手に入
る。ビンテージ、ボヘミアン、スポーティーなど
幅広いテイストの服が揃う。日本未上陸。

🏠1333 Broadway (bet. 35th & 36th Sts.)
☎1-212-239-1673
🕙10:00〜20:00
🚇地下鉄B・D・F・M・N・Q・R・W線 34 St - Herald
Sqより徒歩約2分
www.urbanoutfitters.com
ミッドタウン
MAP 別P.15 F-2

SHIRT

ロングシャツ
トレンドのロン
グシャツは肌寒
い秋にぴったり
$65

柄シャツ
ジーンズや白パ
ンツにさわやか
に合わせたい
$29.99

C. Free People
フリー・ピープル

**ガーリー&ロマンチック
ながらどこか辛口**

アーバン・アウトフィッターズが展開するブラン
ド。ビンテージライクで、カットが特徴的。シン
プルなスタイルをおしゃれに見せてくれる。

🏠79 5th Ave. (bet. 15th & 16th Sts.)
☎1-212-647-1293
🕙10:00〜20:00（日曜11:00〜19:00）
🚇地下鉄L・N・Q・R・W・4・5・6線 14 St -Union Sq
より徒歩約4分
www.freepeople.com
チェルシー
MAP 別P.11 F-2

SWEAT SHIRTS

パーカー
よーく見ると幾何学な
柄の中にNYCの文字が
隠れている
$44.50

パーカー
個性的でユニー
クな柄は存在感
たっぷり
$49.95

D. American Eagle Outfitters
アメリカン・
イーグル・アウト
フィッターズ

**日本上陸済みなので
NY限定アイテムを探そう**

着心地がよく、飾らないテイストで若者に人気。
チェックシャツやTシャツ、デニムがお手頃価
格。NYのロゴが書かれたアイテムも豊富に揃う。

🏠599 Broadway (at E. Houston St.)
☎1-212-219-4600
🕙11:00〜20:00（日曜〜19:00）
🚇地下鉄B・D・F・M線 B'way - Lafayette Stより
徒歩約1分
www.ae.com
ソーホー　MAP 別P.8 C-1

BOTTOMS

何にでも合わせやすいデニムから
コーディネートの主役になる
カラフルなものまで、
個性豊かなボトムスをゲットしよう。

SHORTS

LONG PANTS

**レース付き
ショートパンツ**
女性らしいレースとダメ
ージ加工で甘辛ミックス

$39.50

ショートパンツ
鮮やかなビタミ
ンカラーがキュ
ート

F

$88

ショートパンツ
定番のコーディ
ネートにアクセ
ントを加えたい

$54.50

C

G

$39.50

デニム・ショートパンツ
ひとつは持っておきた
い定番アイテム

B

$89.50

NEW YORK CITY

A

ロングパンツ
デニム素材のゆるっと
感がかわいい

ここも Check!

$148

**J. Crew
ジェイクルー**

**日本未上陸の
大人気
アメカジブランド**

オバマ元大統領が家族ぐるみで愛
用したことでも有名。きれいめでき
ちんと感のある上質なカジュアルウ
エアが見つかる。

🏠91 5th Ave. (near 17th St.)
☎1-212-255-4848
🕙10:00〜19:00(日曜11:00〜18:00)
Ⓜ地下鉄L・N・Q・R・W・4・5・6線 14st-
Union Sqより徒歩約4分
チェルシー
MAP 別P.11 F-2

アンクルワイドパンツ
ストンと落ちるきれいな
シルエットと鮮やかな色
味がよい

Tシャツ
ジェイクルーの定
番商品ともいえる。シ
ンプルだけどシル
エットと素材が抜群

$32.50

デニムパンツ
色あせ感がキュートな
細身のデニム

D

$39.50

マンハッタン

SIGHTSEEING

ART

ENTERTAINMENT

EAT

SHOPPING

STAY

ONE-PIECE

アメカジブランドは、
存在感のあるデザインがお得。
デイリーに使えるお気に入りの
ワンピースに出合いたい！

ミニワンピース
エスニック柄と渋い色
がマッチした一枚
$59
A

ワンピース
大きめの花柄が目をひ
くきれいめスタイルに
$69.50
G

オールインワン
鮮やかなオレン
ジとエスニック
柄で大人っぽく
$148
C

$39.95
E

ワンピース
モノトーンのオフショ
ルワンピは夏の定番！

ACCESSORIES

SUNGLASSES

アクセサリーがあるとないとでは、コーデ
ィネートが見ちがえる。いくつあっても足
りない！何個でも欲しくなるから不思議！

NECKLACES

$14
**ラウンド型
サングラス**
かけているだけでおしゃ
れ度UPの丸いサングラス
B

$12.5
サングラス
おみやげにもぴっ
たりな星条旗
柄サングラス
E

$55
ネックレス
シンプルなトップスに
合わせるとクールな印
象に
A

E. Hollister Co.
ホリスター

**アメリカ西海岸の
雰囲気漂う**

アバクロンビー＆フィッチの姉妹ブランド。店
内はまるでクラブのような音楽と照明となって
いるので、行くだけでもおもしろいかも。

🏠 130 W 34th St（bet. 8th Ave. & Broadway）
☎ 1- 646-200-5190
🕐 10:00 ～ 20:00
🚇 地下鉄B・D・F・M・N・Q・R・W線34 St - Herald
Sqより徒歩約2分
www.hollisterco.com
ミッドタウン
MAP 別P.15 F-3

F. Aéropostale
エアロポステール

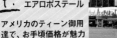

**アメリカのティーン御用
達で、お手頃価格が魅力**

ティーン・エイジャーがターゲットなので、トレ
ンドアイテムを低価格で提供。カラフルな色合
いで、元気な印象の洋服が多い。日本未上陸。

🏠 901 6th Ave.（bet.32nd & 33rd Sts.）Manha
ttan Mall内
☎ 1-212-239-5201
🕐 10:00 ～ 20:00（日曜10:00 ～ 20:30）
🚇 地下鉄B・D・F・M・N・Q・R・W線 34 St-Herald Sq
より徒歩約1分
www.aeropostale.com
ミッドタウン
MAP 別P.15 F-3

G. LOFT
ロフト

**働く女性の強い味方
オフィススタイルが揃う**

20～30代の働く女性に人気のブランド。コン
サバだけど、カチッとしすぎないカジュアルな
デザインが多い。会社用にぜひ。日本未上陸。

🏠 1459 Broadway（bet. 41st & 42nd Sts.）
☎ 1-212-757-4408
🕐 9:00 ～ 21:00（土曜10:00 ～ 20:00、日曜10:00 ～
18:00）
🚇 地下鉄N・Q・R・S・W・1・2・3・7線Times Sq - 42st
より徒歩すぐ
www.loft.com
ミッドタウン
MAP 別P.15 E-1

H. PINK
ピンク

**リラックスアイテムや
スポーツウエアが豊富**

ヴィクトリア・シークレットの姉妹ブランド。ス
ウェット生地のルームウエアや、ヨガウエアな
どの、スポーツウエアが多く揃う。

🏠 165 East 86th St（bet 3rd & Lexington Ave）
ヴィクトリア・シークレット内
☎ 1-646-200-5190
🕐 10:00 ～ 20:00（日11:00 ～ 19:00）
地下鉄4・5・6線86th Stより徒歩約1分
www.victoriassecret.com/us/pink
アッパー・イースト・サイド
MAP 別P.21 F-2

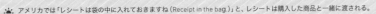

🌂 アメリカでは「レシートは袋の中に入れておきますね（Receipt in the bag.）」と、レシートは購入した商品と一緒に渡される。

全身トータルでこのお値段！

オフプライスショップでセレブになる

セレブと同じファッションに身を包んでみたいと夢見る人は多いのでは？
まったく同じものは揃えられなくても、その夢、オフプライスショップで叶えられる♥

靴が大好きなサラ。服は全体をベーシックなデザイン・色合いでまとめて、靴を目立たせて。

サラ・ジェシカ・パーカーになるコツ

Sarah Jessica Parker

サラ・ジェシカ・パーカー
1965年3月生まれ
代表作：ドラマ＆映画『セックス・アンド・ザ・シティ』など

女優、プロデューサー。サラ自身のスタイルが話題となり、靴やバッグなどのプロデュースも行う。

観光地に近いロウアー・マンハッタンは、アクセスも便利

Sarah Jessica Parker
Narikiri-Celeb

ネックレス $40 → **$18.97**

パンプス $99 → **$49.97**

Tシャツ $64 → **$29.97**

パンツ $158 → **$44.97**

バッグ $325 → **$159.97**

TOTAL $686 → $303.85

デイリーに使える
アイテムが充実

T.J. Maxx
ティー・ジェイ・マックス

アメリカのカジュアルブランドが多く揃う。キッチンウェアやインテリアなど充実している。

🏠14 Wall St. (bet. Broadway & Nassau St.) ☎1-212-587-8459
🕐9:00〜21:00（日曜10:00〜19:00）🚇地下鉄4・5線Wall Stより徒歩すぐ　tjmaxx.tjx.com
ロウアー・マンハッタン　MAP 別P.6 C-2

レイトン・ミースターになるコツ

お嬢様ファッションが好きなレイトン。どこかに原色のアイテムを取り入れるのが彼女の定番！

Leighton Meester

レイトン・ミースター
1986年4月生まれ
代表作：ドラマ『ゴシップガール』など

女優、歌手、ファッションモデル。TVドラマ『ゴシップガール』のブレアで一役有名に。

Leighton Meester
Narikiri-Celeb

ワンピース $150 → **$79.99**

ヘッドアクセ $40 → **$19.99**

クラッチ $58 → **$29.99**

パンプス $64 → **$39.99**

TOTAL $312 → $169.96

マンハッタン

SIGHTSEEING

ART

ENTERTAINMENT

EAT

SHOPPING

STAY

Jennifer Lopez
Narikiri-Celeb

ワンピース
$58 → $29.99

サングラス
$235 → $39.99

サンダル
$30 → $15.99

クラッチ
$62 → $36.99

TOTAL $385 → $122.96

What is
オフプライスショップ ブランド品が安い！

超高級ブランドからカジュアルブランドまで、多彩な商品のデッドストック（新品未使用）が50〜80%以上値引きされて売られている。洋服だけでなく、キッチン用品や生活雑貨も揃う。

ジェニファー・ロペスになるコツ

大胆でグラマラスなファッションのJ.Lo。ヒョウ柄やグリッター柄をとりいれて、セレブ感を！

Jennifer Lopez

ジェニファー・ロペス
1969年7月生まれ
代表作:CD『If You Had My Love』、映画『Shall We Dance?』など

NYブロンクス出身の歌手、女優。香水などもプロデュースする。恋多き女性としても知られる。

多くの人が訪れるため、レジも試着室も大混雑する。午後からは

ゆっくり時間をかけて宝さがしをしよう

Century 21
センチュリー21

高級ブランドの服が所狭しと並べられる。混雑していることが多いので、スムーズにまわるには、開店直後の時間に行くのがおすすめ。

ワンピースに小ぶりなバッグを合わせると、テイラー度UP。もちろん真っ赤なリップでキメよう！

Taylor Swift

テイラー・スウィフト
1989年12月生まれ
代表作:CD『We Are Never Ever Getting Back』など

歌手、ファッション、グッドガールな発言が注目の的。曲のほとんどが、実生活がもとになっている。

🏠 22 Cortlandt St. (bet. Church St. & Broadway)
☎ 1-212-227-9092
🕐 10:00〜20:00（日曜11:00〜18:00)
🚇 地下鉄R・W線 Cortlandt Stより徒歩約1分
www.c21stores.com
ロウアー・マンハッタン MAP別 P.6 C-2

Taylor Swift
Narikiri-Celeb

ワンピース
$168 → $49.99

ヘッドアクセ
$34 → $14.99

バッグ
$288 → $169.99

TOTAL $490 → $234.97

広い店内を歩き疲れたら、3Fのカフェでお茶もあり

業界人から一般人まで世界中が熱視線を送るNY発ブランド

　NYを制するものは世界を制するといわれるとおり、この街でスタートし、世界的ブランドとして発展していくケースは枚挙にいとまがない。古くはティファニー、コーチ、ラルフ・ローレン、最近ではマーク・ジェイコブス、トリー・バーチ、ラグ&ボーンなど、今では誰もが知る名門ブランドはNYが発祥。

　NYのファッションを語る上で重要なのが毎年2月と9月に開催されるNYコレクション。パリ、ミラノ、ロンドン、東京と並ぶ5大コレクションで、この時期には世界中からファッション関係者が集まってくる。NYコレクションの特徴としては、キャリア女性向けのスタイリッシュで実用的な服が多いということ。ラップドレスでキャリア女性をとりこにしたダイアン・フォン・ファステンバーグ（DVF）も、NYコレクションに参加する形でシグネチャーラインを復活させた。DVFといえば、TVドラマ&映画『セックス・アンド・ザ・シティ』で主人公たちが着用したことでも有名。このように、NYを舞台にした作品で取り上げられたブランドが世界中で注目されるようになるのも、この街ならではの特徴といえる。

A

Alexander Wang
アレクサンダー・ワン

🏠 103 Grand St. (bet. Greene & Mercer Sts.) ☎1-212-977-9683 🕐12:00 ～ 19:00（日曜～18:00）
🚇地下鉄 J・N・Q・R・W・Z 6線 Canal Stより徒歩約3分
www.alexanderwang.com
ソーホー
MAP 別P.8 C-2

アレクサンダー・ワンが、24歳にして自身の名前を掲げて立ち上げたブランド。今やNYコレクションに欠かせない存在となった。上質な素材とシンプルなデザインで、着回しが利くと評判。女性が徐々に自立していく過程をファッションテーマにしている。

Anna Sui
アナ・スイ

since : 1981

2023年5月現在、路面店はないが、デパート（→P.118～119）などに取り扱いあり。また、ネット販売もあり。

黒や紫を基調とし、蝶やバラをモチーフにしたアジアンテイストの世界観を持つ。若い女性に大人気のブランド。服やバッグ、化粧品が余すところなく並べられたソーホーの本店には、限定アイテムがあるので要チェック。近年はコーチなどともコラボしている。

C
since : 1941

Coach
コーチ

🏠 685 5th Ave (bet 3rd & Lexington Ave) ☎1-212-758-2450 🕐11:00 ～ 19:00（木曜11:00 ～、日 11:00 ～ 18:00）
🚇地下鉄E・M線 5 Av / 53 Stより徒歩約2分
www.coach.com
ミッドタウン
MAP 別P.19 D-3

ショルダーバッグ ～$375
革が丈夫なのでたくさんモノを入れても安心

革製品を手作りする小さな工房からスタート。創業当初のターゲットは高齢の男性だった。上質なレザーや布地を使い、幅広い年代に愛されている。クオリティにこだわり、クラシカルながらもモダンでトレンドを取り入れたデザイン。

D
since : 1972

Diane Von Furstenberg
ダイアン・フォン・ファステンバーグ

女性らしく美しいボディラインを演出するラップドレスで一世を風靡したブランド。フェミニンかつエレガンスなデザインが人気。オフィス、プライベート、パーティなどどんなシーンでも使えるアイテムが多い。

🏠 874 Washington St. (near 14th St.) ☎1-646-486-4800 🕐12:00 ～ 18:00（日曜12:00～17:00）🚇地下鉄A・C・E・L線14 St-8 Avより徒歩約5分
www.dvf.com　ミート・パッキング・ディストリクト　MAP 別P.10 C-2

ワンピース ～$998
大胆で上品なプリント柄。一枚でモダンなスタイルに

K

クロスボディバッグ
シンプルながらやや大胆なテイストをミックス

$198

since : 1993

Kate Spade
ケイト・スペード

雑誌編集者だったケイト・スペードが、夫のアンディ・スペードとスタートさせたブランド。シンプルな形とポップでカラフルなデザインが特徴。大人気のハンドバッグのほか、服、靴、雑貨など幅広く展開している。

トートバッグ
キュートな柄のバッグをアクセントにする

$12.5

🏠454 Broome St. (at Mercer St.)
☎1-212-274-1991 ⏰11:00～18:00 (日曜12:00～)
🚇地下鉄R・W線 Prince St より徒歩約5分
www.katespade.com
ソーホー MAP 別P.8 C-2

Photo:Kate Spade

since : 2001

Rebecca Minkoff
レベッカ・ミンコフ

2023年5月現在、路面店はないが、デパート(P.118～119)などに取り扱いあり。また、ネット販売もあり。
www.rebeccaminkoff.com

代表アイテムのエディターズバッグは、セレブにも愛用者が多数。バッグを中心に、アパレルファッション、シューズ、ジュエリー&アクセサリーを展開。大人っぽいポップなカラーが特徴。個性を主張し、かわいさを兼ね備えた実力派バッグが揃う。

M

since : 1986

Marc Jacobs
マーク・ジェイコブス

NY生まれのマーク・ジェイコブスが立ち上げたブランド。グランジ・スタイルをハイファッションに持ち込み話題に。マーク byマーク・ジェイコブスというセカンドラインもあったが、現在はメインブランドを一化。メイクアップラインも展開する。

ワンピース

トレンドを取り入れたクール&キュートなスタイル

$498

🏠127 Prince St (bet Greene & Wooster Sts.) ☎1-212-343-1490
⏰11:00～19:00 (日12:00～18:00)
🚇地下鉄R・W線 Prince Stより徒歩約2分 www.marcjacobs.com
ソーホー MAP 別P.8 C-1

since : 1997

Theory
セオリー

ノースリーブ・ニット
春から秋まで使える白のニットは優秀アイテム

$190

コンセプトは、ベーシックにさりげなくトレンドをとりいれた「ニュー・ベーシック」。スタイルアップさせてくれるデザインで人気。着心地の良さも追求されていて、普段使いのしやすさにも定評がある。オフィス・スタイルの定番ブランド。

🏠47 Greene St. (bet. Broome & Grand Sts.)
☎1-212-334-5071
⏰11:00～19:00 (日曜12:00～18:30)
🚇地下鉄C・E線 Spring Stより徒歩約4分
www.theory.com
ソーホー MAP 別P.8 C-2

---

since : 1981

Michael Kors
マイケル・コース

$278 トートバッグ
洗練されたデザインだけでなく、口が大きく実用的

NY出身のデザイナー、マイケル・コースが手がける。特に人気なのは、バッグや財布、腕時計。知的で大人な雰囲気が演出できることで評判。手の届きやすい価格なのも魅力のひとつ。上品でデイリーで使えるアイテムを探している人におすすめ。

🏠250 Vesey St (ブルックフィールド・プレイス1階) ☎1-917-344-1004 ⏰10:00～20:00 (日11:00～18:00) 🚇地下鉄1線 WTC Cortlandtより徒歩約4分
www.marcjacobs.com
ロウアー・マンハッタン MAP 別P.6 B-1

since : 1837

Tiffany
ティファニー

$480 ネックレス
しなやかなフォルムが美しい。つけ心地も軽やか

創立当初は、文房具や装飾品を売っていた。五番街にある本店は、映画『ティファニーで朝食を』の効果で、観光名所となっている。自由の女神やイエローキャブなど、NYのアイコンが描かれたNY限定のマグカップは、人気のおみやげ。

🏠727 5th Ave. (at 57th St.) ☎1-212-755-8000 ⏰10:00～19:00 (日曜12:00～18:00) 🚇地下鉄E・M線5 Av-53 Stより徒歩約4分 www.tiffany.com
ミッドタウン MAP 別P.19 D-3

R

since : 2002

Rag & Bone
ラグ・アンド・ボーン

🏠119 Mercer St. (bet. Prince & Spring Sts.)
☎1-212-219-2204
⏰11:00～19:00 🚇地下鉄R・W線 Prince Stより徒歩約2分
www.rag-bone.com
ソーホー
MAP 別P.8 C-2

デニムジャケット
ブラックデニムのジャケットは重くなく、着心地も良い

$258

マーカス・ウェインライトとデヴィッド・ネヴィルのふたりにより創立。「自分たちが毎日着たくなるような服をつくる」というコンセプトで、ジーンズづくりからスタートした。トレンドに左右されない、シンプルでスタンダードなデザインが人気。

since : 2005

P

3.1 Phillip Lim
スリーワン・フィリップ・リム

🏠48 Great Jones St. (bet. Lafayette St. & Bowery)
☎1-212-334-1160
⏰12:00～18:00
🚇月曜
🚇地下鉄6線 Bleecker Stより徒歩約4分
www.31philliplim.com
ソーホー MAP 別P.9 D-1

フィリップ・リムが31歳のときに、同じく31歳のビジネスパートナーで友人のウェン・ゾウと創立。ウィメンズ、メンズともに「クール」「イージー」「シック」な世界観を提案。エレガントなデザインの中に、モダンで洗練された奇抜さもあると支持されている。オリジナリティあふれるワードローブを提供。

マンハッタン

SIGHTSEEING

ART

ENTERTAINMENT

EAT

SHOPPING

STAY

3つのpointにとことんLove

スーパーマーケット＆グルメフード・ストアが好き！

旅行中の楽しみのひとつが、スーパーめぐり。ローカルに混ざって買い物するだけで、まるで住んでいるような気分も味わえる。それぞれ特色があるので、お気に入りを見つけよう。

夕方の店内。この後、夕食の買い物をするべく仕事を終えたローカルたちで混雑していく

What is
スーパーマーケット

食料品や日用品などを取り扱うのがスーパーマーケット。小規模で食品のみを販売する店はグロサリーストアと呼ばれることも。

ニューヨーカーの
ライフスタイルがわかる！

ホールフーズ・マーケットの
3つのcheck point

NYでとれた新鮮な野菜

チョコレートの品揃えはピカイチ

質・量・バラエティのすべてに高評価。地域社会との結びつきも重視する人気店だ。

Check2

ローカル商品に注目！

地産地消を掲げているだけに、ローカル・ビジネスを支援すべく地元びいきの商品が充実している。おかげでNY産のおみやげも探しやすい。

Whole Foods Market
ホールフーズ・マーケット

**オーガニックブームの火つけ役
ヘルシー派に人気のチェーン**

テキサス州オースティンを拠点に全米に200店舗以上を展開。地産地消をテーマに、各地域に根づいた品揃えに取り組んでいる。自社ブランド品も充実。

🏠10 Columbus Circle,
(bet. 58th & 60th Sts.)
☎1-212-823-9600
🕐7：00～22：00
🚇地下鉄A・B・C・D・1線59 St - Columbus Circleより徒歩約2分
www.wholefoodsmarket.com
アッパー・ウエスト・サイド
MAP 別P.18 B-2

Check1

オーガニック・コスメ！

食品同様に直接肌に触れるものも重要。基礎化粧品にはじまり、シャンプーや石鹸などの日用品もナチュラル＆オーガニックのものが充実。

$10

Rosewater
全身に使用できる万能なバラの化粧水。香りもよい

Check3

デリの充実ぶりがスゴイ

インハウス・キッチンで用意された新鮮なサラダや惣菜が盛りだくさん。ひとり用の食べきりサイズも多いので軽めの食事にもうってつけ。

フルーツの種類も充実

マンハッタン

SIGHTSEEING

ART

ENTERTAINMENT

EAT

SHOPPING

STAY

消費者が手に取りやすいように並べられている

トレーダー・ジョーズらしい手描きのポップ

かわいくて見やすいデザインが、店をより魅力的に

整然と陳列された
自社ブランド商品の数々

トレーダー・ジョーズの 3つのcheck point

カジュアルでリーズナブルが最大の魅力。また価格を抑えつつ高額になりがちなオーガニック商品も充実。

Check1

すべてが
プライベートブランド

ジュースもお菓子も加工食品も、すべてを自社ブランドで展開。おいしさに定評あり。料金は他店よりもリーズナブルで、新商品も続々登場している。

$2.99

**Mango 100%
Juice Smoothie**
ヨーグルトなど乳製品が入っていないマンゴー100%のスムージー

$5.99

**Shortbread
Cookies**
フルーツがたっぷり使用されたショートブレッド

Raspberry

Apricot

99¢

**Espresso
Beans**
個包装なので配り系みやげに最適！

Check2

オーガニック好き必見！

オーガニック商品への取り組みも積極的。たとえばバナナなどはオーガニックとコンベンショナルの両方を販売。消費者には選択肢が与えられている。

$2.29

**Jalapeno
Limeade**
メキシコのハラペーニョを使ったレモネード

Trader Joe's
トレーダー・ジョーズ

西海岸発の人気チェーン
加工食品がとにかく充実

カリフォルニア州パサデナで誕生した地域住民のための食料品店は、やがて全米展開する大型チェーンへ。アロハシャツを着た陽気なスタッフがお出迎え。

🏠 675 6th Ave. (bet. 21st & 22nd Sts.)
☎ 1-212-255-2106
🕐 8:00～21:00
🚇 地下鉄F・M線23 Stより徒歩約2分
www.traderjoes.com
チェルシー　MAP 別P.11 E-1

Check3

バラまきみやげに最適

お手頃価格に加え、コンパクトで見た目がかわいい商品が充実しているのも魅力。仕事仲間や友達にばらまくおみやげ探しにことかかない。

$1.99

Lemon Pepper
レモンのフレーバーの粗挽きコショウ。炒め物などにサッとひとふりで、ちょっとグルメな味に。この値段ならまとめ買いもOK！

1階のチーズ・セクション。種類も豊富で、おひとりサイズも充実しているので、気兼ねなく購入できる

what is
グルメフード・ストア

大量消費型商品を幅広く販売するスーパーマーケットに対し、高品質商品を小規模で提供する店。他にない商品が手に入るのが魅力。

庶民の生活感あふれる老舗食品店

ゼイバーズの3つのcheck point

創業時から「品質の良い商品を適正価格で販売する」という姿勢は変わらない。地元からの信頼が厚い。

Check.1

オリジナル商品に注目！

オレンジ色がかわいい、ゼイバーズのロゴ入りグッズを愛用するニューヨーカーは多い。おみやげとしても人気。2階の雑貨売り場にて購入可能。

Zabar's
ゼイバーズ

地域住民の食を支える
1934年創業の老舗店

アッパー・ウエスト・サイドの住民たちに愛される歴史ある食料品店。1階は生鮮＆加工食品が、2階にはプロのシェフもやって来るキッチン用品が充実している。

🏠2245 Broadway (at 80th St.)
☎1-212-787-2000
🕗8:00〜19:30（日曜9:00〜18:00）
🚇地下鉄1線79 Stより徒歩約1分
www.zabars.com
アッパー・ウエスト・サイド
MAP 別P.20 A-3

$19.98

Totebag
トレード・カラーのオレンジのトートバッグ

Kitchen Towel
ロゴが入った大判のキッチンタオル

$5.98

Mug Cup
ゼイバーズの最寄り地下鉄駅名が入ったマグカップ

$9.98

Zabar's
79 Street

Check.2

カフェでゆっくりできる！

店舗隣に併設されている人気のカフェでは、名物のサンドイッチや総菜、自社ブランドのコーヒーなどを手軽に楽しむことができる。

ひと休みするのに最適

マフィンの種類も豊富

ナッツは日本より安い

コーヒーは人気商品

Check.3

プライベートブランドも充実

ナッツやスナック、パンや総菜など、実に幅広い食品を自社ブランドとして展開している。種類も豊富なコーヒー豆はおみやげにもよい。

Photo : Zabar's

好きなものを
好きなだけ選べる

マンハッタン

SIGHTSEEING

ART

ENTERTAINMENT

EAT

SHOPPING

STAY

Eli's Market
イーライズ・マーケット

**レストランを併設した
およそ185㎡の旗艦店**

ゼイバーズ創設者の末っ子、イーライ・ゼイバー氏によるアッパー・イースト・サイドの有名店。地下1階には生鮮食品、地上1階には加工食品売り場がある。ベーカリーや各支店も広く展開している。

🏠 1411 3rd Ave. (at 80th St.)
☎ 1-212-717-8100
🕐 7:00〜19:30
🚇 地下鉄6線77 Stより徒歩約5分
www.elizabar.com
アッパー・イースト・サイド
MAP 別P.21 F-3

Check 1
惣菜を慣れた手つきで
専用プレートに盛りつける

イーライズ・マーケットの
2つのcheck point

他店との差別化で一歩前を行くイーライ・ゼイバー氏のアイデアが詰まった魅力的な店。

サラダバーがすごい!

消費者のニーズに合わせてランチタイムになると1階ビュッフェコーナーに作りたて総菜と新鮮なサラダを素早くラインナップ。店内飲食スペースもあるので、ゆっくり食事ができる。

Salad Bar
ニンジン、ブロッコリーなどの野菜スティック

VISIT OUR AMAZING
SALAD BAR
IN THE MAIN STORE

魅力的なフルーツたち **Check 2**

さまざまなフルーツを食べやすいサイズにカットしたフルーツ・オンリーのビュッフェも完備している。小腹がすいたときなどに、おすすめだ。

・$5.59

Fruit
フレッシュなフルーツでビタミンを補充しよう

Butterfield Market
バターフィールド・マーケット

1915年に創業した老舗スーパーマーケット

NYの名家で知られるアスター家、ロックフェラー家などに宅配便を届けていたのがはじまり。「最高の食材を使ったおいしい料理」を提供することへのこだわりが地元民にも支持されている。

🏠 1150 Madison Ave (at 85th St.)
☎ 1-212-758-2800
🕐 7:00〜20:00 (土・日曜8:00〜19:00)
🚇 地下鉄4・5・6線86 Stより徒歩約1分
www.butterfieldmarket.com
アッパー・イースト・サイド　MAP 別P.21 D-2

Check 1
グッズも人気

ランチバッグ、ティータオルなどおみやげにぴったりなセンスのよいグッズも販売している。

・$15.99

オリジナルのトートバッグは大きすぎず使いやすい

バターフィールド・マーケットの
2つのCheck Point

・$4.99

人気のフレンチクルーラー

Check 2
キュートな焼き菓子!

味も見た目もかわいらしい焼き菓子は、種類も豊富。おみやげ用でも、自分のおやつ用でも、ついつい手が伸びる。店内のコーヒーと一緒に。

本探しだけじゃもったいない！

ブックストアでチルアウトする

表紙デザインを見るだけでワクワクする海外の本屋さん。せっかくニューヨークに来たのなら、
ローカルに人気の本屋でニューヨーカーっぽく「チルアウト」してみては？

chill out!

雑貨も
豊富

Tips 『チルアウトする』
「まったりする、くつろぐ」という意味

壁一面本で埋め尽くされた店内

お土産に良さそうな雑貨
がたくさん

what is

Strand

約200万冊を超える品
揃え。階ごとにジャン
ルが分かれている。

check!

STRAND DIRECTORY

3F	絶版本
2F	アート本
1F	新刊・雑誌
BF	CD・DVD

おみやげにオススメ!!

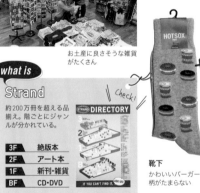

$12.95
マグカップ
店のレトロな風景
がおしゃれ

$5.59
ラゲッジタグ
エンパイア・ステー
ト・ビルのタグ

$12.95~

HOTSOX

靴下
かわいいバーガー
柄がたまらない

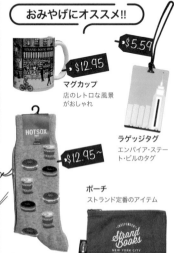

ポーチ
ストランド定番のアイテム

Strand Books

$14.95

Strand Bookstore
ストランド・ブックストア

1927年創業のNYを代表する
老舗書店

新刊から珍しい古書まで幅広いジャ
ンルの本が見つかる。オリジナルロゴが入っ
たトートバッグはNYお土産の定番に
もなっている。

🏠828 Broadway (bet. 12th & 13th Sts.)
☎1-212-473-1452
🕙10:00～20:00
🚇地下鉄L・N・Q・R・W・4・5・6線14 St-
Union Sqより徒歩約3分
strandbooks.com
イースト・ヴィレッジ　MAP 別P.12 A-2

yummy!

McNally Jackson Books
マクナリー・ジャクソン・ブックス

カフェ
あり

**地元住民が足しげく通う
憩いの場所**

個性的なセレクトで評判が高いノリータのアイコン的存在の独立書店。地下と1階の2フロアになっており、地下には子供向けの本も揃っている。

🏠52 Prince St. (bet. Lafayette & Mulberry Sts.) ☎1-212-274-1160
🕙10:00～22:00
🚇地下鉄R·W線Prince Stより徒歩約2分
mcnallyjackson.com
ノリータ　MAP 別P.9 D-1

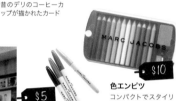

ラーメンマップ
ちょっと変わったマップも見つかる

$8

$3.75

昔のデリのコーヒーカップが描かれたカード

近くの大学生がコーヒーを飲みながら読書にふける姿も

$10

色エンピツ
コンパクトでスタイリッシュなデザイン

$5

**ロゴ入り
マーカー**
さりげないロゴがかっこいいマーカー

Bookmarc
ブックマーク

マーク・ジェイコブスが手掛ける本屋

ブランドのインスピレーションを表現した本のセレクトは全てマーク本人がセレクトしたもの。オリジナルの文房具はバラマキ土産にも人気。

🏠400 Bleecker St. (at W. 11th St.)
☎1-212-620-4021　🕙11:00～17:00　🚇地下鉄1線
Christopher St-Sheridan Sqより徒歩約5分
www.marcjacobs.com
グリニッチ・ビレッジ　MAP 別P.11 D-3

wow!

ファッション通必見の写真集も揃う

アート
に強い

Awsome!

インテリア
必見

Printed Matters
プリンテッド・マターズ

ここにしかない本が見つかる自費出版本専門店

約6千人のアーティストたちの自費出版本を販売しているNPO書店。ここでしか手に入らないアートブックは特別な人へのギフトにもおすすめ。

個性的なデザインの表紙が並ぶ店内

🏠231 11th Ave. (at 26th St.)
☎1-212-925-0325　🕙11:00～19:00 (日曜11:00～18:00)　🚇地下鉄7線34St-Hudson Yardsより徒歩約9分
printedmatter.org
チェルシー
MAP 別P.10 B-1

column

ミュージカル専門書店
に行ってみよう

1917年創業、2019年に一度は閉店したものの2021年再オープン。新店舗はカフェもあり、イベントも多数開催。

演劇専門の老舗書店が再オープン

店内のユニークなインテリアにも注目を

The Drama Book Shop
ドラマ・ブック・ショップ

🏠266 W. 39th St. (near 8th Ave.)
☎非公開　🕙10:00～19:00 (日曜12:00～)
🚇地下鉄A·C·E線42 St-Port Authority Bus Terminalより徒歩約3分　dramabookshop.com
ミッドタウン　MAP 別P.15 E-2

👣 本屋さんは絶好のお土産スポット。そのお店にしかない商品を見つけてみよう。

マンハッタン
SIGHTSEEING
ART
ENTERTAINMENT
EAT
SHOPPING
STAY

SHOPPING 07

自分へ、友達へのプレゼントに

ニューヨークっぽい雑貨を探す

I ♥ NY. Me TOO!!

せっかく買うならここでしか買えないお土産を買いたい！そんな人のために、
ニューヨークならではのおしゃれな雑貨をご紹介。

Ⓑ Wave Vase
19世紀のテキスタイル
をモチーフにした花瓶

$188

$10

**Ⓒ Colorway
Monogram Mug**
ギフトにもぴったりな
イニシャル入りマグ

WE ArE MOVing

Q. よろこばれるおみやげを買いたい！

A. 文房具やキッチンウェアがおすすめ！

文房具やキッチンウェアなど実用的なものは喜
ばれやすくてお財布にも優しい！日本にはない
ちょっと変わったデザインを見つけよう。

Ⓐ Post Card
それぞれのデザイ
ンがユニークなポ
ストカード

$6〜

$5〜

Letter Set
NYから手紙を書いて送るの
もいいお土産になりそう

Ⓒ Bowl
柄が素敵な茶碗
は喜ばれそう

$10

$12

Ⓓ Pin
ピザなどNYらしい
モチーフがいい

Mini bag
女子必須のポーチ
もイニシャル入り
で特別に

$19.95

**Ⓐ Bowne & Co.,
Stationers**
バウン&コー・ステイショナーズ

**1775年創業のニューヨークで
最も古い印刷会社**

19世紀の活版印刷機を使って印刷されたポストカ
ードやレターセットなど、どこか味のあるお土産
が見つかる印刷会社直営の文房具店。

🏠 211 Water St. (bet. Beekman & Fulton Sts.)
☎ 1-646-315-4478　⏰ 11:00〜19:00
⏰ 月・火曜
🚇 地下鉄2・3線 Fulton より徒歩約4分
bowne.co
ロウアー・マンハッタン　MAP 別 P.7 E-2

Ⓑ John Derian
ジョン・デリアン

**デコパージュアーティスト、
ジョン・デリアンのお店**

挿絵を切り取りガラスにのりで張り付けるデコパ
ージュ作品が並ぶ。全てNYで手作りされており、
昔の図鑑の挿絵や図柄のデザインが人気。

🏠 6 E. 2nd St. (bet. 2nd Ave. & Bowery)
☎ 1-212-677-3917　⏰ 11:30〜18:00
🚇 地下鉄6線 Bleecker St より徒歩約4分
johnderian.com
イースト・ビレッジ　MAP 別 P.9 D-1

Ⓒ Anthropologie
アンソロポロジー

**大人可愛い洋服だけでなく
インテリア雑貨も揃う**

アーバン・アウトフィッターズの姉妹ショップ。都
会ボヘミアンなスタイルの洋服の他、センスのい
いインテリアグッズやキッチンウェアが揃う。

🏠 75 9th Ave（チェルシー・マーケット内）
☎ 1-212-620-3116　⏰ 10:00〜20:00（日 曜 11:00
〜18:00）　🚇 地下鉄A・C・E線 14 St より徒歩約5
分　www.anthropologie.com
ミート・パッキング・ディストリクト
MAP 別 P.10 C-2

the WONDER CITY
NEW YORK

Ⓐ Note Book
60年代のポスター風のノートブック
$5.95

Subway
Brooklyn Bridge
City Hall Station
J M Z 4 5 6
New York City Transit

Ⓔ Magnet
行った駅のマグネットは思い出にぜひ
$5

$8.95

see NEW YORK

NEW YORK

NEW YORK
POCKET
NOTEBOOKS
SET OF 3

Notepad
レトロなカラーがかわいいメモ帳

Q.どこに行けばいい？

A.ドラッグストアや本屋さんがおススメ！

意外にもドラッグストアや本屋にはお土産に良さそうなアイテムが勢ぞろい。ザ・ニューヨークのアイテムも見つかる。

Ⓐ Note Book
持ち運びにちょうど良さそうなサイズのノート
$14

i heart
new york city*
$6

*well, technically new jersey

SOUTH STREET SEAPORT
NYC'S
WICKEDEST WARD
$6

Ⓒ Letterpress Card
ちょっと面白いジョークが書かれたカード

Ⓐ Letterpress Card
サウスストリートシーポートのカード

Q.やっぱり "I♡NY" が欲しい！

A.ミッドタウンでゲットしよう！

1970年代に観光キャンペーンで使われたロゴ。小物ならバラマキ土産にもぴったり。ミッドタウンのお土産屋さんやドラッグストアでゲットできる。

Ⓕ I♡NY Purse
色がかわいい小銭入れはピルケースにも使えそう
$9.99

I♡NY

I ♡ NY

Ⓕ I♡NY KeyChain
バラマキ土産にちょうどいいキーチェーン
$4

Ⓕ I♡NY Mug
I♡NYマグはニューヨークの思い出に
$6.50

Ⓓ Greenwich Letterpress
グリニッチ・レタープレス
→P.75

Ⓔ Tenement Museum
テネメント博物館
→P.140

Ⓕ Duane Reade
デュアン・リード
→P.143

cute!

135

マンハッタン
SIGHTSEEING
ART
ENTERTAINMENT
EAT
SHOPPING
STAY

使いやすいだけじゃない

キッチンをときめき雑貨で飾る

日々の生活とともにあるのがキッチン。NYのとびきりかわいいグッズを集めて、
いつものクッキングタイムをより楽しいものにしよう。

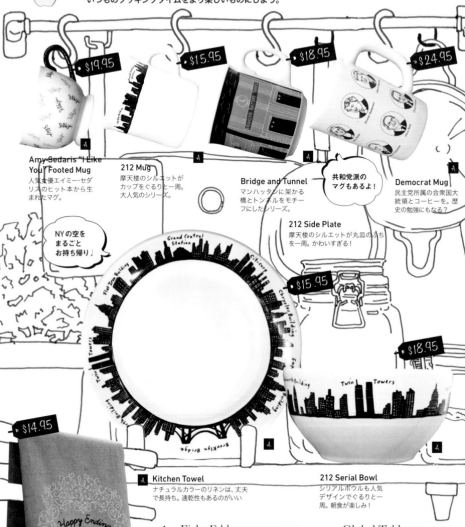

$19.95

$15.95

$18.95

$24.95

Amy Sedaris "I Like You" Footed Mug
人気女優エイミー・セダ
リスのヒット本から生
まれたマグ。

212 Mug
摩天楼のシルエットが
カップをぐるりと一周。
大人気のシリーズ。

Bridge and Tunnel
マンハッタンに架かる
橋とトンネルをモチー
フにしたシリーズ。

共和党派の
マグもあるよ！

Democrat Mug
民主党所属の合衆国大
統領とコーヒーを。歴
史の勉強にもなる？

NYの空を
まるごと
お持ち帰り♪

212 Side Plate
摩天楼のシルエットが丸皿のふち
を一周。かわいすぎる！

$15.95

$18.95

$14.95

Kitchen Towel
ナチュラルカラーのリネンは、丈夫
で長持ち。速乾性もあるのがいい

212 Serial Bowl
シリアルボウルも人気
デザインでぐるりと一
周。朝食が楽しみ！

A. Fishs Eddy
フィッシュ・エディ

大好きなNYをお持ち帰り！
NYをモチーフにした多彩なデザインの食器シリーズ
が大人気。店内にはリネンやキッチンまわりの小物も
充実。最近はマンハッタンだけでなく、ブルックリン
やお隣ニュージャージー州のグッズも続々と登場。

🏠 889 Broadway (at 19th St.)　☎1-212-420-9020
🕙10:00～18:00（日曜11:00～）　Ⓜ地下鉄L・N・Q・R・
W・4・5・6線14 St - Union Sqより徒歩約6分
www.fishseddy.com
チェルシー　MAP 別P.11 F-2

B. Global Table
グローバル・テーブル

ソーホーの小さな宝箱
キッチンや食卓まわりの小物や食器、ホームデコー
ル・グッズの専門店。シンプルで洗練されたデザイ
ン、使い勝手のよい商品が充実。「エル・デコール」や
「ヴォーグ」などでも紹介されている。

🏠 107 Sullivan St. (bet. Spring & Prince Sts.)
☎1-212-431-5839　🕙12:00～18:00（日曜13:00～）
Ⓜ地下鉄C・E線 Spring Stより徒歩約3分
globaltable.com
ソーホー　MAP 別P.8 B-2

136

マンハッタン

SIGHTSEEING

ART

ENTERTAINMENT

EAT

SHOPPING

STAY

Small bowl
ビッグアップルならぬ、グリーンアップルをモチーフにした小皿。

ナッツとか小さいものに使ってね

$6

Polka Dot Jar with Lid
カラフルなドットがはじけるようなキュートさのガラスジャー。

砂糖でもピクルスでも！

$10.50

212 Storage Bowl
NYスカイラインの向こう側まで見えるクールな蓋つきガラス容器。

$10.50

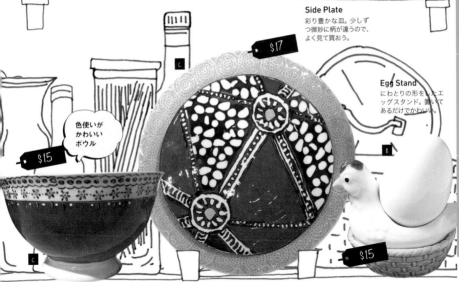

Side Plate
彩り豊かな皿。少しずつ微妙に柄が違うので、よく見て買おう。

$17

Egg Stand
にわとりの形をしたエッグスタンド。置いてあるだけでかわいい。

色使いがかわいいボウル

$15

$15

Elka Bowl
エスニック柄のボウルは食卓を華やかにしてくれる。3色展開。

Anthropologie
アンソロポロジー

シックでクールな品揃え

ペンシルバニア州発の人気ブランド。衣類が中心だが、同時に生活雑貨も取り扱っている。モダン・ラスティックな雰囲気が特徴で、世界中から買いつけられた美しい食器類も豊富。

75 9th Ave（チェルシー・マーケット内）　☎1-212-620-3116　⊕10:00〜20:00（日曜11:00〜18:00）
⊗地下鉄A・C・E線 14 Stより徒歩約5分
www.anthropologie.com
ミート・パッキング・ディストリクト　MAP 別P.10 C-2

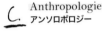

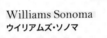

Kitchen Goods
アメリカの王道キッチン雑貨

Williams Sonoma
ウイリアムズ・ソノマ

セレブも愛用の高級ブランド

アメリカ、カリフォルニア発。シンプルでセンスのよいキッチン雑貨やテーブルウェアが見つかる。

⊕10 Columbus Circle（ショップス・アット・コロンバスサークル内）　☎1-212-581-1146　⊕10:00〜20:00（日曜11:00〜18:00）　⊗地下鉄I・A・B・C・D線 59 St-Columbus Cirより徒歩すぐ
アッパー・ウエスト・サイド
別MAP P.18 B-2

$17.99

サラダプレート
シチリアメラミンのお皿

$21.95

シンプルで使いやすいディッシュタオル

NYが誇るティーブランド

ハーニー＆サンズを訪れる

コーヒー・ブームの裏側で静かなブームとなっているのが紅茶。
とびきりおしゃれな紅茶文化を発信し続ける話題のお店へゴー！

Harney & Sons
ハーニー＆サンズ

**NYに紅茶文化を
花開かせた話題の店**

世界中の紅茶園から仕入れた最高級の茶葉に加え、ユニークな創作茶でも人気を博す紅茶専門店のフラッグショップ。ソーホー店には、気軽に試飲できるバーカウンターとカフェがある。

🏠 433 Broome St. (bet. Broadway & Crosby St.)
☎ 1-212-933-4853
🕐 11:30～18:30（土曜10:30～）
🚇 地下鉄6線Spring Stより徒歩約3分
www.harney.com
ソーホー　MAP 別P.8 C-2

ハーニー実飲ランキング

数ある人気ティー（サシェ20個入り）の中から、編集部おすすめベスト5を紹介！

NO.1

$11.20

Hot Cinnamon Spice

香り高いシナモンにさわやかなオレンジピール、クローブのやさしい甘さが絶妙の超ヒット商品。冬はホット、夏はアイスでぜひ。

NO.2

$13

Soho (Chocolate + Coconut)

チョコレートとココナッツ、そしてバニラにアマランサスの優雅な香りがブレンドされた、オリジナリティーの高いフレーバーティー。

NO.3

$8.95

HT Blueberry Green

中国緑茶にしのばせたブルーベリーとレモングラス、バニラがフレッシュな気分にしてくれる。すっきり軽やかな味わい。

please come!

気になるフレーバーが試せるよ！

マンハッタン

SIGHTSEEING

ART

ENTERTAINMENT

EAT

SHOPPING

STAY

What is

ハーニーの歴史

1983年にジョン・ハーニー氏が創業した
NY州ミラートンのティーショップ。その後、紅茶の質の高さによって一躍人気店に。現在はハーニー家が切り盛りするNYを代表する名店として知られる。

創設者の
ジョン・ハーニーさん

試飲してから
購入しよう

まずは味わってみるのが一番。自分のテイストを伝え、試飲させてもらった上で購入しよう。

気になるティーを選ぶ

バーには紅茶エキスパートが待機。まず彼らに好みの香りや味わいを伝えよう。

ひと言会話

What do you recommend?
おすすめはどれですか?

↓

お湯をていねいに注ぐ

正確に量った茶葉を試飲専用のポットへ。お湯をゆっくり注ぎ、茶葉を蒸らす。

ひと言会話

It smells delicious. よい香りがしますね。

↓

数分たったらカップに

茶葉の蒸らし具合をタイマーで確認。温めておいたカップにお茶を注ぐ。

ひと言会話

Thank you. ありがとう。

↓

どうぞ、召し上がれ

日本では味わえない、プロの淹れたハーニー&サンズならではの紅茶の香りや味わいを楽しんだ上で購入に進もう。

ひと言会話

I'll take it.
これを買います。

上品&エレガントな店内で
とっておきの紅茶探し

壁一面に並べられた250種を超えるティー・コレクションは壮観。お気に入りのマイ・ティーを探し出そう

welcome

ソーホー店の店長を務める3代目のエメリック・ハーニーさん

NO.4 $8

**Classic
Peppermint
Herbal**

オレゴン産の良質なペパーミントを使った清涼感あるハーブティー。爽快でキレのよい味わいは、食後茶としてもイチオシ。

NO.5 $10

**Chamomile
Herbal**

最高級のエジプト産のカモミールを使用したノンカフェインのハーバルティー。爽やかな香りがリラックスタイムにピッタリ。

茶葉をおいしく長持ちさせる保存方法は、①空気に触れないようにすること ②できるだけ湿気を避ける。

いくつあってもいいものはいい！
お気に入りトートを探す

STRAND
NEW YORK CITY ★ EST. 1927

洋服店、博物館、スーパーマーケット、古本屋などさまざまな場所で手に入れることができる。とっておきのトートバッグを見つけちゃおう！

$27.95

人種のるつぼを表現している

A.

さまざまな人種が住んでいるNYをキャッチーに描いたバッグ

$20

ブルックリン発のトートバッグ・ブランド、MAPTOTE。世界の都市がモチーフ

$6.98

老舗グルメフード・ストアのエコバッグ。丈夫なビニール素材

B.

D.

制作はすべてブルックリンの工房にて

$9.99

テネメント博物館のロゴ入りバッグはビニール製なので、雨の日に大活躍する

B.

$24

小さい島だったマンハッタンを世界的都市にした橋とトンネル

$23.95

人気のBridge & Tunnelシリーズ

F.

G.

NYのニックネーム、ビッグ・アップルをモチーフにしている

A. Strand Bookstore
ストランド・ブックストア

グッズも人気の老舗書店

ユニオンスクエア近くにある本屋さん。本だけでなく、雑貨、キッチン用品などさまざまなグッズが揃う。新刊だけでなく古本も扱う。手軽なNYみやげもここで揃えることができる。

⌂828 Broadway (bet. 12th & 13th Sts.)
☎1-212-473-1452
🕐10:00〜20:00
Ⓜ地下鉄 L・N・Q・R・W・4・5・6線 14 St - Union Sq より徒歩約4分
www.strandbooks.com
イースト・ビレッジ　MAP別 P.12 A-2

B. Tenement Museum
テネメント博物館

移民の歴史を学べる博物館

ミュージアムショップには、NYにまつわるグッズが豊富に揃っている。ここならではのおみやげを探すスポットとしてもおすすめ。

⌂103 Orchard St. (near Delancey St.)
☎1-877-975-3786
🕐10:00〜18:30（木曜〜20:30、土曜〜19:00）
Ⓜ地下鉄 F・J・M・Z線 Delancey St-Essex St より徒歩約3分
www.tenement.org
ロウアー・イースト・サイド
MAP別 P.9 E-2

C. ABC Carpet & Home
エービーシー・カーペット＆ホーム

カーペット店が母体、巨大インテリアストア

レストランもあり、居心地がよいと評判。雑貨、キッチン用品、コスメが揃う。見てまわるだけでも時間がかかるので、余裕を持って出かけて！

⌂888 Broadway (at 19th St.)
☎1-212-473-3000
🕐10:00〜19:00（日曜 12:00〜18:00）※祝日は特別営業時間あり
Ⓜ地下鉄 L・N・Q・R・W・4・5・6線 14 St-Union Sq り徒歩約5分
abchome.com
グラマシー　MAP別 P.11 F-2

マンハッタン

SIGHTSEEING

ART

ENTERTAINMENT

EAT

SHOPPING

STAY

$22
余ったテキスタイルでつくられているので、ひとつとして同じものはない

$23.95

大統領の通称は「テディ」

$45

New York

C.

So Cute!

Teddy & Bear

F.
クマとハイタッチしているのは第26代大統領セオドア・ルーズベルト

G.
クールな2色カラーがいい
アーバン・アウトフィッターズのNY限定バッグは、おみやげにGood

定番ロゴはおさえておきたい

$27.95

色とりどりのタイプライターがたくさんちりばめられたキュートなバッグ

$27.95

99¢

A.
ストランド・ブックストアのロゴは、シンプルでかっこいいと人気

A.

E.
NYの観光名所や名物が描かれている。容量大きめなのもうれしい

D. Zabar's ゼイバーズ

**地元住民に愛される
グルメフード・ストア**

1934年に魚の燻製専門店として創業。1階は食品売り場で、2階にはオリジナルグッズやキッチン雑貨が揃っている。

→DATAはP.130

E. Trader Joe's トレーダー・ジョーズ

**南カリフォルニア発の
オーガニックスーパー**

オリジナルのビニール製のエコバッグは、プチプラと好評。ナタリー・ポートマンなどセレブも御用達！

→DATAはP.129

F. Fishs Eddy フィッシュ・エディ

**1987年創業のアメリカン・
テイストの食器店**

NYの街並みや地名のロゴ、しゃれを効かせた絵柄などが描かれた食器・雑貨が並ぶ。かわいいと評判。

→DATAはP.136

G. Urban Outfitters アーバン・アウトフィッターズ

**流行を取り入れた
都会的なデザインで人気**

ウエア、インテリア雑貨、文具などが揃うお店。トレンドアイテムがリーズナブルな値段で買える。

→DATAはP.121

おしゃれなショップやカフェでは、オリジナルのトートバッグがよく売られている。ブルックリンでは特に多い。　141

Beautiful

じつは優秀アイテムばかり
USAコスメでうるつや女子に！

セレブも愛用するUSAコスメには、即効性が期待できて
コスパも高い優秀アイテムがいっぱい！
パッケージもかわいくて、気分も上がる。
お気に入りの逸品を見つけよう。

RECOMMEND!

Q. パサつく髪に
サヨナラしたい…

A. 上質オイル配合のトリートメント
で、しっかり保湿してくれる。洗
い流さないタイプもおすすめ。

MOROCCANOIL
TREATMENT ORIGINAL

コスパ　★★★　**$48**　(100ml)
保湿力　★★★
ダメージ補修力　★★

抗酸化作用がある
アルガンオイルを
配合。べたつかな
い軽めの使用感で
セレブにも人気。C

John Masters Organics
conditioner for dry hair with lavender & avocado

コスパ　★★　**$22**　(7fl oz)
保湿力　★★
ダメージ補修力　★★★

アボカドオイルや
ババオイルでク
セやうねりを抑え、
まとまりのある髪
に。E

Carols Daughter
Healthy Hair Butter

コスパ　★★★　**$17**　(226g oz)
保湿力　★★★
ダメージ補修力　★★

ホホバやアーモンドなど7
種類のオイルを配合し、
保湿しながら輝きもプラ
スするヘアクリーム。C

AMAZING!

Q. めざせクリア肌！すっぴん
美人になれるアイテムは？

A. 美肌づくりの基本は洗顔。肌に
やさしい自然素材のアイテムで、
潤いを保ちながらクレンジング。

John Masters Organics
exfoliating face cleanser with jojoba & ginseng

コスパ　★★　**$32**　(3.8fl oz)
保湿力　★★★
透明度　★★

ホホバワックスの
細やかな粒が、肌
に負担をかけるこ
となく汚れや古い
角質をオフ！E

bliss
Mighty Marshmallow Brightening Face Mask

コスパ　★★★　**$15**
保湿力　★★
透明度　★★★

マシュマロのハーブエキスに
より、うるおいのある輝く肌に導
きます。F

boscia
Makeup-Breakup Cool Cleansing Oil

コスパ　★★　**$37**　(150ml)
保湿力　★★
透明度　★★★

ローズヒップ、緑
茶、アボカドなど
自然派ながらもし
っかりスピーディ
ーにオフ！D

PERFECT!

Q. パーフェクト美ボディを
手に入れたい！

A. ツヤピカのボディのためには、ボ
ディコスメでケア。毎日使っても
安心・安全なものを選んで。

bliss
fabgirl firm® body firming & contouring cream

コスパ　★★★　**$24**　(6oz)
保湿力　★★★
効果　★★

人気スパがプロデュース
の全身引き締めクリー
ム。マッサージでセルラ
イトの解消も！C

C.O. Bigelow
Village Perfumer Body Cleanser - Rosemary Mint - No. 1520

コスパ　★★★　**$15**　(295ml)
保湿力　★★★
効果　★★

天然保湿因子ソデ
ィウムPDAとアロ
エ配合。クリーミ
ーな泡が全身をや
さしく洗浄。B

Kiehl's
Creme de Corps

コスパ　★★★　**$16**　(75ml)
保湿力　★★★
効果　★★★

乾燥しがちな肌に潤
いを与え、みずみず
しく整えてくれる。
肌なじみもよく、しっ
とりする。A

マンハッタン

SIGHTSEEING

ART

ENTERTAINMENT

EAT

SHOPPING

STAY

Where is 買う

1 じっくり 選びたいなら
ブランドの直営店がある場合は、そこに行くのが一番。セールススタッフも対応してくれて、じっくりと選べる。新作も入手しやすい。

2 安くて手軽！ たくさん買うなら
プチプラブランドを買うなら、ドラッグストアで。デュアン・リード、CVS、ウォルグリーンは、日本のコンビニのようにあちこちにある。

3 メイクも 知りたいなら
コスメ専門店セフォラかデパートのコスメ売り場へ。メイクアップ・アーティストが、その人に合うアイテムやテクニックを教えてくれる。

GOOD!

Q. 魅惑のぷるっと くちびるになりたい！

A. 潤い補給でジューシーなくちびるに。センシティブなパーツだからこそ成分にはこだわりたい。

C.O. Bigelow
Lemon Lip Cream - No. 1420

コスパ ★★★ → **$7.50**
潤い度 ★★★
UV効果 ★

ナチュラルレモンオイル2%配合で、モイスチャー効果抜群。口紅の上からでもオン！ ⑧

Kiehl's
Lip Balm #1

コスパ ★★★ → **$12**
潤い度 ★★★
UV効果 ★★

スクワラン、小麦胚芽オイル、ビタミンEで保湿。やわらかで健康的なくちびるに！ Ⓐ

Josie Maran
Argan Oil Moisturizing Stick

コスパ ★★ → **$22**
潤い度 ★★★
UV効果 ★

天然アルガンオイル配合。乾燥が気になる部分に使えるマルチバーム！ Ⓒ

SWEET!

Q. 印象的な目元になる 愛されマスカラは？

A. ボリューム感をキープしながら、ナチュラルに見せるのがマスト。塗りやすさもポイント！

Bobbi Brown
Eye Opening Mascara

コスパ ★★ → **$27.50**
ボリューム ★★★
キープ力 ★★★

大きなブラシがまつ毛をキャッチ。カールとボリュームのキープに効果発揮！ Ⓒ

Maybelline
VOLUM' EXPRESS THE COLOSSAL CHAOTIC LASH WATERPROOF

コスパ ★★★ → **$9.99**
ボリューム ★★
キープ力 ★★★

トップが曲がった大きなブラシでスピーディーにボリューム感アップ！キープ力抜群。 Ⓓ

Too Faced
Better Than Sex Volumizing Mascara

コスパ ★★★ → **$28**
ボリューム ★★★
キープ力 ★★★

凹凸のある繊細ブラシでまつ毛を一本一本コート。自然な密着感で華やかに！ Ⓔ

Kiehl's キールズ Ⓐ

160年以上前に調剤薬局としてスタート

天然由来成分を厳選し、効果と安全性を追求。ヘア、ボディ、スキンケアのアイテムが揃う。

⌂109 3rd Ave. (bet. 13th & 14th Sts.)
☎1-212- 677-3171
🕙10:00〜21:00（日曜11:00〜19:00）
Ⓜ地下鉄L線3 Avより徒歩約2分
www.kiehls.com
イースト・ビレッジ　MAP 別P.12 B-2

C. O. Bigelow シーオー・ビゲロウ Ⓑ

全米最古の調剤薬局のオリジナルコスメ

1838年創業。ケア商品からメイクアップ、香水まで、時代を超えて愛されるアイテムがずらり。

⌂414 6th Ave. (bet. 8th & 9th Sts.)
☎1-212-533-2700
🕙7:30〜21:00（土曜8:30〜19:00、日曜10:00〜17:30、祝日9:00〜16:00）
Ⓜ地下鉄A・B・C・D・E・F・M線W 4 St - Wash Sqより徒歩約2分
bigelowchemists.com
グリニッチ・ビレッジ　MAP 別P.11 E-3

Sephora セフォラ Ⓒ

話題のブランドを自由にトライ

人気ブランドが大集合のコスメのデパート。マスカラも口紅も、メイク用品は何でも試せる！

⌂555 Broadway (bet. Prince & Spring Sts.)
☎1-212-625-1309
🕙10:00〜21:00（日曜11:00〜20:00）
Ⓜ地下鉄R・W線Prince Stより徒歩約1分
sephora.com
ソーホー　MAP 別P.8 C-2

Duane Reade デュアン・リード Ⓓ

コンビニ的存在のドラッグストア

メイベリン、カバーガール、レブロンなど、お財布にやさしいプチプラブランドが豊富。

⌂661 8th Ave. (bet. 42nd & 43rd Sts.)
☎1-212-977-1562
🕙24時間
Ⓜ地下鉄 A・C・E 線 42 St - Port Authority Bus Terminalより徒歩約1分
www.walgreens.com
ミッドタウン　MAP 別P.15 E-1

Whole Foods Market ホールフーズ・マーケット Ⓔ

→P.128

Target ターゲット Ⓕ

リーズナブルな商品が揃うスーパーマーケット

全米最大の大型ディスカウントスーパー。食料品やお菓子、コスメなど幅広くラインナップ。

⌂600 Broadway (at W. Houston St.)
☎1- 646-822-5200
🕙8:00〜21:00
Ⓜ地下鉄N・Q・R・W線Prince Stより徒歩約2分
www.target.com
ソーホー　MAP 別P.8 C-1

エービーシー・カーペット＆ホーム (P.140) にもオーガニック・コスメやNY発コスメが豊富。

ニューヨークの『泊まる』事件簿

ホテルを選ぶ前に、まずはNYのホテル事情を知ることが大切。旅のスタイルに合わせて、スマートにホテル選びをしたいもの。

事件ファイル1

ネットで予約した金額よりぜんぜん高い！ぼったくり？

ネットでホテル探しをして、そのまま予約。宿泊費40%オフって表示があったのに、実際請求された金額が予想よりも高い。せっかく安い場所を見つけたはずなのに不思議…。

解決！ 部屋代に税金がかかる

NY市のホテルの宿泊費には、Room Charge（部屋代）に加えてRoom Tax（税金）14.75%と、Occupancy Tax（客室占有税）1泊につき $3.50 がかかる。ホテル予約専門サイトでは、オンライン予約の手数料が加算されることもある。

高くて予約困難なNYのホテル

NYでは、超高級クラスを除き、日本のように至れり尽くせりのサービスもまれ。いつも混んでいて予約が取りにくく、一流ホテルでも部屋が狭く、宿泊料金がとても高い、これがNYのホテルの現状。宿泊料金は正規料金がなく、予約状況に応じて変動するレベニューマネージメント制。宿泊費は、日本のように人数単位ではなく、部屋単位。規定の料金で、部屋の定員までの人数が泊まれるので割安になることも。スイートルームにはプラス1泊につき $5.50 かかる。

ホテルランクによる **金額シミュレーション**

	ランク	料金
	デザイナーズ デザイナーによる内装やインテリアで、モダンでおしゃれな雰囲気のホテル。部屋数は少なく、部屋も小さいが、チェーン系にはないひと味違った滞在が楽しめることから、ここ数年人気。ブティックホテルとも呼ばれる。	1泊 $350〜
	高級 ロケーションがよく、サービスもホスピタリティにあふれ、設備が充実しているホテル。フォーシーズンズ、ハイアット、ヒルトン、シェラトンなど、パッケージツアーなどでも使われるチェーン系もある。	1泊 $400〜
	中級 差はあるが客室のインテリアはシンプル。アメニティも少なめ。部屋も基本的に狭いところが多い。ただ、このクラスは部屋の広さやサービスも幅広くさまざま。探せば自分の気に入る場所が見つかるかも知れない。	1泊 $270〜
	エコノミー 最低限の設備を備えたホテル。建物が古くて、部屋が狭いところが多い。リニューアルして部屋が広くて新しくなっていても、お湯が出にくい、排水が悪い、周辺の治安が悪いなどというところもあるので注意したい。	1泊 $200〜

Photos : Ace Hotel, The Pod Hotel 51

■ ベッドのサイズ

キングサイズ	幅約193×奥約203cm
クイーンサイズ	幅約152×奥約203cm
フル	幅約135×奥約190cm
ツイン	幅約97×奥約190cm
シングルサイズ	幅約99×奥約190cm （子供用ベッド）
日本のシングル	幅約98×奥約195cm

■ 部屋タイプ

シングルルーム	シングルベッドが1台に1人で泊まる
ダブルルーム	大きなサイズのベッドに2人で泊まる
ツインルーム	ベッドが2台あり2人で泊まる
トリプルルーム	ツインかダブルに3人で泊まる

事件ファイル **2**

1000ドルを要求されています…
警察を呼ぶべき!?(涙)

チェックイン時に、フロントの人からクレジットカードを提示するように言われたけど、持ってない。支払いは予約時に終わってるはずなのに、どうして必要なの?

creditcard
or …
$1000!!

解決!	支払い保証と身分証明が必要

アメリカ(NY)では、ホテルに宿泊するときに、支払いの保証のためにクレジットカードの提示を求められる。カードがない場合は、現金で保証を求められることもあるので注意。

キャンセル・ポリシーにも注意

予約の際は、必ずキャンセル・ポリシー(キャンセル条件)を確認しておきたい。たとえば、個人経営の小さなホテルなどは、直前に予約を取り消された場合、空室が埋まらないと困るため、かなり前からキャンセル料の支払いを設定していることもある。また、あらかじめ予約金を支払わなくてはいけない、予約時に全額支払わなくてはいけない、などさまざま。申し込み前にチェックを。

予約から支払いまで

ネット予約	代理店予約
オフィシャルから、ホテル予約専用サイトまでさまざま。割引などもあるので利用価値は高い。	日本にある公式代理店や旅行会社などで予約する方法。言葉面でも安心だし、何かあっても頼れる。

忘れずに!

予約確認番号	予約番号バウチャー
無事に予約が完了したら、予約確認番号がもらえる。番号が掲載された確認書はプリントアウトを。	チケットタイプのものから、最近ではeメールを使ったものまでさまざま。当日は忘れないように。

当日

予約してあることと名前をフロントに伝えて、パスポートと予約番号を伝えたり、バウチャーを提示。

クレジットカードの提示

精算

何もなければカード情報は破棄

先払いしていないなら支払いを。何もなければ部屋代+税金だけ。現金でもクレジットカードでもよいが、カードのほうがスマート。

事件ファイル **3**

エレベーターでニコッとされた
これってナンパ?

エレベーターで部屋に行こうとしたら、一緒に乗っている人と目が合った。そのとたん、相手がニコッとスマイル。ただ乗ってるだけなのに、なんで…?

解決!	アメリカ人なら普通の行動

アメリカの習慣で「私はあやしくないですよ」「敵意はありません」という表現のひとつ。もちろんすべての人がそうではないが、アメリカでは目が合ったらにっこりしあうのがマナー。気があるからというわけではないので安心を。

ニコッ

ズキューン

にっこりのあとの英会話

Going up/down?
上／下に行きますか?

It's nice weather today.
今日はいい天気ですね。

Have a nice day!
よい1日を!

いま STAY で一番 NEW なしたいこと！

話題のホテル情報をキャッチアップ！

一度は泊まってみたいゴージャスなホテルから、ロケーションが抜群なホテルまで。
今ニューヨークで話題のホテルをチェック！

catch up!

ハードロックカフェが手がけるホテルが
ニューヨーク初オープン！

有名アーティストのサインや
愛用した服などの展示もある！

1

Hard Rock
Hotel New York

**ハードロック・ホテル・
ニューヨーク**

タイムズスクエアの中心、48丁目に位置する

かつては楽器店が多く並び「ミュージック・ロウ」として知られていたエリアにオープン。ロビーや2階にはアリシア・キーズの衣装やジョン・レノンの直筆の歌詞などが博物館のように展示され、446室の客室すべてが音楽を楽しむ気持ちで溢れているのが魅力。有名レストランや絶景が満能できるバーもあるので、泊まらなくても訪れたいもの。

⌂ 159 W. 48th St. (bet. 6th & 7th Sts.) ☎ 1-212-970-1200
⑤ $450～　⊘ 地下鉄 N・R 線 49 St より徒歩約2分
hardrockhotel.com
ミッドタウン　MAP 別 P.15 E-1

| IN | 15:00 |
| OUT | 12:00 |

Hi! Check in, please.

what is

ハードロック・ホテル

世界70カ国に展開するハードロック・カフェの母体、ハードロック・インターナショナルが運営するホテルブランド。1995年アメリカのラスベガスにオープン。以降、アメリカ国内以外にもインドネシアのバリ島、タイのパタヤ、メキシコのカンクンなどにもある。

家具にはヴィンテージものも！

1 ロック好きにはたまらないギフトショップ **2** ミュージシャンの衣装が飾られたロビー **3** モダンなインテリアのレセプション **4** 館内には高級ステーキハウス、NYY Steak もある **5** ミュージシャンのイメージが飾られている客室

Photos : Hard Rock Hotel New York

catch up!

ロケーションが抜群!!

客室もロビーもインテリアにこだわっていて、おしゃれ

CitizenM New York Times Square
シチズンM ニューヨーク・タイムズスクエア

ニューヨークらしいモダンなホテル

タイムズスクエアから徒歩1分、近代美術館まで徒歩10分と好立地。広々としたロビーとモダンアートがおしゃれな客室が人気。屋外テラスが3つあり、NYの街を見下ろせるルーフトップバーはおすすめ。

🏠 218 W. 50th St. (bet. Broadway & 8th Ave.) ☎1-212-461-3638
⑤ $261〜 🚇地下鉄1線50 Stより徒歩約2分
citizenm.com　ミッドタウン・ウエスト　MAP 別P.15 E-1
IN 14:00　**OUT** 11:00

1 まるでギャラリーのようなロビー **2** 照明やテレビはタブレットでコントロールできる

Photos : CitizenM New York Times Square

---

catch up!

リノベーションされた歴史的建造物

モダンなインテリアがマッチしてゴージャス!

The Beekman a Thompson Hotel
ビークマン・ア・トンプソン・ホテル

歴史的建造物に宿泊するというプレミアムな体験ができるホテル。有名建築家マーティン・ブラッドニズキ氏が手掛け、旅行雑誌『Condé Nast Traveler』で2019年ニューヨークベストホテルに選ばれて話題になった。

🏠 123 Nassau St.(at Beekman St.) ☎1-212-233-2300
⑤ $383〜 🚇地下鉄N・R・W線City Hallより徒歩約4分
thebeekman.com
ロウアー・マンハッタン　MAP 別P.6 C-1
IN 15:00　**OUT** 12:00

Photo : The Beekman a Thompson Hotel

---

catch up!

絶対行きたいホテルの
ルーフトップバー

ホテルによって全く違う雰囲気が楽しめる

ニューヨークの夏のナイトライフと言えばルーフトップバー。開放感ある空間で夜風に吹かれながら楽しむお酒は格別。今注目の絶対行きたいホテルのルーフトップバーをピックアップ。

ルーフトップバー　→P.36

夏の夜におすすめ!

TWAホテル・アット JFKのルーフトップバー

---

what is

空港のホテル

JFK内に待望のTWAホテルがオープン

1930年から2001年まで運行していた航空会社、TWAのターミナルがあった場所がホテルになってオープン。60年代を感じるレトロな雰囲気の館内には、TWAの歴史を学べる資料も展示。

広々とした部屋の奥には飛行機が見える大きな窓

SF映画に出てきそうな近未来的なインテリアのロビー

TWA Hotel at JFK
TWA ホテル・アット JFK

🏠 Terminal 5, Central Terminal Area, Jamaica
☎1-212-806-9000
⑤ $369〜 🚇地下鉄E・J・Z線Jamaicaよりエアトレインでターミナル5、徒歩すぐ
twahotel.com
クイーンズ
MAP 別P.5 F-2
IN 14:00　**OUT** 11:00

Photos : courtesy of MCR, TWA Hotel/David Mitchell

ポップなインテリア

🐾 ビークマン・ア・トンプソンホテルは、廃墟化していたところ2011年にリノベーションしてよみがえった。

STAY 01

予算をおさえてかしこくステイ！

泊まるなら コスパのよいホテル

宿泊代が高いNYでは、「こんなに払ったのにこんな部屋」はざら。ここでは、コストパフォーマンスのよいホテルを厳選。かしこくステイしよう。

ホテルで旅の印象が大きく左右される

Hi! Check in, please.

Midtown

$192~

オリジナリティーあふれる
洗練されたデザイン

ハイセンスな空間と立地のよさが魅力

ミッドタウンの見どころまで徒歩約10分という好立地

The Pod 51 Hotel
ザ・ポッド 51・ホテル

**市内の観光地に
楽々アクセス可能！**

スタイリッシュな内装とビル群が眺められる屋上庭園が人気。一部の部屋では、トイレとシャワーが共有だが、フロアに3つ以上あり、清潔に保たれている。使用中を示すランプもある。無料Wi-Fi完備なので快適に過ごせる。

🏠230 E.
51st St.
(bet. 2nd & 3rd Aves.)
☎1-844-763-7666
⊗地下鉄6線51 Stより徒歩約4分
www.thepodhotel.com/pod-51
ミッドタウン
MAP 別P.19 F-3

IN 15:00
OUT 12:00

Upper West Side

$349~

新旧がミックスされた
ロマンティックな雰囲気

アメニティが
NYブランドの
C.O. Bigelow！

趣ある外観とは異なる現代的な部屋

Hotel Belleclaire
ホテル・ベルクレア

**朝食付き
プランも好評**

1903年に建てられた古い建物だが、きれいにリノベーションされている。NY市街を撮ったモノクロ写真が館内のあちこちに飾られていて、まるでギャラリーのよう。セントラルパークや自然史博物館が徒歩圏。無料Wi-Fiあり。

🏠2175 Br
oadway (at
77th St.)
☎1-212-362-7700
⊗地下鉄1線79 Stより徒歩約2分
www.hotelbelleclaire.com
アッパー・ウエスト・サイド
MAP 別P.20 A-3

IN 15:00
OUT 12:00

Midtown

$210~

まわりにはカフェやレストランが多い

ミッドタウンで夜遅くまで
遊ぶならここ！

The Pod 39 Hotel
ザ・ポッド 39・ホテル

**モダンなインテリアと
ロケーションのよさがウリ**

グランド・セントラル・ターミナルまで歩いて約5分。部屋はおしゃれでコンパクトで無料Wi-Fiも完備されている。

🏠145 E.39th St. (bet. 3rd &
Lexington Aves.) ☎1-212-865-
5700 ⊗地下鉄4・5・6・7線
Grand Central-42 Stより徒歩約5分
www.thepodhotel.com/pod-39
ミッドタウン　MAP 別P.16 B-2

IN 15:00
OUT 12:00

Greenwich Village

$349~

作家やアーティストに
愛されたホテル

ビレッジの中心にあり
ジャズ好きにおすすめ

Washington Square Hotel
ワシントン・スクエア・ホテル

**ダウンタウン散策には
もってこいの場所**

ワシントンスクエアの前に位置する老舗ホテル。グリニッチ・ビレッジやチャイナタウンなど歩いて散策できる。有名ジャズクラブも徒歩圏。

🏠103 Wavery Pl. (near Mac
Dougal St.) ☎1-212-777-9515
⊗地下鉄A・C・E・B・D・F・M線W 4
Stより徒歩約2分
washingtonsquarehotel.com
グリニッチ・ビレッジ
MAP 別P.11 E-3

IN 15:00
OUT 12:00

マンハッタン

SIGHTSEEING

ART

ENTERTAINMENT

EAT

SHOPPING

STAY

How to お得に泊まる方法

ランドリー用に25C硬貨を用意しておこう

滞在中のワークアウトはフィットネスで

1 ウェブサイトで予約
ホテルのオフィシャルページ、またはBooking.comやエクスペディアなどのオンライン・トラベル・エージェンシー（OTA）のサイトからも予約ができる。

2 部屋をかりる
空き部屋シェアサイト Airbnbなどを利用して、現地の人の家に宿泊する方法も。家主と連絡をとり、信頼関係をつくってからの利用となる。

NYではキッチンつきのホテルは少ない

Upper West Side

$439～

キチネット付きなので
簡単な自炊も可能

電子レンジや簡単な調理器具も揃う

のんびりできる広めの部屋。海外旅行者や長期滞在者がよく利用する

Hotel Beacon
ホテル・ビーコン

「暮らすように旅する」が経験できるホテル

マンハッタンにはあまりないキッチンつきの広めなアパートメントホテル。スーパーマーケットが目の前にあり、環境もよい。アッパー・イースト・サイド住民の気分が堪能できるとリピーターも多い。無料Wi-Fiあり。

🏠 2130 Broadway (at 75th St.)
☎ 1-212-787-1100
🚇 地下鉄1・2・3線72 Stより徒歩約2分
www.beaconhotel.com
アッパー・ウエスト・サイド
MAP 別P.20 A-3

IN	15:00
OUT	12:00

Midtown

$89～

ブロードウエイ・ミュージカルの
劇場街まで徒歩圏内

近未来的なインテリア

レセプションは無人でタブレットでチェックインを行う。荷物はロボットが預かってくれるシステム
Photo : Nikolas Koenig

Yotel New York
ヨーテル・ニューヨーク

コンパクトで機能的なカプセルホテル

イギリス発カプセルホテル、ヨーテルがニューヨークにオープン。全体的に部屋はやや小さいがスタイリッシュなインテリアに最低限の設備が備えられている。屋上にはダウンタウンを眺められるルーフトップバーもある。

🏠 570 10th Ave. (bet. 41st & 42nd Sts.)
☎ 1-212-449-7700
🚇 地下鉄A・C・E線42 St-Port Authority Bus Terminalより徒歩約2分
www.yotel.com
ミッドタウン
MAP 別P.14 C-2

IN	15:00
OUT	12:00

Midtown

$80～

2段ベッドがある部屋も

どこへ行くにも便利な位置
観光メインの旅行にぴったり

Pod Times Square
ポッド・タイムズスクエア

ミッドタウンの中心にあり観光も食事も困らない

地下鉄駅も近く、タイムズスクエアやエンパイア・ステート・ビルへも徒歩圏。部屋はコンパクトだが清潔で、スイートルームや2段ベッドの部屋などもある。

🏠 400 W. 42nd St. (near 9th Ave.)
☎ 1-844-763-7666
🚇 地下鉄A・C・E線42 St-Port Authority Bus Terminalより徒歩約2分
www.thepodhotel.com
MAP 別P.15 D-2

IN	15:00
OUT	12:00

Lower East Side

$179～

ベッドルームのほかダイニングルームもある

全室スイートタイプ！
落ち着いた空間で快適滞在

Off Soho Suites Hotel
オフ・ソーホー・スイッツ・ホテル

買い物好きにはベストな立地友達とシェアして滞在がおすすめ

キッチンも付いた全室スイートタイプ。チャイナタウン、リトルイタリー、ソーホーが徒歩10分圏内。無料Wi-Fiあり。

🏠 11 Rivington St. (bet. Bowery & Chrystie St.)
☎ 1-212-979-9815
🚇 地下鉄J・Z線Boweryより徒歩約3分
www.offsoho.com
ロウアー・イースト・サイド
MAP 別P.9 E-2

IN	15:00
OUT	12:00

最近では、ホテルの屋上階がルーツトップバーになっていることが多い。眺望を楽しみながらアルコールやおつまみを楽しもう。

STAY 02

ツアーでもよく使われる
マンハッタンの
ホテルセレクション

誰もが憧れる有名ホテルから、カジュアルなホテルまで、ツアーで利用されるホテルをご紹介。旅のスタイルや予算に合うホテルを選んで、素敵な滞在を!

Wi-Fiはロビーエリアのみ無料で利用可能

IN 15:00
OUT 12:00

高級

ホテルこだわりのベッドで快眠
Sheraton New York Times Square
シェラトン・ニューヨーク・タイムズスクエア
よりコンテンポラリーな空間に

ミッドタウンの中心にあり、劇場街や五番街など、どこへ行くにも便利な立地。バスローブやスリッパも完備。寝具にもこだわっている。

🏠811 7th Ave. (at 53rd St.)
☎1-212-581-1000
Ⓜ地下鉄B・D・E線7 Avより徒歩約1分
www.sheratonnewyork.com
ミッドタウン　MAP 別P.18 C-3

チェックアウト後の荷物の預かりは有料($3.50)

IN 15:00
OUT 12:00

高級

バラエティ豊かな客室
New York Hilton Midtown
ニューヨーク・ヒルトン・ミッドタウン
とにかく立地重視の人にぴったり

NY最大級の客室数1980を誇る巨大ホテル。ミッドタウンの中心地にあり、移動に便利。部屋は最新設備が整い、クリーンでシンプル。

🏠1335 6th Ave. (bet. 53rd & 54th Sts.)
☎1-212-586-7000
Ⓜ地下鉄B・D・E線7 Avより徒歩約1分
www.hilton.com
ミッドタウン　MAP 別P.18 C-3

フロントがあるのは8階。劇場も併設している

IN 15:00
OUT 12:00

高級

自慢は好立地と広い部屋
New York Marriott Marquis
ニューヨーク・マリオット・マーキース
タイムズスクエア・ビューに部屋あり

劇場街にあり、タイムズスクエアの目の前なので、NYを感じたい人にはぴったり。屋上にある回転レストラン「ザ・ビュー」からの眺めは絶景。

🏠1535 Broadway (at 45th St.)
☎1-212-398-1900
Ⓜ地下鉄N・R・W線49 Stより徒歩約4分
www.marriott.com
ミッドタウン　MAP 別P.15 E-1

広々としたロビーは豪華で清潔感がある

IN 16:00
OUT 11:00

高級

どこに行くのも便利
Grand Hyatt New York
グランド・ハイアット・ニューヨーク
NYの中心に位置するホテル

グランド・セントラル・ターミナルに隣接する高級ホテル。NYの観光名所に近く、地下鉄もホテルの目の前と、交通の便がよいのもうれしい。

🏠109 E. 42nd St. (at Lexington Ave.)
☎1-212-883-1234
Ⓜ地下鉄S・4・5・6・7線 Grand Central-42 Stより徒歩約1分
www.hyatt.com
ミッドタウン　MAP 別P.16 B-2

タイムズスクエアのランドマーク的ホテル

IN 16:00
OUT 11:00

高級

タイムズスクエアの近く
Millennium Hotel Broadway Times Square
ミレニアム・ホテル・ブロードウェイ・タイムズスクエア
NYのど真ん中に宿泊できる

タイムズスクエアや五番街に近く、ショッピング好きには最適の立地。劇場街も歩いていける。部屋自体は古いが、シンプルで清潔感がある。

🏠145 W. 44th St. (bet. 6th Ave. & Broadway)
☎1-212-768-4400
Ⓜ地下鉄N・Q・R・S・W・1・2・3・7線 Times Sq-42 Stより徒歩約4分
www.millenniumhotels.com
ミッドタウン　MAP 別P.15 F-1

ホテル内の設備やサービスも充実

IN 16:00
OUT 12:00

中級

ビジネスでも観光でも
Park Central New York
パークセントラル・ニューヨーク
1920年代創業の老舗ホテル

5番街やロックフェラー・センターなどが徒歩圏。地下鉄駅もすぐで便利。スタンダードからデラックスまでさまざまな部屋タイプあり。

🏠870 7th Ave. (at 56th St.)
☎1-212-247-8000
Ⓜ地下鉄N・Q・R・W線57 St-7 Avより徒歩約1分
www.parkcentralny.com
ミッドタウン　MAP 別P.18 B-3

ブロードウェイの劇場街にも近い

IN 15:00
OUT 23:00

高級

ポートオーソリティのそば
The Westin New York at Times Square
ウェスティン・ニューヨーク・タイムズスクエア
近隣にはレストランが多数

ブロードウェイの劇場街も徒歩圏。中心地にありながら客室は広めで、特注デザインのヘブンリーベッドもあるのでくつろげそう。

🏠270 W. 43rd St. (at 8th Ave.)
☎1-212-201-2700
Ⓜ地下鉄A・C・E線 42 St-Port Authority Bus Terminalより徒歩約2分
www.marriott.com
ミッドタウン　MAP 別P.15 E-1

80年以上の歴史があるが中は改装済み

IN 15:00
OUT 12:00

中級

1931年創業の老舗
Hotel Edison
ホテル・エジソン
劇場街の一角に建つ

ビンテージの雰囲気のロビーとアールデコ調のクラシカルな建物が印象的。客室はあたたかみのあるベージュとブラウンで統一されており、ホッと落ち着ける空間になっている。

🏠228 W. 47th St. (bet. Broadway & 8th Ave.)
☎1-212-840-5000
Ⓜ地下鉄N・R・W線49 Stより徒歩約2分
www.edisonhotelnyc.com
ミッドタウン　MAP 別P.15 E-1

Wi-Fiについて

ほとんどのホテルに設備あり

中級・エコノミーでは全客室に無料で開放している
ところも多い。ヒルトンなどの高級ホテルでは1日約
$15前後と有料だが、ロビーは無料という場合も。

How to チップ

アメリカでは当たり前のマナー

何か手伝ってもらったら、必ずチップを渡そう。ベッドメイクはベッド1台につき$1。チェックイン時などに荷物を運んでもらったら1個につき$2〜3。

please Be careful

中級

セキュリティも安心
The Time
タイム
落ち着いた時間が過ごせる

数々の賞を受賞する建築家兼デザイナー、デイヴィッド・ロックウェルが客室デザインを手がけたホテル。ワンランク上の滞在を楽しめそう。

24時間オープンのフィットネスルームもある

$195〜

🏠224 W. 49th St. (bet. Broadway & 8th Ave)
☎1-212-246-5252
🚇地下鉄1線 50 Stより徒歩約2分
www.thetimehotels.com
ミッドタウン　MAP 別P.15 E-1

IN 15:00　**OUT** 12:30

エコノミー

旅の拠点にぴったり
Candlewood Suites Times Square
キャンドルウッド・スイーツ・タイムズスクエア
広めの客室がいい

ミッドタウンの中心にある。全室スイートサイズの広めの客室はシンプルで清潔。24時間営業のミニストアやコインランドリーがある。

バスターミナルも地下鉄駅も近い

$255〜

🏠339 W. 39th St. (bet. 8th & 9th Aves.)
☎1-212-967-2254
🚇地下鉄A・C・E線 42 St-Port Authority Bus Terminalより徒歩約8分
www.ihg.com
ミッドタウン　MAP 別P.15 D-2

IN 15:00　**OUT** 11:00

中級

ビジネスマンにもおすすめ
Ramada by Wyndham New York Times Square West
ラマダ・バイ・ウィンダム・ニューヨーク・タイムズスクエア・ウエスト
便利なサービスを多数提供

ラマダ系列のチェーンホテル。設備が充実しているのでビジネスマンや家族連れ、ひとり旅でも不自由ない宿泊できる。

バスアメニティが豊富なのもうれしい

$169〜

🏠343 W. 44th St. (bet. 8th & 9th Aves.)
☎1-212-767-0223
🚇地下鉄A・C・E線 42 St-Port Authority Bus Terminalより徒歩約2分
www.wyndhamhotels.com
ミッドタウン　MAP 別P.15 D-1

IN 15:00　**OUT** 11:00

エコノミー

アパートスタイルの部屋
Best Western Plus Hospitality House
ベストウエスタン・プラス・ホスピタリティ・ハウス
ニューヨーカー気分を味わえる

ベストウエスタン系列のチェーンホテル。スイーツにはキッチンや電子レンジなどの設備があり、暮らしているかのように滞在できる。

NYに不慣れな人でも安心の設備が整っている

$352〜

🏠145 E. 49th St. (bet 3rd & Lexington Aves.)
☎1-212-753-8781
🚇地下鉄6線 51 Stより徒歩約3分
www.bestwestern.com
ミッドタウン
MAP 別P.16 B-1

IN 15:00　**OUT** 11:00

中級

モダンでオシャレなホテル
Hampton Inn Times Square North
ハンプトン・イン・タイムズスクエア・ノース
種類豊富なビュッフェ朝食が自慢

マンハッタンの中心部に位置するハンプトン系列のチェーンホテル。広々とした客室と、種類豊富な無料のビュッフェ式朝食が自慢。

劇場街まで徒歩数分と絶好のロケーション

$179〜

🏠851 8th Ave. (at 51st St.)
☎1-212-581-4100
🚇地下鉄C・E線 50 Stより徒歩約1分
hilton.com
ミッドタウン
MAP 別P.18 B-3

IN 15:00　**OUT** 12:00

高級

シックで落ち着いた客室
Hilton Garden Inn Times Square
ヒルトン・ガーデン・イン・タイムズスクエア
劇場街に位置するモダンなホテル

FAXやプリンターなどビジネスマン向けの設備が充実。夜はルーフトップバー「The Attic」でお酒も楽しめる。落ち着いたインテリアにほっとする。

ジムやビジネスセンターが24時間利用可能

$199〜

🏠790 8th Ave. (at 48th St.)
☎1-212-581-7000
🚇地下鉄C・E線 50 Stより徒歩約2分
hilton.com
ミッドタウン
MAP 別P.15 E-1

IN 15:00　**OUT** 12:00

高級

タイムズスクエアの真横
The Gallivant Times Square
ガリヴァント・タイムズスクエア
高級感漂うウィンダム系列ホテル

施設内のレストランのチケットの手配など、コンシェルジュサービスの質もよく、設備やアメニティも整っている。タイムズスクエアのすぐそば。

アールデコ様式のクラシックなホテル

$314〜

🏠234 W. 48th St. (bet. Broadway & 8th Ave.)
☎1-212-246-8800
🚇地下鉄N・R・W線 49 Stより徒歩約3分
thegallivantnyc.com
ミッドタウン
MAP 別P.15 E-1

IN 15:00　**OUT** 12:00

高級

36階建ての優雅なホテル
InterContinental New York Times Square
インターコンチネンタル・ニューヨーク・タイムズスクエア
忙しいビジネスマンに人気

ラグジュアリーな客室とゆっくりくつろげる空間が人気のホテル。客室からはマンハッタンの景色を一望できる。豪華なインテリアもすてき。

バスターミナルがすぐそばにある

$492〜

🏠300 8th Ave. (bet. 43rd & 44th Sts.)
☎1-212-803-4500
🚇地下鉄A・C・E線 42 St - Port Authority Bus Terminalより徒歩約1分
ihg.com
ミッドタウン　MAP 別P.15 E-1

IN 16:00　**OUT** 11:00

① アメリカ人は日光浴好き。晴れた日のセントラルパークには、水着や上半身裸になって日焼けを楽しむ人がいっぱいいるよ　② NYは女性同性愛者 Lesbian、男性同性愛者 Gay、両性愛者 Bisexual、体の性と心の性の不一致 Transgender、性自認や性的指向が定まっていない（定めない）Questioning または Queer の権利を訴えた、LGBTQの権利獲得運動の発祥の地なんだよ　③ 2011年にNY州で同性結婚が合法化。2015年6月には、アメリカ連邦最高裁判所が同性結婚を認める判断を示したよ

BROOKLYN

Brooklyn

ブルックリン

ブルックリンは、ニューヨーク市の5つの区のひとつ。エンターテインメント産業の成長が著しく、新しいカルチャーやトレンドを生み出すエリアだ。

海の向こうに広がるマンハッタンの高層ビル

最先端の流行と懐かしい雰囲気が融合した街

もとは移民の街で、緑の多い広々としたエリア。マンハッタンに比べ、地価の安さに目をつけたアーティストなどが移り住むようになった。現在ではおしゃれなショップなどが並び、新しいNYカルチャーを生み出している。

マンハッタン区外を走るグリーンキャブ

グリーンキャブとは、2013年の夏からサービスを開始したNY市公認の「ボロータクシー」のこと。ブルックリンなどのマンハッタン区外の人でも快適に過ごせるようにと導入された。

鮮やかな青リンゴカラーだよ！

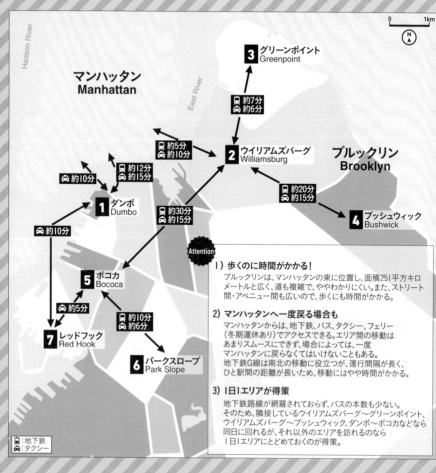

0 1km

N

3 グリーンポイント
Greenpoint

マンハッタン
Manhattan

Hadson River

East River

🚇約7分
🚕約6分

🚌約5分
🚕約10分

🚕約10分

🚇約12分
🚕約15分

2 ウイリアムズバーグ
Williamsburg

ブルックリン
Brooklyn

🚇約20分
🚕約15分

1 ダンボ
Dumbo

🚇約30分
🚕約15分

4 ブッシュウィック
Bushwick

🚕約10分

Attention

5 ボコカ
Bococa

🚇約10分
🚕約6分

🚕約5分

7 レッドフック
Red Hook

6 パークスロープ
Park Slope

🚇：地下鉄
🚕：タクシー

1）歩くのに時間がかかる！

ブルックリンは、マンハッタンの東に位置し、面積251平方キロメートルと広く、道も複雑で、ややわかりにくい。また、ストリート間・アベニュー間も広いので、歩くにも時間がかかる。

2）マンハッタンへ一度戻る場合も

マンハッタンからは、地下鉄、バス、タクシー、フェリー（冬期運休あり）でアクセスできる。エリア間の移動はあまりスムースにできず、場合によっては、一度マンハッタンに戻らなくてはいけないこともある。地下鉄G線は南北の移動に役立つが、運行間隔が長く、ひと駅間の距離が長いため、移動にはやや時間がかかる。

3）1日1エリアが得策

地下鉄路線が網羅されておらず、バスの本数も少ない。そのため、隣接しているウイリアムズバーグ～グリーンポイント、ウイリアムズバーグ～ブッシュウィック、ダンボ～ボコカなどなら同日に回れるが、それ以外のエリアを訪れるのなら1日1エリアにとどめておくのが得策。

1 DUMBO
ダンボ

→ P.178

**写真映え抜群の
アートなエリア**

石畳の街並みや、イースト・リバーとマンハッタンの摩天楼が融合する絶景を一望できる。CMやドラマの撮影に使われることも多い。

ブルックリン・ブリッジの圧倒的存在感が際立つ

2 Williamsburg
ウイリアムズバーグ

→ P.182

**ブルックリン人気の
火つけ役**

もとは工場などが多かった街で、若いアーティストなどが移り住むようになった。食、アート、ファッションなど世界中から注目を集めている。

現在ではセレブも多く移り住み、高級住宅地化も進む

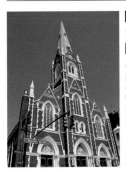

3 Greenpoint
グリーンポイント

→ P.190

**昔ながらの雰囲気と
新しい文化がミックス**

昔ながらのポーランド系商店街といった雰囲気を残す一方、ウイリアムズバーグから流れてきた新カルチャーが混在する魅力的なエリア。

フランクリン・ストリート沿いのショップは注目だ

4 Bushwick
ブッシュウィック

→ P.194

**今最注目の
アートエリア**

若いアーティストたちが多く、ギャラリーも増加中の注目のアートエリア。街中にあふれるグラフィティアートは歩いて見ているだけでも楽しいが治安に注意。

巨大壁画を見に、ブッシュウィックまで足をのばそう

5 Bococa
ボコカ

→ P.198

**落ち着いた
庶民派ムードが漂う**

隣接する3つのエリアの頭文字を取り、ボコカBoCoCaと呼ばれる。落ち着いた雰囲気のなかにもセンスのよいお店が並ぶ。

NBAブルックリン・ネッツの本拠地がある

6 Park Slope
パークスロープ

→ P.198

**古き良きNYを
感じられる住宅地**

プロスペクトパークの近くに広がる閑静な住宅街。家族でここに移り住むニューヨーカーも多い。環境も良く、暮らすように過ごせる。

プロスペクトパークには美しい日本庭園もある

7 Red Hook
レッドフック

**海沿いにたたずむ
個性的な街**

ブルックリンのほかのエリアとはまた雰囲気の異なる港町。自由の女神を正面に見ることができ、観光にもぴったり。

IKEAやフェアウエイなど大型店舗も目立つ

そのほかのエリア

奥が深いブルックリン。まだまだその熱は冷めそうにない

ほかにも魅力的なエリアはたくさん！

ブルックリンは基本的に住宅街。しかし、ここで紹介したエリア以外にも魅力的な場所はたくさんある。マンハッタンから地下鉄で行けるビーチとしても有名なコニー・アイランドは夏におすすめ。ブルックリン・ハイツの散歩道から眺める摩天楼も絶景だ。ダイカーハイツでは観光客に人気の美しいクリスマスイルミネーションも見どころ。どこのエリアも移民の街なので、民族ごとにコミュニティを形成している。

今BROOKLYNで一番NEWなしたいこと！
ブルックリンの最旬情報をチェック！

今やニューヨークのトレンド発信地として、進化を続けているブルックリン。
ますます目が離せない"今"をその目で確かめに行こう。

Brooklyn News
Top Headline

ウイリアムズバーグの
進化がとまらない！

ハイセンスな人が集まる
ニューヨークのトレンド発信地

地下鉄L線のBedford Av駅周辺を中心に、個人経営の小さな店舗からハイエンドブランドのショップまでひしめき合う。入れ替わりも激しく、進化しながらもますます注目されているエリア。

建物の壁一面に描かれたグラフィティアート

美しくなった地下鉄L線の改札

Williamsburg
ウイリアムズバーグ

**美しい景色を眺めながら
ぶらぶら散策が楽しいエリア**

マンハッタンから地下鉄でひと駅という好ロケーション。中心は Bedford Ave. で、ここから歩き始めるのがおすすめ。10分くらい歩けばマンハッタンが美しい川沿いに出られる。
>>>P.182

Favorite
Place!

マンハッタンよりも自転車で移動する人が多い

アーティストの活気を感じよう！

ブルックリン発フリマ

アーティストたちが、家賃の高いマンハッタンから引っ越してきたのがブルックリン発展のきっかけ。そんなブルックリンらしさを感じるスポットにも訪れたい。スモーガスバーグ（P.160）に近いのでセットでぜひ！

Artists & Fleas
アーティスツ＆フリーズ

屋内型のフリーマーケット

若手デザイナーや、アーティストの、アート、ファッション、ヴィンテージなど、さまざまな作品が揃っている。

🏠 70 N 7th St. (bet. Wythe & Kent Aves.)
☎ 1- 917-488-4203
🕐 11:00 〜 19:00　休 月〜金　🚇 地下鉄 L 線 Bedford Av より徒歩約5分
www.artistsandfleas.com
ウイリアムズバーグ
MAP 別 P.23 D-2

店内には多くのアーティストによるブースがある

ペイントされたアーティスティックな外壁が目印

NY フードトレンドも
ブルックリンから

こだわりコーヒーから
映え系スイーツまでさまざま！

ファッションだけではなく、フードトレンドの発信地でもあるのがブルックリン。街を少し歩けば、こだわりのコーヒーハウスやおいしいスイーツなどに出合える。

Qahwah House
カフア・ハウス

最高級のイエメン・コーヒーが飲める

注文を受けてからていねいに淹れてくれるコーヒーが絶品。イエメン産のバターとハチミツを使ったサバヤペストリーもおすすめ。

🏠 162 Bedford Ave. (at N 8th St.)
☎ 1- 347-799-1776　🕐 9:00 〜 23:00 (金・土曜 8:00 〜翌 1:00)　🚇 地下鉄 L 線 Bedford Av より徒歩約1分
www.qahwahhouse.com
ウイリアムズバーグ
MAP 別 P.23 E-2

お花の型のレモンケーキ

熟練バリスタによる良質なコーヒーが飲める

少し深煎りの定番のブレンド Flatiron と毎日飲みたくなる少し軽めのブレンド Brooklyn

Partners Coffee
パートナーズ・コーヒー

**ブルックリン発の
こだわりコーヒーを**

店内は広々として開放的な雰囲気。コーヒー豆を買うこともできる。
>>>P.182

Doughnut Plant
ドーナッツプラント

ニューヨークに5店舗を展開中

日本にも上陸したが残念ながら撤退してしまったドーナツ屋さん。保存料や添加物等を使用せずハンドメイドで作られるドーナツが絶品！

🏠 198 Bedford Ave. (at N. 6th St.)
☎ 1- 212-505-3700　🕐 8:00 〜 20:00
🚇 地下鉄 L 線 Bedford Av より徒歩約1分
www.doughnutplant.com
ウイリアムズバーグ
MAP 別 P.23 E-2

アメリカの伝統的なキャロットケーキのレシピを元につくられた Carrot Cake Donuts

いつ見ても絵になる景色

マンハッタンを外から眺める

stunning view!

マンハッタンは川に囲まれた島。対岸からは、まさに絵葉書のような絶景が一望できる。
ダンボとクイーンズのロング・アイランド・シティから究極のビューを満喫しよう。

DUMBO

かつてのインダストリアルな雰囲気を残しつつ、対岸の絶景が望めるト
レンドスポットとして大人気。話題の店も多い。

ダンポ

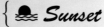

{ ☀ Daytime }

ブルックリン・ブリッジ

ワン・ワールド・
トレード・センター

世界一美しい橋ともいわれているブ
ルックリン・ブリッジの背後に、金融街
のスカイラインがくっきりと見える

{ 🌅 Sunset }

金融街に明かりが灯り始め、美しい写
真が撮れる瞬間。夕暮れの空をバック
にロマンチックな風景をパチリ！

From Dumbo

ダンボ

ふたつの橋のたもとに広がる

ロウアー・マンハッタンの対岸。ブルックリン・ブ
リッジのほか全米一の高さのワン・ワール
ド・トレード・センターや金融街が望める。

🚇 地下鉄 F 線 York St または A・C 線 High St
より徒歩約8分
ダンボ MAP 別冊P.26-A・B-1

{ 🌙 Night }

ブルックリン・ブリッジもライトアップ
され、まさに宝石箱をひっくり返した
ような 100万ドルの夜景が広がる

注意 夜は早く閉まる店が多いので、地
下鉄駅までのひとり歩きには注
意。人通りが少ない道は避けて。

アクセス 地下鉄 F 線 York St 駅または A・C
線 High St 駅。ブルックリン・ブリ
ッジを歩いても渡れる。

Go here by ferry!

How to

フェリーでアクセス

ダンボ
NYCリバー・フェリー・ルートのWall St/Pier 11
からミッドタウン行きに乗りひとつ目。

ロング・アイランド・シティ
NYCフェリーのE.34th St/Midtownから90丁目
行きに乗りひとつ目。

マンハッタンとブルックリンをつなぐ
NYCフェリー

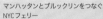

LONG ISLAND CITY

マンハッタンから地下鉄でひとつ目のクイーンズ地区にある。目抜き通
りのVernon Blvd.には、おしゃれな店が続々誕生中。

SIGHTSEEING

ART

ENTERTAINMENT

EAT

SHOPPING

STAY

ロング・アイランド・シティ

☀ Daytime

ローカルたちがくつろぐ川沿いの公
園から対岸を一望。国連本部を真
ん中に高層ビルがずらり！

クライスラー・ビル

国連本部

🌅 Sunset

対岸はミッドタウンのオフィス街なの
でビルの密集度が高く、窓に次々と明
かりが灯る様子がよくわかる！

注意 川沿いは夜道のひとり歩きには
注意。あまり遅くならないうちに
帰路につこう。

アクセス グランド・セントラル駅から地下
鉄7線でひとつ目Vernon Blvd –
Jackson Av駅下車。川方面へ歩く。

🌙 Night

高層ビル群の迫力の夜景。左手にはエン
パイアも見える。日によって変化する美
しいイルミネーションにも注目！

From Long Island City

ロング・アイランド・シティ

開発が進む注目エリア

ミッドタウンの対岸。国連本部の建物が真
正面に見え、クライスラー・ビルやエンパイ
ア・ステート・ビルなどオフィス街を一望！

地下鉄7線 Vernon Blvd – Jackson Av
より徒歩約7分
ロング・アイランド・シティ
MAP別P4 B-2

ロング・アイランド・シティには MoMA の別館、MoMA PS1（MAP別P4 B-2）がある。同日なら MoMA の入場券で入れる。

EAT
01

週末のフードイベント

スモーガスバーグで食べまくる！

屋台が集結するスモーガスバーグ。旬の味をはしごして食べ歩ける人気のイベントだ。
ブルックリンの週末の一大フードイベントにくり出そう！

$12

Noodle
Lane

シメはやっぱり
ヌードル系!!

お腹を空かせて、いろんな
フードを楽しみたい

マンハッタンを眺めながら
美味しいものを頂こう

程よいサイズの
ダンダン麺

いつでも
出来立て！
アツアツ！

今流行りの
おいしそうな
ものがたくさん

yummy!!!

SMORGASBURG

What is
スモーガスバーグ

**75もの屋台が集結する
食の祭典**

ブルックリン発・ローカルの味が手軽に
楽しめる屋台イベント。ウイリアムズバー
グやプロスペクトパークをはじめ、季
節限定でマンハッタンにも上陸。ポップ
アップ・イベントも開催され、人気を博す。

Smorgasburg
スモーガスバーグ

ごはん系からスイーツまで

初めて開催されたのが、ここウイリアムズ
バーグ。参加テナントは約100店舗以上。
15時くらいになると売り切れて閉店準備を
してしまう店もちらほら。マンハッタンの
スカイラインを眺められる。

SMORGASBURG
SATURDAYS

━ 土曜 ━

East River State Park (at N. 7th St.)
4〜11月の土曜11:00〜18:00
地下鉄L線Bedford Avより徒歩約8分
ウイリアムズバーグ　MAP 別P.23 D-2

━ 日曜 ━

Breeze Hill at Prospect Park (LeFrak Center
at Lakeside/Lincoln Rd.近く)
地下鉄B・Q・S線Prospect Parkより徒歩約5分
プロスペクトパーク　MAP 別P.26 B-3

160

◎ SIGHTSEEING

🎨 ART

🎵 ENTERTAINMENT

🍴 EAT

🛒 SHOPPING

🏢 STAY

Welcome

I love it!

旅行者や地元の若者が
いっぱい！

今も人気の
ロブスターロール

会場の目印は
こちら！

煙がモクモクの
ケバブ屋さん

アイスクリームにのせたマシュマロを
バーナーで炙って出来上がり

$12

Knaed Some
Love Doughnut

マンハッタンを
バックに
映える写真を

$12

美しすぎて
食べるのが
もったいない!?

ここでも開催！
※シーズンにより会場が変更になるので、ウェブサイトをチェック
して行こう。
www.smorgasburg.com
■金曜
🏠Westfield World Trade Center Oculus Plaza
Ⓜ地下鉄R・W線 Cortlandt Stより徒歩約6分

＜夏季限定ロケーション＞
■毎日
🏠19 Fulton St. (at Front St.)
🕐11:00～20:00
Ⓜ地下鉄A・C・J・Z・2・3・4・5線 Fulton Stより徒歩約4分

ウイリアムズバーグのスモーガスバーグ会場であるイースト・リバー・ステート・パークには人工ビーチがある。そこで食べるのも気持ちがいい。

グリーンポイントを拠点に展開するロースタリー、カフェ・グランピー。バリスタが絶品コーヒーを淹れてくれる

Let's Drink!!

コミュニティに愛されるクールなコーヒー文化

EAT
02

What is
サードウェーブ・コーヒー
全米で広がるコーヒー・ブーム
大量消費の時代（第一波）、スターバックスに代表される高品質コーヒー文化（第二波）に続くのが第三波。豆の生産地や淹れ方などもこだわる。

ブルックリン発ブランドの
サードウェーブ・コーヒーを味わう

西海岸でブレイクし、東海岸へ伝播したコーヒーの第三波。ブルックリンを中心に個性的な実力派ブランドが誕生中。

smells Good!!

↑グランピー（しかめっ面の）・ロゴがキュートなコーヒー豆は$18～　→焙煎所ではスタッフがフル回転で勤務　↓豆の状況を入念にチェック

Cafe Grumpy
カフェ・グランピー

倉庫街発こだわりロースター

2005年、当時は未開発だった工業地区に誕生。生産地から直接買いつけた希少豆をインハウスのロースタリーで丹念に焙煎している。市内13カ所でカフェを展開する人気店。

⌂193 Meserole Ave. (at Diamond St.)
☎1-718-349-7623
◷7:00～19:30（土・日曜～17:00）
Ⓜ地下鉄G線Nassau Avより徒歩約8分
cafegrumpy.com
グリーンポイント
MAP 別P.23 E-1

$5

フラットホワイト
オレンジのカップに注がれた美しいラテ。エスプレッソの旨みを堪能できる一杯

ブルックリン

SIGHTSEEING

ART

ENTERTAINMENT

EAT

SHOPPING

STAY

コーヒーの種類

Photo : Parlor Coffee, Variety Coffee

Enjoy Coffee!

食後にさらりといただきたい、大人の味

エスプレッソ
深煎り豆の繊細な味わいを楽しめる贅沢なコーヒー。カフェ・マキアートもおすすめ

$3.50～

ふわふわのフォームがクリーミーでまろやか!

$4～

カフェラテ
香り深いエスプレッソに、ミルクフォームをのせて。ラテアートも楽しみのひとつ

優雅な抽出法は化学実験のフラスコがモデル

ケメックス
透明感のある濁りない味わいが期待できる抽出方法。抽出の様子を眺められるのも魅力

$4.50～

いろいろ試して豆のリアルな魅力を探ろう

$3～

ドリップ・コーヒー
ドリッパーやエアロプレス、フレンチプレスなどで淹れてもらえる

Parlor Coffee
パーラー・コーヒー

コーヒー美学を追求し続ける

理容室の裏庭からはじまったミニ焙煎所。プロバット焙煎機が生み出す香り高いコーヒーが人気。理容室の奥にある。

⌂ 11 Vanderbilt Ave. (near Flushing Ave.) ☎なし ⊗土・日曜9:00～15:00 ㊡月～金曜 ⊗地下鉄G線Clinton-Washington Avsより徒歩約16分
parlorcoffee.com
クリントン・ヒル MAP 別P.25 E-1

Variety Coffee Roasters
バラエティ・コーヒー・ロースターズ

ブルックリン数カ所にロースターを構える

コーヒーのしっかりとした風味を感じることができる。コールドブリューやコーヒーではないがチャイラテも人気。

⌂ 368 Graham Ave. (bet. McGuinness Blvd. & Clay St.) ☎1-347-599-2351 ⊗7:00～21:00 ⊗地下鉄L線Graham Avより徒歩約1分
varietycoffeeroasters.com
ウイリアムズバーグ MAP 別P.23 F-2

Brooklyn Roasting Company
ブルックリン・ロースティング・カンパニー

つくり手との絆を重んじる

DUMBO地区にある倉庫を利用したカフェ。フェアトレード、オーガニックにこだわる良質なコーヒー作りで知られる。

⌂ 200 Flushing Ave. (near Washington Ave.) ☎1-718-858-5500 ⊗6:00～19:00 (土・日曜7:00～) ⊗地下鉄G線Clinton-Washington Avsより徒歩約3分
www.brooklynroasting.com
クリントン・ヒル MAP 別P.25 E-1

ほかにも!

Gorilla Coffee
ゴリラ・コーヒー

日本にも上陸したハイエンド・コーヒー店。シンボルのゴリラを思わせる力強い味わいが人気。

⌂ 472 Bergen St. (near Flatbush Ave.) ☎1-718-230-3244 ⊗7:00～21:00 (日曜8:00～) ⊗地下鉄B・D・N・R・Q・2・3・4・5線 Atlantic Av-Barclays Ctrより徒歩約4分
gorillacoffee.com
パークスロープ MAP 別P.25 D-3

人の手でていねいに摘み取られた豆です!

アチェ・ゴールド、スマトラ
甘いたばこの香りとシトラスのさわやかさが同居するインドネシア産のコーヒー

$2

Oslo Coffee Roasters
オスロ・コーヒー・ロースターズ

地域住民のためのコーヒー作りを目指してオープン。豆には北欧神話の神々の名前が。

⌂ 328 Bedford Ave. (bet. S. 2nd & S. 3rd Sts.) ☎1-718-782-0332 ⊗7:30～15:00 (土・日曜8:00～) ⊗地下鉄L線Bedford Avより徒歩約8分
oslocoffee.com
ウイリアムズバーグ MAP 別P.23 E-3

カップが他店よりもちょっぴり大きめ!

ハウスブレンド Thor
「雷神」の名を冠したなめらかな味わい。ベリーとシトラス、チョコの香り

$3

最近のブルックリンのコーヒー店は、ロースターを併設している。いつでも焙煎したてのコーヒーが飲める。

コスパも雰囲気もばっちり

カジュアルレストランに出かける

ブルックリンには、ローカルお気に入りの手頃でおいしいレストランがたくさん。
おしゃれで雰囲気もすてきなので、チェックしてみて。

オイスター・サンプラー

東海岸と西海岸の両方の牡蠣を常備。組み合わせは自由。好みの牡蠣を好きな数だけオーダーしよう。

1個 $1.75〜

新鮮な生牡蠣をカクテルと一緒に

Maison Premiere
メゾン・プレミア

新鮮な生牡蠣と禁断の酒が楽しめる

夕暮れ時のパリのカフェ、古びたホテルのロビーを思わせる雰囲気ばつぐんのオイスター・バー。全米から取り寄せた牡蠣は常時30種以上を用意。

🏠 298 Bedford Ave. (bet. Grand & S. 1st Sts.)
☎ 1-347-335-0446
🕐 14:00〜翌1:00（金曜〜翌2:00、土・日曜12:00〜）
Ⓜ 地下鉄L線 Bedford Avより徒歩約7分
maisonpremiere.com
ウイリアムズバーグ
MAP 別P.23 E-3

―● おすすめ Point ●―

狙い目は、なんといっても常時20種はあるというフレッシュなオイスター。シックなインテリアの店内で、かつて芸術家たちが愛したアブサンをストレートかロックでぜひ。

↑多彩なカクテル。中央のバーカウンターでミクソロジストが手際よく作ってくれる　ちょっぴりロー・キー。タイムスリップしたようなラスティックなインテリア

レトロなインテリアにうまい食事。トレンドに敏感な若者たちに人気のスポットとなっている

Diner
ダイナー

一世紀前のNYを感じられる

多彩なレストラン経営で知られるアンドリュー・ターロウ氏の人気店。地元素材を活かした日替わりメニューとバーガーが楽しめる。

🏠 85 Broadway (bet. Wythe Ave. & Berry St.)
☎ 1-718-486-3077
🕐 ランチ月〜金11:00〜15:00、ディナー17:00〜22:00、ブランチ土・日曜11:00〜15:00
Ⓜ 地下鉄J・M・Z線 Marcy Avより徒歩約8分
dinernyc.com
ウイリアムズバーグ
MAP 別P.23 E-3

地元素材を使った人気バーガー

ハンバーガー

100%グラスフェッド・ビーフでつくった看板メニュー。日本にはないダイナミックさが堪能できる。

$25

―● おすすめ Point ●―

高い評価の食事もさることながら、1920年代に廃棄された食堂車（ダイニングカー）を持ってきて再利用した店の雰囲気は格別。店内の随所に当時のデザインや面影が残されている。

Let's go out to eat!

Al di la Trattoria
アル・ディ・ラ・トラットリア

**住宅街にたたずむ
小さなイタリアン**

イタリア北東部の本格的な郷土料理が
味わえると話題の店。こぢんまりとした
カジュアルな雰囲気で、ディナー時には
地元の食通たちが押し寄せる。

🏠248 5th Ave. (bet. Carol & President
Sts.)
☎1-718-783-4565
🕐月〜木曜17:00〜21:30(金・土曜〜
22:00)
🈺日曜
🚇地下鉄R線Union Stより徒歩約5分
www.aldilatrattoria.com
パークスロープ
MAP 別P.26 A-2

**スペルト小麦の
サラダ**
$18
古代ローマ時代から
食べられていたとい
うスペルトに夏野菜
をあえた正統派イタ
リアンメニュー。

ブルックリン

SIGHTSEEING

ART

ENTERTAINMENT

EAT

SHOPPING

STAY

$23
ポルチーニのポレンタ
ワイルドマッシュルームをたっぷ
り使用。パルメジャンチーズをト
ッピングして風味満点に。

**イタリア北東部
ヴェネトの味**

大きな窓から差し込む自然光が、料理をさらに美し
くして、目を楽しませてくれる。マンハッタンの喧騒
からかけ離れたのんびりとした空間も魅力的

おすすめPoint
食事はどれもハズレなしだが、自家製
手打ち麺を使った旬のパスタ料理は
ぜひオーダーしたい。イチオシはカル
ボナーラ。パスタの食感と卵のおいし
さが完璧なまでにマッチしている。

$17
**ヘルフィールド・
ポークパイ・ホワイト**
フレッシュモッツァレ
ラ、イタリアン・フェン
ネル・ソーセージにスパ
イスを効かせた1枚。

**地元愛が詰まった
絶品ナポリ・ピザ**

店内照明はキャンドルライトとなっている。
雰囲気のあるやさしい灯りのもとで食事を

ストアフロントにはかわいい看板が

Paulie Gee's
ポーリージーズ

DIY感あふれるピザ専門店

廃墟となったビルの建材を活用し
てつくられたおしゃれな店。ピザは
極薄クラスト生地が特徴のナポリ
スタイル。窯焼き独特の香ばしさが
いっぱいのピザだ。

🏠60 Greenpoint Ave. (bet. Franklin &
West Sts.)
☎1-347-987-3747
🕐18:00〜22:00(金曜〜23:00、土曜
17:00〜23:00、日曜17:00〜)
🚇地下鉄G線Greenpoint Avより徒歩
約4分
pauliegee.com
グリーンポイント
MAP 別P.23 D-1

yummy!!!

おすすめPoint
イタリアン・トマトを使ったピザ・レジ
ーナもよいが、地元素材をトッピング
したアイデアたっぷりのピザにも挑戦
したい。新鮮な野菜がふんだんにのっ
たベジタブル・ピザも充実している。

EAT
04

ローカルと一緒に
ブランチをゆっくり楽しむ

ローカルのお楽しみが週末ブランチ。
お気に入りのいつものカフェで、
気の合う仲間と過ごす週末の午後。
そんな地元流ブランチを体験してみよう。
ブランチは土・日曜のだいたい
11:00～15:00。

please come!

Ricotta Pancakes
どっしり感のあるパンケーキ。たっぷりのバナナやベリーをトッピングしたパンケーキにメープルシロップをしっかりかけていただこう

$20

平日でも混雑必至。早めの来店が望ましい

Photos by Nicole Franzen

Five Leaves
ファイブ・リーブス

おしゃれ派たちのお気に入り

ニュー・アメリカンにオーストラリアのアクセントを加えた料理が人気。今は亡きハリウッド俳優ヒース・レジャーが出資した店としても知られている。こだわりのインテリアにも注目したい。

⌂ 18 Bedford Ave. (at Lorimer St.) ☎ 1-718-383-5345
🕐 8:00～23:00 🚇 地下鉄G線Nassau Avより徒歩約2分
fiveleavesny.com
グリーンポイント
MAP 別P.23 E-2

What is
ブランチ・カクテル

ドライ系かスイート系か主流はふたつ

ニューヨーカーの間では、週末のブランチにカクテルを飲むのが定番。食事に合わせてオーダーしたいのがブランチ・カクテル。定番はシトラス感がさわやかなミモザやブラッディ・マリーなど。スイートな味わいが好みの人には、ベリーニがおすすめ。価格はいずれも $15 前後。

ミモザはオレンジジュース＋スパークリングワインのカクテル

ウォッカ＋トマトジュースのカクテル、ブラッディ・マリー

I'm hungry!

朝食やディナーも人気

Sunday in Brooklyn
サンデー・イン・ブルックリン

ウイークデイでも
ブランチが楽しめる

地元住民に愛されるおしゃれなオールデイ・ダイナー。ミシュラン・ガイドにもリストアップされている。

🏠 348 Wythe Ave. (near S. 2nd St.)
☎ 1-347-222-6722
🕙 9:30〜22:00（土・日曜〜23:00）
⏱ 地下鉄L線 Bedford Avより徒歩約12分
www.sundayinbrooklyh.com
ウイリアムズバーグ
MAP 別 P.23 D-3

Sunday Pancake

麦芽を使用したパンケーキにプラリネソースがたっぷり。ボリューム満点の一品

$24

Golden Tomato Focaccia

甘酸っぱいゴールデントマトをふんだんに使ったフォカッチャ。口に入れるとハーブの香りがふわっとひろがる

$8

まるで雑貨屋さんのようなキュートな店構え

Marlow & Sons
マーロウ・アンド・サンズ

ブルックリンの人気店
インテリアにも注目

地産地消をテーマに旬の素材を用いた料理が人気。店頭のベーカリーでは軽食が気軽に楽しめる。

🏠 81 Broadway (near Berry St.)
☎ 1-718-384-1441
🕙 8:00〜17:00（水・土曜〜22:00）
⏱ 地下鉄J・M・Z線 Marcy Avより徒歩約9分
marlowandsons.com
ウイリアムズバーグ MAP 別 P.23 E-3

Here you go!

Classic Chicken & Waffles

ワッフルにフライドチキンを添えて。メープルシロップで食べるのがアメリカ南部スタイル

$16

Let's eat!

地下鉄ベッドフォード駅からすぐ

Sweet Chick
スイートチック

アメリカ南部の
家庭料理を

フライドチキンやミートローフをはじめ、ブランチにはワッフルがおすすめ。いつも店内は多くの人で賑わう。

🏠 164 Bedford Ave. (at N. 8th St.)
☎ 1-347-725-4793
🕙 10:00〜22:00（金・土曜〜23:00）
🈺 不定休
⏱ 地下鉄L線 Bedford Avより徒歩約3分
www.sweetchick.com
ウイリアムズバーグ
MAP 別 P.23 E-2

yummy!!!

ブルックリン

SIGHTSEEING

ART

ENTERTAINMENT

EAT

SHOPPING

STAY

🌼 ニューヨーカーは休日によく友人たちとブランチをするので、人気のお店は大行列。開店と同時の来店がおすすめ！

05

おいしい休憩スポットが盛りだくさん！

カフェでハッピーになる

街歩きに疲れたときの休憩スポット。どうせならとびきりおいしいお茶とスイーツで心をほっこりさせてくれる場所がいい。

please come!

ice cream

ニューヨーカーもうなるアイス！

Mr. Potato Head
ポテトチップス入り、ホイップたっぷりのサンデー。冷たくて甘いアイスにポテトチップスの食感がやみつきに。

$15

レトロなスイーツが楽しめるブルックリン・ファーマシーで人気のパフェをオーダーしよう

クラシックな雰囲気

Brooklyn Farmacy & Soda Fountain
ブルックリン・ファーマシー・アンド・ソーダ・ファウンテン

ファーマシー・アイスクリーム・サンドイッチ $7

レトロな雰囲気に包まれてアメリカン・スイーツを
1920年代の薬局がカフェに。サンデーやバナナ・ボートなど、古き良きアメリカの味が充実。

🏠513 Henry St. (at Sackett St.)
☎1-718-522-6260
🕐14:00～22:00
🚇地下鉄F・G線 Carroll Stより徒歩約9分
www.brooklynfarmacyandsodafountain.com
ポコカ
MAP 別P.24 A-3

What's up?

近所のちびっこからおしゃれな若者まで、スイーツを求めてやってくる

Blue Sky Bakery
ブルー・スカイ・ベーカリー

**地元住民に愛される
小さな小さなベーカリー**

フルーツをぎっしり詰めこんだまん丸マフィンが大人気。香り高い地元コーヒーとは最高の相性。

⌂ 53 5th Ave. (bet. St. Marks Pl. & Bergen St.)
☎ 1-718-783-4123
⊕ 7:00〜19:00 (土・日曜 8:00〜)
Ⓧ 地下鉄 2・3 線 Bergen St より徒歩約 2 分
www.blueskybakery.org
パークスロープ
MAP 別 P.25 D-3

こぢんまりとしていて、あたたかい雰囲気。ローカルに人気

こだわりのラテは $4.75。夏はオリジナルのアイスコーヒーも人気

Sweetleaf
スイートリーフ

**黒と白のインテリアが目印
こだわりコーヒーをどうぞ**

アンティーク家具に囲まれたシックで落ち着いた店内では、本格派コーヒーやラテが味わえる。焼き菓子もおすすめ。

⌂ 159 Freeman St. (near Manhattan Ave.)
☎ 1-347-987-3732
⊕ 7:00〜19:00 (土・日曜 8:00〜)
Ⓧ 地下鉄 G 線 Greenpoint Av より徒歩約 7 分
sweetleafcoffee.com
グリーンポイント
MAP 別 P.23 D-1

Muffins

$2.75

Berry & Orange Muffin
甘酸っぱいみかん＆ブルーベリーが生地の中央にたっぷり詰め込まれた具だくさんのさわやかマフィン

Carrot Cake

$4.75

Carrot Cake
アメリカで昔から愛されるケーキ。ニンジンを練り込んで焼いたケーキのうえにフロスティングを

Strawberry Rhubarb
ストロベリーとルバーブの甘酸っぱさとコクが絶妙でやみつきになる。ホールで買うと44
$8

Salted Chocolate Chip Cookie
チョコレートチップと塩が絶妙にマッチ。ざっくり味のクッキーはコーヒーやお茶にぴったり
$3.25

Cookies

Photo:Winona Barton-Ballentine

Pie

Ovenly
オーブンリー

東欧の食文化をヒントにしたおしゃれベーカリー

塩味と甘み、双方のバランスをうまく取り入れたスナックやスイーツが大人気。小腹が減ったときやおみやげにもオススメ。

⌂ 31 Greenpoint Ave. (near West St.)
☎ 1-888-899-2213
⊕ 7:30〜19:00 (土・日曜 8:00〜)
Ⓧ 地下鉄 G 線 Greenpoint Av より徒歩約 5 分
www.oven.ly
グリーンポイント
MAP 別 P.23 D-1

ガラスケースの中に並べられたパイやクッキー、ケーキの数々

赤レンガの外観が目印

Photos:Mark Weinberg

住宅街の片隅にポツンとたたずむ小さなカフェ

真ん中の大きなテーブルにはいつも地元の住民たちが

Four & Twenty Blackbirds
フォー・アンド・トゥエンティ・ブラックバーズ

旬の素材が活きる超絶人気パイ

サクサク生地に旬のフルーツがぎっしり詰まったパイの店。ほかにもブルックリン中央図書館 (MAP 別 P.26 C-2) 内にカフェがオープンしている。

⌂ 439 3rd Ave. (at 8th St.)
☎ 1-718-499-2917
⊕ 8:00〜18:00、土曜 9:00〜19:00、日曜 10:00〜19:00
Ⓧ 地下鉄 F・G・R 線 4 Av-9 St より徒歩約 3 分
www.birdsblack.com
パークスロープ
MAP 別 P.26 A-3 外

🌿 無料 Wi-Fi があるカフェが多い。"Could you tell me the Wi-Fi password?" とパスワードを教えてもらおう。

定番からレアまで
ブルックリンメイドのチョコに出合う

NYでは良質なカカオを使ったこだわりチョコレートが人気。
とりわけブルックリンではとことんおしゃれなチョコ文化が開花中。
店によりこだわり方や作り方が違うので、試食してみよう。

Chocolate Bar

アメリカ中西部をイメージした
イラストを使ったパッケージ ▶ 各$9.50

名物のホットチョコも
召し上がれ！

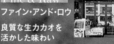

Fine & Raw
ファイン・アンド・ロウ

**良質な生カカオを
活かした味わい**

アーティストのダニエル・スラーさんがア
パートの一室でつくり始めたチョコレート
がはじまり。現在は最新のアート・コミュニ
ティとして人気のブッシュウィック(P.194)
には工場を兼ねたカフェがオープン。

🏠70 Scott Ave. (bet. Randolph St. & John
son Ave.)
☎1-718- 366-3633
🕐9:30 〜17:00
🈺月·土曜
🚇地下鉄L線Morgan Avより徒歩約10分
www.fineandraw.com
ブッシュウィック
MAP 別P.27 E-1

$5

Mast
マスト
ハンドメイド・チョコ人気の火つけ役

カカオの選別から完成まで携えるチョコ。ブルックリン発だが、マンハッタンのマスト・マーケット内で販売中。

🏠353 Columbus Ave. (at 77th st.)
☎1-212-874-6278　🕐8:00〜20:00
🚇地下鉄A・B・C線72 Stより徒歩約8分
mastmarket.com
アッパー・ウエスト・サイド
MAP 別P.20 B-3

$7

Chocolate Bar
甘さ控えめのちょっぴり大人の味わい。包装紙もこだわりあり

カカオの味わいを最大限に引き出したチョコ

ユニークなフレーバーが続々ラインナップ

Chocolate Bar
カカオの深い味わいを感じられる。香ばしく、ほろ苦さと上質な甘みが絶妙

$24.95（セット）

Raaka
Chocolate Factory
ラーカ・チョコレート・ファクトリー
素材を活かした極上チョコ

生カカオを低温加工した上質チョコ。フェアトレードとオーガニックにこだわった極上の味わい。工場ツアーも人気（予約制）。

🏠64 Seabring St.
(bet. Bowne & Seabring Sts.)
☎1-855-255-3354　🕐11:00〜16:00（金・日曜は18:00）　🚇地下鉄F・G線Carroll Stより徒歩約18分
www.raakachocolate.com
レッドフック　MAP 別P.27 E-2

Cacao Prieto
カカオ・プリエト
ドミニカ産有機栽培のカカオが香る

創業者は発明家＆宇宙技術士のダニエル・プリエトブリストンさん。カカオの繊細な香りと味わいが楽しめる上品なチョコ。

🏠218 Conover St.bet.
Dikeman & Coffey Sts.
☎1-347-225-0130　🕐9:00〜17:00(土・日曜11:00〜19:00)　🚇地下鉄F・G線Smith-9 Stsより、B61バスVan Brunt st/coffey St下車　cacaoprieto.com
レッドフック
MAP 別P.27 D-3

味はもちろんパッケージの美しさも話題に

$8

Chocolate Bar
大人のためにつくられた味わい。カカオの芳醇な香りを楽しめる

Jacque
Torres Chocolate
ジャック・トレス・チョコレート
ダンボ発の鉄板人気のチョコ

Mr.チョコレートの名で知られるトレス氏と、日本人シェフのゴトウケンさんが織りなす、NYのシンボル的絶品チョコ。

🏠66 Water St. (bet.
Dock & Main Sts.)
☎1-718-875-1269
🕐10:00〜18:30(土・日曜19:00)
🚇地下鉄F線York Stより徒歩約6分
mrchocolate.com
ダンボ　MAP 別P.24 B-1

ギフトにぴったりの種類豊富なトリュフ

トリュフ詰め合わせ（12個入り）

約30種類のチョコレートの中から、好きなチョコを選ぶことができる

$21

Lovebugs

ブルックリン

SIGHTSEEING

ART

ENTERTAINMENT

EAT

SHOPPING

STAY

SHOPPING
02

編集スタッフ激推し！
巨大古着店で掘り出し物探し

倉庫を改装した巨大空間に圧倒的な数の商品がずらり。
入りやすく開放的な雰囲気なので、時間をかけてゆっくり掘り出し物を探そう！

beacon's closet

Ｔシャツ、ドレス、バッグなど
あらゆるアイテムが揃う！
色別ディスプレイにも注目

値段は
こちらの札
でチェック

$21.95

商品が色別に
並べられているので
見やすい

Let's
shopping!!

パンツの
品揃えも圧巻

さまざまな
タイプの靴が
壁一面に並ぶ

ブルックリン

SIGHTSEEING

ART

ENTERTAINMENT

EAT

SHOPPING

STAY

推しポイント 1

圧倒的な品揃え！

素材やデザイン、色バリエが豊富。日本からも古着店のバイヤーが訪れるほど

Good!

$49.95

ロンシャン×J.スコットのバッグ

$13.95

コーデのアクセントにもなるファー付きのサンダル

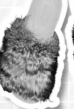

推しポイント 2

コンディションよし！

買い取り審査も厳しいので、ユーズドでも美しい商品が多数ある

$35.95

虎の刺繍が印象的なスカジャン

Cute!

$25.95

レトロな花柄のワンピース。ボタン使いも可愛い

推しポイント 3

レディース＆メンズが揃う

ジェンダーレスファッションが見つかる

$15.95

Look!

ベストとネクタイがプリントされたTシャツ。切りっぱなしの袖もおしゃれ

Beacon's Closet
ビーコンズ・クローゼット

NY市内に4店舗　幅広い品揃えのメガストア

店内には色ごとにまとめられた洋服のほか、バッグ、シューズ、アクセサリーなども並ぶ。ここグリーンポイント店は本店とあり、広々としていて商品が選びやすい。

🏠74 Guernsey St. (near Nassau Ave.)
☎1- 718-486-0816
🕐11:00〜20:00
🚇地下鉄G線Nassau Av より徒歩約4分
beaconscloset.com
グリーンポイント
MAP 別P.23 E-2

厳選3軒をピックアップ！
話題のビンテージショップを巡る

ニューヨーカーの間で古着使いはおしゃれの基本。個性的な古着店が大集合する
ブルックリンで、いつものコーデにアクセントを添えるアイテムを見つけよう。

巨大空間にお宝アイテムがぎっしり！

Tシャツだけ
でも膨大な量
の品揃え

$28

$18

コンディションのよい
アイテムが見つかる

思わず揃えたくなるカラーバリエーション

日本人オーナーのセンスが光る商品がずらり

膨大な商品を見やすくディスプレイ

10ft Single by Stella Dallas

**テンフィート・シングル・
バイ・ステラ・ダラス**

幅広いセレクションと
状態のよさが人気

1940年から1960年代を中心
に、ブランドものからカジュア
ルまで幅広いラインナップ。隣
にある同オーナーが経営する
ファブリック店もチェック！

🏠285 N. 6th St. (bet. Havemeyer St. & Meeker Ave.)
☎1-718-486-9487
🕐12:00～19:45
🚇地下鉄L線Lorimer Stより徒歩約4分
ウイリアムズバーグ　MAP 別P.23 E-3

WEST
FORT DRUM, N.Y.

$18

Tシャツも豊富。
メンズアイテム
も揃う

what is

NYの古着

トレンドともマッチするアイテムが世界中から厳選されて集まっている。古着店はブルックリンのほか、マンハッタンのソーホーやノリータ、ロウアー・イースト・サイドにも多い。

$80

ゴージャスなドレスもお手頃価格で手に入る

コンディションのよいレア物がいっぱい！

ブランド品も豊富。業界にもファンが多い

rabbits
ラビッツ

**業界人も注目！
レアアイテムの宝庫**

こぢんまりした店内に、日本人オーナーが厳選した1940〜90年代のレアな商品がぎっしり。小さめサイズが豊富なのもうれしい。

🏠120 Havemeyer St. (bet. Grand & S. 1st Sts.)
☎1-718-384-2181
⏰12:00〜20:00（日曜〜19:00）
🚇地下鉄J・M・Z線Marcy Avより徒歩約8分
www.rabbitsnyc.com
ウイリアムズバーグ　MAP 別P.23 E-3

トレンドとリンクしたアイテムを揃える

気軽に入って、じっくりお宝を探そう

探しやすいディスプレイ。メンズものも充実

L Train Vintage
エルトレイン・ビンテージ

**ブルックリンに8店舗ある
地元客御用達古着店**

ブルックリンを走る地下鉄L線沿いにオープンしたことで「L Train」と名付けられた古着店。こちらはブッシュウィック店。Tシャツやシャツ、ワンピースまで幅広く見つかる。

🏠1377 Dekalb Ave. (bet. Central & Wilson Aves.)
☎1-718-443-6940
⏰12:00〜19:00（金・土曜〜20:00）
🚇地下鉄M線Central Avより徒歩約4分
www.ltrainvintagenyc.com/
ブッシュウィック　MAP 別P.27 E-2

リーズナブル価格でローカルに絶大人気

$6

5分丈袖がかわいいデニムジャケット

グリーンポイントにある古着屋、ビーコンズ・クローゼット（P.172〜173）もチェックを。巨大な倉庫の中には古着がぎっしり。

175

ブルックリン

SIGHTSEEING

ART

ENTERTAINMENT

EAT

SHOPPING

STAY

おみやげを買うなら
Made in Brooklyn に限る

It's Cute!

ブルックリンにはローカルメイドのナチュラルで
おしゃれなアイテムがいっぱい。個性的な商品をゲットして、大切な人へのおみやげに差をつけよう。

APOTHEKE の
リキッドソープ ▶ $22

A

チャコール（炭）を使った液体ソープ

Photo : White Moustache

Anarchy in a Jar の
ジャム ▶ $20

C

ストロベリーとバルサミコ酢のジャム

WHITE MOUSTACHE の
ヨーグルト ▶ $6.99

E

NY近郊産のミルクでつくられるヨーグルト

Granola Lab の
グラノーラ ▶ $10.50

B

ヘルシー派に大人気。
さまざまな種類がある

Photo : Granola Lab

A. Whole Foods Market
ホールフーズ・マーケット

ローカルアイテムもたくさん

ここウイリアムズバーグ店は、ブルックリンメイド
のものが多数。街歩策ついでに立ち寄れるのもいい。

⌂ 238 Bedford Ave. (at N. 4th St.)
☎ 1-718-734-2121
⊕ 8:00〜22:00
Ⓜ 地下鉄 L 線 Bedford Av より徒歩約4分
m.wholefoodsmarket.com
ウイリアムズバーグ
MAP 別 P.23 E-3

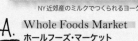

B. Dépanneur
デパナー

ウイリアムズバーグのスペシャリティストア

ブルックリン産の食料品がたくさん手に入るデリ。
スキンケアアイテムやキッチングッズも。

⌂ 242 Wythe Ave. (at N. 3rd St.)
☎ 1-347-227-8424
⊕ 7:30〜18:00
Ⓜ 地下鉄 L 線 Bedford Av より徒歩約8分
www.depanneur.com
ウイリアムズバーグ
MAP 別 P.23 D-3

C. The Greene Grape
グリーン・グレープ

フォートグリーンの地元住民御用達

地元産の野菜や肉をはじめ、調味料やお菓子など
がぎっしり。両隣にワイン専門店とカフェの系列
店あり。

⌂ 767 Fulton St. (bet. Portland Ave. & S.
Oxford St.)
☎ 1-718-233-2700
⊕ 8:00〜21:00
Ⓜ 地下鉄 C 線 Lafayette
Av より徒歩約1分
www.greenegrape.
com
フォートグリーン
MAP 別 P.25 D-3

ブルックリン

SIGHTSEEING

ART

ENTERTAINMENT

EAT

SHOPPING

STAY

Photo : Morris Kitchen

 *Morris Kitchen*の
ジンジャーシロップ $13

ケーンシュガー入り。水割りやカクテルにも

Photo : Brooklyn Denim

*Brooklyn Denim*の
Tシャツ $46

アメリカで生産されたプレミアムコットンを使用

NYでも大人気の水出しコーヒー

 *Grady's*の
コールドブリュー $16.50

ロウのデニムを使ったオリジナルデザイン

*Brooklyn Denim*の
ジャケット $275

Photo : Baggu

*Claudia Pearson*の
ティータオル $20

ブルックリンの街並みが描かれている

レジ袋型で使い勝手も抜群！カラーバリエーションも豊富

*Baggu*の
エコバッグ $14

D. Baggu
バグゥ

さまざまなデザインと素材が揃う

一世を風靡したスーパーのレジ袋型バッグがトレードマーク。レザーやキャンバス地のバッグも豊富。

⌂ 242 Wythe Ave. (bet. N. 3rd & N. 4th Sts.)
※入口は N. 3rd St. 沿い
☎ 1-415-500-1388（カリフォルニア）
◷ 11:00 〜 19:00
Ⓜ 地下鉄L線 Bedford Av より徒歩約7分
baggu.com
ウイリアムズバーグ
MAP 別P.23 D-3

E. Brooklyn Larder
ブルックリン・ラーダー

ローカル御用達の自然派フード店

ハムやジャム、ホームメイドのお総菜など充実の品揃え。オリジナル商品も人気。

⌂ 228 Flatbush Ave.
(bet. Bergen St. & St Marks Pl.)
☎ 1-718-783-1250
◷ 10:00 〜 19:00
Ⓜ 地下鉄 2・3線 Bergen St より徒歩約1分
www.bklynlarder.com
パークスロープ
MAP 別P.25 D-3

F. Brooklyn Denim Co.
ブルックリン・デニム・カンパニー

広くセンスのよい店内にはアトリエも併設

店内では職人が作業する姿が見られる。シャツやバッグなど幅広い品揃えが人気。カスタムも可能。

⌂ 338Wythe Ave. (bet.S. 1st & S. 2nd sts.)
☎ 1-718-782-2600
◷ 11:00 〜 18:00（日曜 12:00 〜）
Ⓜ 地下鉄L線 Bedford Av より徒歩約9分
brooklyndenimco.com
ウイリアムズバーグ
MAP 別P.23 D-3

チェルシー・マーケット（P.84）でも Made in Brooklyn の商品を見つけることができる。

川沿いに広がる絶景を望む人気のトレンドスポット

DUMBO
ダンボ

[行き方]

地下鉄 F線 York St または A・C線 High St から徒歩約5〜10分。ブルックリン・ブリッジ・パークの南側から行くなら、2・3線 Clark St から徒歩約10分

フェリー ピア11からイースト・リバー・フェリーでひとつ目。約5分。料金は平日は$4、週末は$6。www.ferry.nyc/east-river

のんびり観光気分で！

昼：◎
夜：◎

ふたつの橋の向こうに見えるマンハッタンの絶景と、おしゃれなお店探索を楽しんで。

ダンボ(DUMBO)とは Down Under the Manhattan Bridge Overpass の頭文字を取った通称。マンハッタン・ブリッジと、その南のブルックリン・ブリッジのふたつの橋のたもとに広がる。かつては工場や倉庫が多かったが、アーティストたちが移り住むようになってから急速に発展。近年はギャラリーやカフェ、ショップなどが立ち並ぶトレンドエリアに変貌した。NYの歴史地区にも指定されている。

B この周辺から見える摩天楼が美しい！

E

I エンパイア・ストア >>>P.181
G ウエストエルム >>>P.180
H タイムアウト・マーケット・ニューヨーク >>>P.181

J リバー・カフェ >>>P.181

ぶらぶらするならこの辺りを歩こう

D ジャック・トレス チョコレート >>>P.171

A

ピクニックも楽しめる川沿いの公園
Brooklyn Bridge Park **A**
ブルックリン・ブリッジ・パーク

エンパイア・フルトン・フェリー・ステート・パークとピア1〜6を含む公園。夏期は多くの無料イベントが開催され、ローカルにも人気。

🏠1 Water St. (Empire-Fulton Ferry State Park)
🕐6:00〜翌1:00（ピア2は8:00〜21:00、ピア5は7:00〜23:00）※冬期は異なる
🚇地下鉄F線 York St より徒歩約8分
www.brooklynbridgepark.org
ダンボ　MAP 別P.24 B-1

DUMBO 01
休日はのんびりゆったり
ダンボでニューヨーカー気分

川沿いに広がる石畳の街ダンボは、ローカルたちの憩いの場としても人気。ニューヨーカー気分で楽しもう。

ロウアー・マンハッタンが一望できる

数々の映画にも登場するNYの象徴的吊り橋
Brooklyn Bridge **B**
ブルックリン・ブリッジ

1883年に開通した全米最古の吊り橋のひとつ。全長約1.8kmで、2層式の上層部分を歩いて渡ることもできる（約30分）。

🚇地下鉄F線 York St より徒歩約10分
ダンボ
MAP 別P.24 B-1

休日はダンボでのんびりしたい

ブルックリン・ブリッジ・パーク内にある

SIGHTSEEING

ART

ENTERTAINMENT

EAT

SHOPPING

STAY

John St.

Plymouth St.

イースト・リバーの架け橋
Manhattan Bridge C
マンハッタン・ブリッジ

F パワーハウス・
アリーナ
>>>P.180

ブルックリン・ブリッジの北側の吊り橋。
自動車道、自転車道、歩道のほか、地
下鉄B・D・N・Q線が通る。1909年開通。
⊗地下鉄F線York Stより徒歩約10分
ダンボ
MAP 別P.24 C-1

メリーゴーランドも必見 E
ブルックリン・ブリッジ・パーク内にあるヴィン
テージのメリーゴーランド。これは公園に置くため
ジェーン・ワレンスカさんが購入し、公園に贈った。

Water St

Front St.

York St.

■ York St駅

Brooklyn Queens Expy

Jay St.

徒歩5分

N

有名チョコレートの
本店もある D
有名老舗チョコレート店、ジャック・トレス・
チョコレートの本店はここ。濃厚なホット
チョコレート目当てに訪れる人が多い。
>>>P.171

■ High St駅

DUMBO *02*

おみやげにも！
かわいい雑貨を見つける

センスの良いお店が並ぶダンボは、おみやげ探しにも
ぴったり。自分用にも、思い出になる一品を見つけよう！

were you go!

Powerhouse Arena **F**
パワーハウス・アリーナ

NYモチーフの雑貨も充実！
アート本の出版社が経営する独立系
書店。出版イベントやアートの展示も
行われている。おしゃれ雑貨も豊富。

🏠28 Adams St.
☎1-718-666-3049
🕐11:00～18:00
（土・日曜10:00～）
🚇地下鉄F線York
Stより徒歩約6分
www.powerhouse
arena.com
ダンボ　MAP 別P.24 C-1

定期的にライブやパフォーマンスなど、ユニークなイベントを開催

$12.5

ペーパー・クラフト
イエローキャブを
モチーフにしたペー
パー・クラフト

マグカップ
色合いと取っ
手部分がキュー
トなブルック
リン・スター
のマグカップ

$15.95

West Elm **G**
ウエスト・エルム

**インテリアショップを見ながら
川沿いの景色も楽しもう**
センスの良さで知られるインテリアショ
ップ。雑貨も充実していてメイド・イ
ン・ブルックリンのおみやげも多数見
つかる。

🏠2 Main St. (bet.
Plymouth & Water
Sts.) Empire
Stores内
☎718-243-0149
🕐8:00～20:00（日
曜10:00～19:00）
🚇地下鉄F線York
Stより徒歩約7分
ダンボ
MAP 別P.24 B-1

$20

人気デザイナーClaudia Pearson
のキッチンクロス

$16.50

ブルックリン
の建築様式が
描かれたマグ

ブルックリンがモチーフの小物はおみやげにもよい

180

Time Out Market New York  ⒣
タイムアウト・マーケット・ニューヨーク

**情報誌『Time Out』が手掛ける
フードホール**

2019年5月ダンボ地
区のエンパイア・ス
トアーズ内にオープ
ン。『Time Out』の編
集者たちが厳選した
21店舗を一カ所で楽
しむことができる。

⌂55 Water St. (bet. Old Dock & Main Sts.)
☎1-917-810-4855
⏰8:00～23:00 (金・土曜～24:00)
🚇地下鉄F線York Stより徒歩約7分
timeoutmarket.com/newyork/
ダンボ **MAP P.24 B-1**

$24

テナントの人気店
Juliana'sのマルゲ
リータピザもテナン
トに

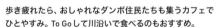

館内だけでなく屋外スペー
スでも食事が楽しめる

DUMBO 03
話題のスポットで
ひとやすみ

歩き疲れたら、おしゃれなダンボ住民たちも集うカフェで
ひとやすみ。To Goして川沿いで食べるのもおすすめ。

Empire Stores ⒤
エンパイア・ストアーズ

ダンボの最大観光スポット

ブルックリン・ブリッジのたもとに
ある。倉庫を改装した建物内に
はフードホールやショップ、博物
館、展望台などがある。ダンボ観
光には欠かせないスポット。

⌂53-83 Water St. (bet. Old Dock &
Main Sts.)
☎1-718-858-8555
⏰店舗により異なる
🚇地下鉄F線York Stより徒歩約7分
www.empirestoresdumbo.com
ダンボ
MAP 別P.24 B-1

体憩にぜひ立ち寄りた
い観光名所

Here
you go!

建物の中にはちょっとした展望スペースもある

特別な日に…

ブルックリン・ブリ
ッジのたもとにあ
る。景観もすてき

River Café ⒥
リバー・カフェ

プロポーズ場所としても有名

イースト・リバーの川岸に浮かぶ高級レスト
ラン。摩天楼の絶景をバックにロマンチックな
時間を過ごせる。要予約。ドレスコードあり。

⌂1 Water St.
☎1-718-522-5200
⏰17:00～22:30
🚫月・火曜
🚇地下鉄F線York Stより徒歩約9分
rivercafe.com
ダンボ
MAP 別P.24 B-1

ブルックリンきってのトレンド発信地

Williamsburg
ウイリアムズバーグ

[行き方]

地下鉄 L 線 Bedford Av で下車

フェリー マンハッタンからは 34 St、もしくは Wall St / Pier 11 から East River Ferry に乗船。N.6th St / North Williamsburg、もしくは Schaefer Landing/South Williamsburg で下船

カルチャーを肌で感じて！

昼：◎
夜：◎

アーティスト、若手起業家が多く住み、トレンドが生まれるエリアとなった。

さまざまな歴史を経て発展してきたエリア。かつては地価が高いマンハッタンから逃れてきた若いアーティストが創作活動に勤しむコミュニティとしても知られていた。しかし、近年の地域開発が進み、この10年ほどで商業施設が増え、若者に人気のトレンディ・エリアへと変わっていった。目抜き通りとなるベッドフォード・アベニューにはこぢんまりとしたカフェやおしゃれなショップが並び、独特のカルチャーが築かれている。

映画『マイ・インターン』に登場

Partners Coffee Ⓑ
パートナーズ・コーヒー

🏠 125 N. 6th St. (near Berry St.)
☎1-347-586-0063
🕖7:00 〜 18:00
Ⓜ地下鉄 L 線 Bedford Av より徒歩約2分
www.partnerscoffee.com
ウイリアムズバーグ
MAP 別P.23 E-2

シドニー発の人気ロースター。カウンター横には焙煎機が。熟練バリスタが淹れる良質コーヒーが飲める。

Ⓓ

Ⓖ ピルグリム・サーフサプライ >>>P.185

Williamsburg 01

うわさのカフェで
おいしいコーヒーを

人気のサードウェーブ・コーヒーが最初に NY 入りしたエリア。こだわりロースターたちによる上質コーヒーを味わおう。

Broadway

S. 6th St.

S. 4th St.

Berry St.

徒歩2分

この周辺はサウス・ウイリアムズバーグと呼ばれる

コミュニティのためのカフェ

Oslo Coffee Roasters Ⓒ
オスロ・コーヒー・ロースターズ

もともとは地域住民のための良質コーヒー作りを目指して生まれた地元カフェ。ゆったりした雰囲気が人気だ。

🏠 133 Roebling St. (at N. 4th St.)
☎1-718-782-0332
🕖7:00 〜 16:00（土・日曜8:00 〜）
Ⓜ地下鉄 L 線 Bedford Av より徒歩約7分
oslocoffee.com
ウイリアムズバーグ
MAP 別P.23 E-3

コーヒー第三波のけん引役

Blue Bottle Coffee Ⓐ
ブルー・ボトル・コーヒー

ドリップコーヒー
目の前でひとつひとつドリップしてくれる

日本上陸でも大きな話題となったカリフォルニア発のブランド。上質な味わいのコーヒーは NY でも人気。

🏠 76 N.4th St. Store A (bet. Berry St.& Wythe Ave.)
☎1-510-653-3394
🕖6:30 〜 18:00（土・日曜7:00 〜）
Ⓜ地下鉄 L 線 Bedford Av より徒歩約4分
bluebottlecoffee.com
ウイリアムズバーグ
MAP 別P.23 D-3

Ⓗ ピーター・ルーガー・ステーキハウス >>>P.186

ハーレム
セントラルパーク
Manhattan
ミッドタウン
ソーホー
ロウアー・マンハッタン
ダンボ
★ ウイリアムズバーグ
Brooklyn

ブルックリン

SIGHTSEEING

ART

ENTERTAINMENT

EAT

SHOPPING

STAY

カフェで作品作りを披露するアーティスト

このまま川沿いへ行くとスモーガスバーグ

O ハリエット・ルーフトップ >>>P.189

N ウエストライト >>>P.189

M ブルックリン・ボウル >>>P.189

Wythe Ave.

E スペース・ナインティ・エイト >>>P.184

K ブルックリン・ブリュワリー >>>P.188

I メープルズ・スモークハウス・アンド・バンケットホール >>>P.187

Metropolitan Ave.

N.6th St.

N.7th St.

N.8th St.

N.11th St.

N.12th St.

A

B

F アウォーク・ビンテージ >>>P.185

インテリアにも注目
Devoción
デヴォシオン **D**

コロンビア産の良質豆を自家焙煎し、香り高いコーヒーが支持される人気カフェ。いつも混雑しているので朝早めがおすすめ。

🏠 69 Grand St. (at Wythe Ave.)
☎ 1-800-952-5210
🕐 8:00〜19:00
🚇 地下鉄L線Bedford Avより徒歩約10分
www.devocion.com
ウイリアムズバーグ
MAP 別P.23 D-3

edford Ave.

ここがメインストリート
目抜き通りは、Bedford Ave。レストランやカフェ、セレクトショップが軒を連ねる。

■ Bedford Av駅

J フェテ・ソウ・バーベキュー >>>P.187

C

L ブルックリン・ワイナリー >>>P.188

Roebling St.

Havemeyer St.

🐾 ウイリアムズバーグは、ノースとサウスに分かれている。ショップが多く集まっているのは、ノース。 183

ビルまるまる一棟
アーバン・アウトフィッターズの
コンセプトショップ

ビンテージ調のおしゃれな店内。頭からつま先まで、完璧なトータルコーディネートができるのも魅力のひとつ

Williamsburg 02
注目のオシャレ SHOP で
センスを磨く

NYのセレクトショップといえば、セレブ出没率のとっても高い場所。お気に入りの最新スタイルをゲット！

話題の商品を扱う臨時
スペースも人気

ファッションに限らず、
レコードやアートブックも豊富に揃う

ここが Good!

ショッピングはもちろん、そのほかにハイクオリティなレストランやバーも併設している。夏はドリンク片手にルーフトップで休憩するのもよい。

Great!

Space Ninety 8 Ⓔ
スペース・ナインティ・エイト

**NYの「今」を感じる
コンセプトショップ**

ローカルデザイナーによるアパレルや雑貨のほか、レストランやバー、ギャラリー、フラワーショップも入っている。メンズウエアも充実。

⌂98 N. 6th St.（bet. Wythe Ave. & Berry St.）
☎1-718-599-0209
🕚11:00～19:00
Ⓜ地下鉄L線Bedford Avより徒歩約4分
www.urbanoutfitters.com/stores/williamsburg
**ウイリアムズバーグ
MAP 別P.23 D-2**

ウエアのほかに、アクセサリーやバッグなどの小物や雑貨も扱う

AWOKE VINTAGE

ウイリアムズバーグらしい
ビンテージ・セレクトショップ

Awoke Vintage **F**
アウォーク・ビンテージ

古着とオリジナルが揃う

ビンテージが中心だが、オリジナルアイテムも多数扱うセレクトショップ。ワンピース、シャツなど、コンディションのよいアイテムが豊富に見つかる。

🏠132 N. 5th St. (near Bedford Ave.)
☎1-718-387-3130
🕐10:00～21:00
🚇地下鉄L線Bedford
Avより徒歩約3分
www.awokevintage.
com

ウイリアムズバーグ
MAP 別P.23 E-3

カラーごとにディスプレイされた店内。シャツ$60～

ここがGood!

カジュアル&ガーリーが好きな人は必見。海をイメージしたカラフルな色物がたくさんで、ひとつ着るだけでおしゃれに見えそうなのがいい。

ビンテージの布で作られたオリジナルのくるみボタン。1セット$4、3セット$10

さまざまなサーフボードも揃う

デザイン性と機能性に長けている商品が多い

サーフィンと
ライフスタイルを融合させた

ウイリアムズバーグにある、シンプルで広々した店内

Pilgrim Surf+Supply **G**
ピルグリム・サーフ＋サプライ

**日本にも上陸した
セレクトショップ**

「自然と都会のデュアルライフ」がコンセプト。アメリカ東海岸のカルチャーをミックスさせたシンプルで洗練されたデザインが人気。

🏠33 Grand St. (at Kent Ave.)
☎1-718-218-7456
🕐11:00～19:00
🚇地下鉄J・M・Z線Marcy Avより徒歩約11分
pilgrimsurfsupply.com

ウイリアムズバーグ
MAP 別P.23 D-3

ここがGood!

木目調の明るい店内には、サーフィンを中心としたアウトドアにまつわるさまざまなアイテムがずらり。センスのよいディスプレーもチェック!

ブルックリン

SIGHTSEEING

ART

ENTERTAINMENT

EAT

SHOPPING

STAY

ステーキ？　バーベキュー？
肉・肉・肉の肉三昧！

こだわりぬいた素材、ダイナミックな調理法。
いずれもアメリカを代表する人気料理。さあ、どっちにする？

ホウレンソウ

サワードゥブレッド

ベーコン

Prime Porterhouse Steak for Two

How to
オーダー＆食べ方

ステーキ

1 大勢ならシェア、ひとりであればフィレ・ミニョンなど小ぶりな肉を注文するとよい。肉の旨み（特にドライエイジド）を最大に引き出す焼き加減はミディアム・レアといわれている。ポーターハウスなどではサーバーが個別に取り分けてくれる場合が多い。肉のうま味を感じるため、最初のひと口は何もつけずに味わってほしい。

バーベキュー

2 店によっては、部位の重量（ポンド）ごとに販売していることが多い。通常、ミニマム・オーダー（最低注文数）は1/4ポンドから。希望の部位を店員に伝え、自分だけのプレートを作ってもらおう。付け合わせの野菜やポテトは、肉のうま味と味わいを引き立ててくれる名脇役。リブなどは両手を使って豪快にかぶりつこう。

プライム・ポーターハウス・
ステーキ・フォー・トゥー
$135.90（時価）

28日間、乾燥熟成させたUSDAプライム・ビーフ。まさにNYステーキのアイコン的存在

Peter Luger Steakhouse Ⓗ
ピーター・ルーガー・ステーキハウス

NYステーキの本家本元

地元でも長く愛され続けている創業130年以上の老舗。「これぞアメリカン・ステーキ！」といった雰囲気が楽しめる。予約は必須。支払いは現金のみ。

🏠 178 Broadway (at Driggs Ave.)
☎ 1-718-387-7400
🕐 11:45～21:30
🚇 地下鉄J・M・Z線Marcy Avより徒歩約6分
peterluger.com
ウイリアムズバーグ　MAP別P.23 E-3

$19.95

ベーコン

オニオン

パティ

フレンチフライ

ルーガー・バーガー

ジューシーなパテをブリオッシュでサンドした、
毎日15:45までの限定メニュー

Photos : Peter Luger Steakhouse,
Mable's Smokehouse & Banquet Hall

ブレッド

キャンディード・ヤム
（ヤム芋のサラダ）

ビーツのピクルス

きゅうりのピクルス

コラード・グリーン

コールスロー

Deluxe Platter

プルドポーク

ブリスケット

スペア・リブ

Deluxe Platter

$57.95

デラックス・プラッター
BBQ3種＋サイド3種の豪華プラッター。ピクルス＆ブレッドも。2〜3名でシェアしたい

お腹を空かして来てね！

Mable's Smokehouse & Banquet Hall ❶
メーブルズ・スモークハウス・アンド・バンケットホール

家族経営の人気BBQ店

「祖母の味を再現したい」と、夫婦が手間暇かけてていねいに焼き上げるBBQが人気。西部劇に登場する大衆酒場のような開放的な雰囲気も人気の秘訣。

🏠 44 Berry St. (bet. N.11th & N.12th Sts.)
☎ 1-718-218-6655
🕐 12:00〜21:00（金・土曜〜22:00）
🚇 地下鉄L線Bedford Avより徒歩約6分
www.mablessmokehouse.com
ウイリアムズバーグ
MAP 別P.23 E-2

BBQ

Fette Sau BBQ ❿
フェテ・ソウ・バーベキュー

老若男女問わず
大人気の店

グラスフェッド／オーガニック・ポークなど、厳選素材を使ったBBQ。開店前から行列ができる。女性ひとりでも入りやすい。

🏠 354 Metropolitan Ave. (bet. Roebling & Havemeyer Sts.)
☎ 1-718-963-3404
🕐 12:00〜22:00（月・火曜17:00〜日曜〜21:00）
🚇 地下鉄L線Bedford Avより徒歩約7分
www.fettesaubbq.com
ウイリアムズバーグ
MAP 別P.23 E-3

スペア・リブ

ピクルス

ソーセージ

ポテトサラダ

量り売りBBQ

$30(1lb)〜

量り売りバーベキュー
リブやブリスケット、プルド・ポークなどは希望の分量（1/4lb〜）でオーダーできる

🍖 アメリカのBBQは、フタ付きのグリルでハンバーガーやホットドッグ、チキンなどを時間をかけて調理する。　187

ブルックリン

SIGHTSEEING

ART

ENTERTAINMENT

EAT

SHOPPING

STAY

夜遊びスポットで
とことん遊び倒す

話題のお店が続々オープンするトレンド発信地は、夜遊びスポットも大充実。眠らない街でナイトライフを楽しもう！

BEER

ビールのつくり方
教えるよ

ビールの製造過程がわかる工場ツアー

圧倒的な存在感の
発酵・熟成タンク

できたてのビールの味は、もちろん格別！

Brooklyn Brewery　K
ブルックリン・ブリュワリー

クラフトビールの先駆けブランド

1988年創業の地ビール工場。1杯$5、5杯$20のトークン（代用貨幣）で、できたてのビールを楽しめる。工場ツアーもおすすめ。（月〜木曜$12、要予約。土・日曜は無料）。

🏠79 N. 11th St. (bet. Wythe & Berry Sts.)
☎1-718-486-7422　🕐16:00〜21:00（木曜〜22:00、金曜14:00〜22:00、土曜12:00〜23:00、日曜12:00〜20:00）ツアーは月〜木曜16:15〜、18:00〜、金曜15:00〜、16:00〜、18:00〜（要予約。$22）。無料ツアーは土日曜13:00〜18:00
🚇地下鉄L線Bedford Avより徒歩約8分
brooklynbrewery.com
ウイリアムズバーグ　MAP 別P.23 E-2

$5

WINE

シンプルでスタイリッシュなラベルも好評

ワインバーの横に醸造所を併設している

ワインがすすむ、
おしゃれな小皿料
理も豊富

Brooklyn Winery　L
ブルックリン・ワイナリー

醸造所併設の都会的ワインバー

NY州産を中心に各産地のブドウを併設のワイナリーで醸造。洗練されたフードも楽しめる話題のスポット。テイスティングつきの1時間のツアー$35も人気。

🏠213 N. 8th St. (bet. Diggs Ave. & Roebling St.)
☎1-347-763-1506
🕐17:00〜22:00
🚫日・月曜
🚇地下鉄L線Bedford Avより徒歩約3分
bkwinery.com
ウイリアムズバーグ
別MAP P.23 E-2

居心地のよい
リラックス空間

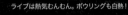

今夜も朝まで
盛り上がろう！

ブルックリン

SIGHTSEEING

ART

ENTERTAINMENT

EAT

SHOPPING

STAY

ライブは熱気むんむん。ボウリングも白熱！

Brooklyn Bowl M
ブルックリン・ボウル

ライブ演奏とボウリングのヒップな融合

600人収容のライブ会場を併設する。大迫力のライブ演奏を聴きながらボウリングが楽しめる。ブルーリボン・レストランのフードとブルックリンの地ビールも人気。

🏠61 Wythe Ave. (bet. N. 11th & N. 12th Sts.)
☎1-718-963-3369　⏰18:00〜23:00 (金曜〜翌2:00、土曜11:00〜翌2:00、日曜11:00〜　⊗月・火曜
Ⓜ地下鉄L線Bedford Avより徒歩約8分
www.brooklynbowl.com
ウイリアムズバーグ
MAP 別 P.23 D-2

ボウリングのモニターにライブの様子も映る

カラフルなボウルで、気分も盛り上がる

クラブ通いする感覚で訪れる若者が多い

Westlight N
ウエストライト

ドーム型のバー。夜遅くなるとクラブになる

ホテルの最上階にある

マンハッタンを見渡すことができるルーフトップバー。クラフトビールやカクテル、ワインのほかスターシェフによる小皿料理も味わえる。

🏠111 N. 12th St. (William Vale Hotel22階)
☎1-718-307-7100　⏰16:00〜24:00 (金曜〜翌1:00、土曜12:00〜翌2:00、日曜12:00〜　Ⓜ地下鉄L線Bedford Avより徒歩約10分
www.thewilliamvale.com
ウイリアムズバーグ　MAP 別 P.23 E-2

マンハッタンビューを楽しめる！

PARTY

イベントやパーティーも随時開催されている

COCKTAIL

Bar Blondeau O
バー・ブロンドゥ

マンハッタンを一望できるステキな空間

ワイス・ホテルのルーフトップバー。マンハッタンの摩天楼を眺められる。特に、夕景は絶景。バーに入るだけでも長蛇の列になるので、早めに入って飲んでサンセットの時間を待とう。

🏠80 Wythe Ave. (at N. 11th) Wythe Hotel内
☎1-718-460-8006　⏰17:00〜24:00 (金曜〜翌1:00、土曜12:00〜翌1:00、日曜12:00〜　Ⓜ地下鉄L線Bedford Avより徒歩約10分
barblondeau.com
ウイリアムズバーグ　MAP 別 P.23 D-2
観光客だけでなくローカルにも人気

イースト・リバーに映る夜景も美しい

トレンド空間から見る絶景！

NYの地下鉄は24時間営業している。とはいえ、夜中は極端に本数が少なくなるので、気をつけよう。

新旧が入り交じる、現在進行形の街

Greenpoint
グリーンポイント

[行き方]

地下鉄 G線 Nassau Av下車、G線Greenpoint Av下車

フェリー イースト・リバー・フェリー の India Street / Greenpoint 下船

どんどん進化中！

昼：◎
夜：○

広さと家賃の安さを求めてウイリアムズバーグから移転してきた、素敵なお店が増加。

ウイリアムズバーグに隣接しており、かつてはポーランド系移民たちが多く暮らすエリアとして知られていた。昨今のブルックリン人気にともなう地域開発の波に押される一方で、いまなお歴史的な街並みが残る貴重なエリアでもある。目抜き通りとなるマンハッタン・アベニュー沿いには築100年を超える建物や地元向けのスーパーなどが立ち並ぶ。フランクリン・ストリート沿いにはトレンディなショップやカフェが増えつつある。

F トランスミッター・パーク >>>P.193

WNYC Transmitter

WEST ST.

Greenpoint 01
移民文化がなおも息づく
オールド・ブルックリンを体感する

近年の都市開発がますます勢いを増す一方で、
歴史の足跡を色濃く残すグリーンポイントを歩いてみよう。

地域の発展を見守るランドマーク
St. Anthony of Padua Church **A**
聖アンソニー・パドゥア教会

赤のレンガと白い石灰岩の組み合わせが美しい、1875年に建立されたローマン・カソリック教会。尖塔までの高さは約73m。現在はNY市の歴史的建造物に指定。

🏠862 Manhattan Ave. (bet. Greenpoint Ave. & Calyer St.) ☎1-718-383-3339
Ⓧ地下鉄G線Greenpoint Avより徒歩約1分
stanthony-stalphonsus-brooklyn.org
グリーンポイント MAP 別P.23 D-1

Meserole Ave.

Kent St.

Calyer St.

C

B **A**

■ Greenpoint Av駅

■ Nassau Av駅

Greenpoint Ave.

Leonard St.

Nassau Ave.

Norman Ave.

Eckford St.

N

←------→
徒歩3分

E グリーンポイント・フィッシュ・アンド・ロブスター >>>P.193

交通量も多いグリーンポイント・アベニュー付近

暮らす人々の生活感が伝わってくるエリア

ブルックリン

SIGHTSEEING

ART

ENTERTAINMENT

EAT

SHOPPING

STAY

地域住民たちがやって来るカフェ

Cafe Riviera **B**
カフェ・リヴェラ

→ $6.50

ローカルお気に入りベーカリー。ポーランドをはじめ、イタリア＆フランスの焼き菓子が人気。良心的な価格も魅力的。

カフェラテ＋クッキー

甘さ控えめの量り売りクッキーとラテでひと休み。

⌂830 Manhattan Ave. (bet. Noble & Calyer Sts.)
☎1-718-383-8450
◷8:00〜20:00（日曜9:00〜）
Ⓜ地下鉄G線Greenpoint Avより徒歩約2分
www.caferivieragreenpoint.com
グリーンポイント　MAP 別P.23 D-1

Franklin, St.

Freeman St.

Eagle St.

Dupont St.

Clay St.

最近発展中のストリート
センスのよいセレクトショップや、気の利いた内装のカフェが点在。有名店の2号店なども出店している。

D
ベーカリ
>>>P.192

Manhattan Ave.

グリーンポイントの
メインストリート
昔ながらのデリやポーランド系レストランが立ち並ぶ。昔ながらのアットホームな商店街という雰囲気。

ノスタルジックなレトロ・ベーカリー

Peter Pan Donut & Pastry Shop **C**
ピーターパン・ドーナツ・アンド・ペーストリー・ショップ

東欧系スタッフ＆常連さんであふれる店。昔ながらのドーナツをかじりながら、地元の人々が新聞を読みふける、そんな日常がここにある。

この辺りはややさびしくなるので注意
開発されてきたとはいえ、まだまだ工場街。夜になるとひと気がなくなる。

⌂727 Manhattan Ave. (bet. Meserole & Norman Aves.)
☎1-718-389-3676
◷4:30〜18:00（木・金曜〜19:00、土曜5:00〜19:00、日曜5:30〜）
Ⓜ地下鉄G線Nassau Avより徒歩約4分
peterpandonuts.com
グリーンポイント　MAP 別P.23 E-1

レッド・ベルベット・ドーナツ

早く行かないと売り切れ必至の人気ドーナツ

→ $1.50

木のぬくもりに包まれて
手作りのパンを

自然光が優しく差し込む店内。ラスティックでモダンな雰囲気がブルックリンらしい

サラダ
ルッコラ、ストロ
ベリー＆フェタ
チーズのサラダ

$14

ルッコラは、アメリカではアルグラと呼ぶ

$4.50

カフェラテ
カウンターの
の豆を使った

ビンテージ・カップに注いでくれる

Greenpoint *02*

かわいくておいしいお店で
ぼーっとひと休み

街なか散策のあとは、ゆっくりと休憩タイム。
どうせなら地元でとびきり人気のお店に行こう。

Bakeri D
ベーカリ

**食と雰囲気
両方を堪能できる店**

パンや焼き菓子はどれも評価が高く、
新鮮な野菜や卵を使った軽食も人気。
スタッフのユニフォームもキュート。

🏠 105 Freeman St. (near Franklin St.)
☎ 1-718-349-1542
🕐 月〜金7:00〜18:00 土・日曜8:00〜
🚇 地下鉄G線 Greenpoint Avより徒歩
約8分
www.bakeribrooklyn.com
グリーンポイント
MAP 別P.23 D-1外

インテリアの装飾が細
部まで行き届いている

落ち着いた住宅地にたたずむオアシス

ユニフォームのつなぎ
もブルックリンらしい

FOCACCIA
$2

ノルウェー出身のオーナーが手がけるパンが人気

ブルックリン

📷 SIGHTSEEING

🎨 ART

🎵 ENTERTAINMENT

🍴 EAT

🛒 SHOPPING

🏢 STAY

Greenpoint *03*

話題のシーフード店で "どんぶりモノ" を がっつりいただく

若手起業家がひしめくブルックリン。
人と環境にやさしく、
なおかつ美味なビジネスを展開する店へゴー。

ライス・ボウル
焼きイカとゆで卵
にかつお節をまぶ
したオリジナル丼

＄29

ほかにも旬の魚を使ったユニ
ーク・メニューが満載だ

肩肘はらないカジュアルさが魅力のバー

Eat
a lot!

創始者のアダムさん (左) とビンセントさん (右)

Greenpoint Fish & Lobster Ⓔ

グリーンポイント・フィッシュ・アンド・ロブスター

エコでおしゃれな魚屋さん

新鮮な牡蠣や各種シーフードがカジュアルに楽しめるロウ・バー兼魚屋さん。持続可能をテーマに環境にやさしいビジネスをしている。

🏠 114 Nassau Ave.
(bet. Eckford &
Leonard Sts.)
☎ 1-718-349-0400
🕐 12:00～22:00
Ⓜ 地下鉄G線Nass
au Avより徒歩約3分
グリーンポイント　MAP 別P.23 E-1

www.greenpointfish.com

Nice View!

Greenpoint *04*

ローカルになりきって マンハッタンの景色を眺める

川沿いまでちょっとだけ足をのばしてみれば、
ローカルが見る日常的な摩天楼に出合える。

ブルックリンらしいレンガづくりの倉
庫やウォータータンクが望める

WNYC Transmitter Park Ⓕ
トランスミッター・パーク

住民たちに愛される緑地帯

マンハッタン行きフェリー船着場近く
の公園。ランニングや犬の散歩に来る
人々の日常に触れられる場所。

🏠 West St.
(bet. Kent St. & Greenpoint Ave.)
Ⓜ 地下鉄G線 Greenpoint Avより徒歩
約7分
www.nycgovparks.org
グリーンポイント　MAP 別P.23 D-1

歩行者＆自転車用に整備された道。観光客もまばらで、ここから眺める景色は格別だ

🌿 メインとなる通りは、Manhattan Ave.。最近はおしゃれなお店も増えたが、昔ながらのポーランド系のレストランも残る。

NYのストリートアートの流行発信地はここ

Bushwick
ブッシュウィック

[行き方]

地下鉄 地下鉄L線Morgan
AvまたはL線Jeffers
on Stから徒歩すぐ。中心となる
のはこの2つの駅。行き先によっ
てはM線Knickerbocker Avなど
も使える

ストリートアートのメッカ

昼：○
夜：△

アーティストが移り住み、アートが盛ん。そ
れにともない、カフェやレストランも増加中。

ヒップスターのメッカであるウイリアムズバーグの東隣に位置し、近年、新進
アーティストやクリエイター系の若者が流入。ニューヨークの新しいアート
シーンを牽引する街として注目されている。特に、ストリートを彩る巨大壁画
群ブッシュウィック・コレクティブが有名で、周辺には個性的なギャラリーも
急増。話題のレストランも続々オープンし、無骨な工業地帯がどんどん発展し
ていく様子をリアルに感じることができる。 **D**

■ **Morgan Av駅**

H スワロー・カフェ
>>>P.197

C

Bogart St.

Morgan Ave.

Harrison Pl.

Grattan St.

Seigel St.

Thames St.

Flushing Av

E モミネッテ・フレンチ・
ビストロ
>>>P.196

I ロベルタズ
>>>P.197

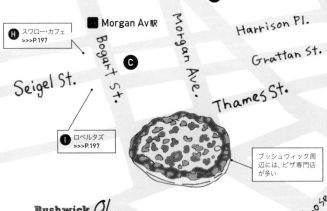

ブッシュウィック周
辺には、ピザ専門店
が多い

Knickerbocker Ave.

Melrose St.

Jefferson St.

Troutman St.

B

Bushwick 01
ストリートカルチャーの発信地
グラフィティアートを見に行く

巨大壁画で彩られたブッシュウィックは、ストリートアート
のメッカ。ダイナミックな芸術を見に行こう。

この辺りから南側は
やや治安が悪くなる
ので注意

圧倒的迫力の巨大壁画群
The Bushwick Collective
ブッシュウィック・コレクティブ **A**

ローカルおよび世界中のアーティストた
ちによって描かれた巨大壁画がずらりと
並ぶ。近くで見ると圧巻！

⌂427 Troutman St.(near St.Nicholas
Ave.)
Ⓧ地下鉄L線Jefferson Stより徒歩約3分
ブッシュウィック
MAP 別P.27 E-1

壁画群は拡大中。隣の
Morgan Av駅付近にもある

いたるところで見られる壁画アート

マンハッタンと違い、話者は少ない

Bushwick 02
最新アートシーンは ブッシュウィックにあり！

最先端アートを扱うギャラリーが増加中。毎年6月の
「ブッシュウィック・オープン・スタジオ」もNY最大級の
アートの祭典として話題。

N

A → ユニオン・ピ ザ・ワークス
>>>P.196 **F**

■ Jefferson St 駅

徒歩3分

St.Nicholas Ave.沿
いに壁画がズラリ

Starr St.

Willoughby Ave.

Suydam St.

Irving Ave.

Maria
Hernandez
Park

中心となる公園

Wyckoff Ave.

■ DeKalb Av 駅

St Nicholas Ave.

コンテンポラリーアートが楽しめる
Gallery Petite **B**
ギャラリー・プティ

2015年設立。地元ブッシュウィックのアー
ティストの展示が多く、ライブやポップ
アップなどのイベントも開催される。

⌂ 114 Wilson Ave.
(bet. Starr St. & Willoughby Ave.)
☎ 1-718-552-5600
🕐 13:00～18:00
(またはアポイントメント)
㊡ 月～金曜
Ⓜ 地下鉄M線 Knickerbocker Av より
徒歩約10分
gallerypetite.com
ブッシュウィック　MAP 別P.27 E-1

フレンドリーな存在で地元コミ
ュニティに愛されている

話題のギャラリービル
The BogArt **C**
ザ・ボガート

バラエティ豊か
なアートを見ら
れるのが魅力

G → バラエティ・コービ ー・ロースターズ
>>>P.197

Himrod St.

Harman St.

1階と地下にある大小さまざまな18軒の
ギャラリーで、絵画や彫刻など多彩なア
ートを展示する。観光客にも人気。
⌂ 56 Bogart St. (bet.Harrison Pl. & Gratten St.)
☎ 1-718-599-0800
🕐 ギャラリーによって異なる
Ⓜ 地下鉄L線 Morgan Av より徒歩約1分
56bogartstreet.com
ブッシュウィック　MAP 別P.27 D-1

DeKalb Ave.

Stockholm St.

lson Ave.

NY市内に3つある
Luhring Augustine Gallery **D**
ルーリング・オーガスティン・ギャラリー

1985年に設立された有名ギャラリ
ーの支店とあり注目の的

マンハッタンのチェルシーにある一流ギ
ャラリーがブルックリンにもスペースを
構えた。高い天井を活かしたさまざまな
展示は見応えあり。
⌂ 25 Knickerbocker Ave.
(at Ingraham St.)
☎ 1-718-386-2746
🕐 11:00～18:00
(またはアポイントメント)
㊡ 日～水曜
Ⓜ 地下鉄L線 Morgan より徒歩約2分
www.luhringaugustine.com
ブッシュウィック　MAP 別P.27 E-1

☀ 壁画があちこちで見られるブッシュウィック。ただの落書きではなく、スポンサーやギャラリーがついて作成しているものが多い。

ブルックリン

📷 SIGHTSEEING

🎨 ART

🎵 ENTERTAINMENT

🍴 EAT

🛒 SHOPPING

🏨 STAY

ローカルに人気のフードを
ステキなガーデンで食べる

ブッシュウィックの住民たちのお気に入りは、
とびきりおしゃれで気持ちのよいレストラン。

店を彩るビンテージのイラスト

ブルックリンらしい
古い看板もおしゃれ

ちょっぴり古めかしく、落ち
着いた色のインテリア

Mominette French Bistro
モミネッテ・フレンチ・ビストロ Ⓔ

**ローカル
イチオシの
ビストロ**

エスカルゴやムール貝、ダック・コンフィ
など、おなじみのフレンチ・メニューなど
を楽しめる雰囲気抜群の店。

🏠221 Knickerbocker Ave.(bet.Troutman & Starr Sts.)
☎1-929-234-2941
🕐16:00〜21:30（金曜12:30〜15:30、16:00〜22:00、土曜10:00〜15:20、16:00〜22:00、日曜10:00〜15:20、16:00〜）
🚇地下鉄L線Jefferson Stより徒歩約6分
mominette.com
**ブッシュウィック
MAP 別P.27 E-1**

夏の夕暮れ時は最高！

人気のパティオ。夕暮れには美味なカクテルを
求めて集う地元住民たちで賑わう

**エッグ・
ベネディクト**
ポーチドエッグに熱々の
フライドポテトがマッチ

$15

so excited!

ガレージを彷彿させる独特のダイニングセクション。むき出しの赤レンガもインダストリアルな雰囲気も、すべておしゃれ

ほどよく使い古したテーブルや椅子がクール。支払いは現金のみ

**ペーパー・
プレーン**
バーボン、クインテッセンティアアマーロとレモンジュースのカクテル

$13.50

$11

Union Pizza Works
ユニオン・ピザ・ワークス Ⓕ

**モッチリ薄いピザが人気
職人レオナルドさんの店**

窯焼き特有の香ばしさと本格的な食感のナポリピザが味わえる。地元で広く愛される人気の店だ。カクテルの種類も豊富で、お酒好きにもおすすめ。

🏠423 Troutman St.(bet.Wyckoff & St Nicholas Aves.)
☎1-718-628-1927
🕐12:00〜21:30（金・土曜〜22:30）
🚇地下鉄L線Jefferson Stより徒歩約3分
www.unionpizzaworks.com
**ブッシュウィック
MAP 別P.27 E-1**

ピッツァ・コン・チッポラ
白玉ねぎ、ゴルゴンゾーラ、カチョチーズにオレガノをまぶした白いピザ

ブルックリン

SIGHTSEEING

ART

ENTERTAINMENT

EAT

SHOPPING

STAY

Bushwick 04

ゆったりカフェで のんびりコーヒーを

人気上昇中の独立系ロースターで挽きたて、淹れたてのコーヒーをローカルっぽくいただこう。こだわりカフェでくつろぐ幸せを。

アイスコーヒー
さっぱりとしながらも深い味わいのアイスコーヒー
$4.50 $4

レモン・マフィン
爽やかな柑橘の香りと甘いアイシングが絶妙

テーブル席だけでなく、カウンターも広々している

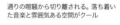
ほんのりな甘みのある
コーヒーを楽しんで

通りの喧騒から切り離される。落ち着いた音楽と雰囲気ある空間がクール

Variety Coffee Roasters
バラエティ・コーヒー・ロースターズ

焙煎所併設の人気コーヒー店

ブッシュウィックならではのゆったりとした空気が流れる広い店内では、こだわりの自家焙煎コーヒーが楽しめる。おしゃれな地元っ子の溜まり場。

⌂146 Wyckoff Ave. (at Himrod St.)
☎1-718-497-2326
⊘7:00〜21:00
Ⓜ地下鉄L線DeKalb Avより徒歩約2分
varietycoffeeroasters.com
ブッシュウィック
MAP別P.27 F-1

店内のインテリアはレトロ！

カフェ・ラテ
コーヒーの深い味わいとコクが引き立っている
$4.50

ほかには紅茶やサンドイッチなどの軽食も

ウッドやレンガなどでアンティークな空間に

Swallow Cafe Ⓗ
スワロー・カフェ

駅近のおしゃれなカフェ

店名になっているスワロー（ツバメ）のイラストがお出迎え。地元住民憩いのカフェではコーヒーとマフィンがおすすめ。

⌂49 Bogart St. (bet.Seigel & Moore Sts.)
☎1-718-381-1944
⊘8:00〜20:00
Ⓜ地下鉄L線Morgan Avより徒歩約2分
swallowcafe.nyc
ブッシュウィック
MAP別P.27 D-1

Good choice!

SWALLOW cafe

Bushwick 05

地元っ子に混ざってローカル食材を楽しむ

最近では、地産地消がスタンダードとなってきた。とりわけブルックリンの地元愛はひとしおだ。ローカルの味をすてきに演出する店に行ってみよう。

ピザだけでなく週末のブランチメニューも評判。店内にはラジオ局もある

$16

ビーストマスター・ピザ
ペパロニやソーセージ、ハラペーニョなどがのった一品

サボイ・ファロ・パリッジ
ブランチメニュー。ポーチドエッグにマッシュルームやポテトを添えて

Ⓘ Roberta's
ロベルタズ

ミシュラン2つ星のピザ屋

大人気のピザの名店。倉庫を改装した店内には裏庭もあり、ここで育てた野菜やハーブを料理に使うとも。連日多くの地元客で賑わう。

⌂261 Moore St. (bet. Bogart & White Sts.)
☎1-718-417-1118 ⊘12:00〜22:00（木曜〜23:00、金曜〜24:00、土曜11:00〜24:00、日曜11:00〜23:00）Ⓜ地下鉄L線Morgan Avより徒歩約2分
robertaspizza.com
ブッシュウィック
MAP別P.27 D-1

$24

ブッシュウィックらしいヒップなインテリアの店内で、おいしいピザを食べよう

人々の生活感漂うのんびりのどかな街

Bococa & Park Slope
ボコカとパークスロープ

[行き方]

地下鉄 Carroll Garden 方面には F・G 線 Smith 9 Sts、もしくは Carroll St へ Boerum Hill や Cobble Hill 方面へのアクセスは、F・G 線 Bergen St の利用がおすすめ

フェリー ピア 11 から NY ウォータータクシーで約 20 分
www.nywatertaxi.com/tours/ikea
※変更あり。要確認

スタイリッシュなショップが並ぶ

昼：◎
夜：△

のんびりとした雰囲気がありながらも、センスのいいショップやレストランも多い。

ボーラム・ヒル Boerum Hill、コブル・ヒル Cobble Hill、キャロル・ガーデン Carroll Garden という 3 つの隣接するエリアの総称がボコカ (BoCoCa)。その西、プロスペクトパークに隣接するのがパークスロープ。いずれも落ち着いた雰囲気の住宅街となっており、アトランティック街 Atlantic Av やスミス通り Smith St やコート通り Court St といった大通りにはこぢんまりとしたショップやカフェが軒を連ねている。

E ハチェット・アウトドア・サプライ >>>P.200

G サハディーズ >>>P.201

D

カジュアルにわいわい過ごせる
Two 8 Two Bar & Burger
トゥ・エイト・トゥ・バー＆バーガー **A**

クラフトビールやカクテルをはじめ、ローカルの素材にこだわったハンバーガーとフライがおいしいと評判。連日多くの地元客でにぎわっている。

⌂282 Atlantic Ave. (near Smith St.)
☎1-718-596-2282
🕐12:00 ～ 23:00 (金・土曜～ 24:00)
🚇地下鉄 F・G 線 Bergen St より徒歩約 4 分 two8twoburger.com
ボコカ
MAP 別 P.24 C-2

A

Wyckoff St.

■ Bergen St 駅

F メグ >>>P.200

Hick St.

Bococa & Park Slope 01
人気のバーで
仲間とわいわい過ごす

ブルックリンの生活感あふれるエリアだけに、ローカル好みのバーも充実している

Warren St.

Court St.

Baltic St. **B**

Smith St.

Hoyt St.

Degraw St.

Carroll St.

この辺りがボコカ

レトロな雰囲気漂う
ローカル・バー
Clover Club Cocktail **B**
クローバー・クラブ・カクテル

⌂210 Smith St. (bet. Baltic & Butler Sts.)
☎1-718-855-7939
🕐16:00 ～ 24:00 (金曜～翌 1:00、土曜 12:00 ～翌 1:00、日曜 12:00 ～)
🚇地下鉄 F・G 線 Bergen St より徒歩 3 分
cloverclubny.com
ボコカ
MAP 別 P.24 B-3

2nd Pl.

4th Pl.

Union St.

N

徒歩 3 分

ロー・キーで地元らしさが漂うバー。平日夜はカクテルなどが人気で、週末はおしゃれなブランチも楽しめる。ときおりジャズの生演奏あり。

C

ハーレム
セントラル
パーク
Manhattan
ミッドタウン
ソーホー ウイリアムズバーグ
ロウアー ダンボ Brooklyn
マンハッタン
ボコカ
★ パークスロープ

ライフを満喫できるエリア アトランティック街と4番街が交差する大通り

ブルックリン

SIGHTSEEING

ART

ENTERTAINMENT

EAT

SHOPPING

STAY

G ジュニアズ
>>>P.201

Dekalb Av駅 ■

Dekalb Ave.

Fulton St.

Bococa & Park Slope *02*

ユニークなコンセプトの ショップを訪ねる

街の中心地からちょっぴり離れた住宅地には、
個性あふれる小粒なショップが点在する。

オペラ、音楽、ダンスなどが鑑
賞できる。Brooklyn Academy of
Music (通称BAM＝バム)

Lafayette Av駅 ■

Atlantic Ave.

ブルックリン産も見つかる
Trader Joe's D
トレーダー・ジョーズ

全米チェーンでNYの
あちこちに支店があ
るが、ブルックリンに
は現在3店のみ。ブ
ルックリン産ビール
なども揃う。

⌂130 Court St . (at Atlantic Ave.)
☎1-718-246-8460
⏰8:00～21:00 ⦿地下鉄F・G線
Bergen Stより徒歩約6分
www.traderjoes.com
ボコカ
MAP 別P.24 B-2

屋内競技場、多目的ホール、バー
クレイズ・センター。NBAブルッ
クリン・ネッツの本拠地

3rd Ave.

音楽とアンティーク、
自家焙煎の店

Black Gold Records C
ブラック・ゴールド・レコーズ

⌂461 Court St. (bet.
4th Pl. & Luquer St.)
☎1-347-227-8227
⏰7:00 ～ 20:00 (土・
日曜8:00～)
⦿地下鉄F・G線Smi
th 9th Stsより徒歩約8分
blackgoldbrooklyn.com
ボコカ
MAP 別P.27 F-3

店内には選りすぐりのビンテージ雑貨とさまざまなジャンルのレコードが充
実。古いポストカードにブリキの小物。懐かしいNYを発見できる空間。

4th Ave.

カフェや雑貨店が点在
するメイン・ストリート

4th Ave.を境に東がパ
ークスロープ

ひと味違うアイテムで
物欲も大満足！

他人とはひと味違うものが欲しいなら、
こだわり派におすすめの個性派ショップへ。
自分だけのオンリーワン・アイテムで差をつけよう

thank you for coming

機能美も備えたアメリカやカナダ製の良質ブランドが揃っている

バックパック
ニューヨーク州ウッドストックで作られている

$257

ニューヨーク近郊のハイキング事情がわかる地図や、アウトドア大国ならではの小物も

Hatchet Outdoor Supply Co. Ⓔ
ハチェット・アウトドア・サプライ

**こだわりの
アウトドア派へ**

実用性と機能性、ファッション性を兼ねた旬な商品を集めたアウトドア専門店。アパレルや小物のほか、キャンプ＆ハイキング関連グッズが充実している。

⌂ 77 Atlantic Ave. (bet. Henry & Hicks Sts.)
☎ 1-347-763-1963
🕐 13:00〜18:00（土曜〜19:00）
🚇 地下鉄2・3・4・5線 Borough Hall より徒歩約8分
hatchetsupply.com
ボコカ MAP 別P.24 A-2

welcome

Meg Ⓕ
メグ
**モダンな
セレクトショップ**

ブルックリン在住のファッションデザイナーが1994年にオープンした。現在は2店舗あり、レディースのみ扱う。

⌂ 358 Atlantic Ave. (bet. Hoyt & Bond Sts.)
☎ 1-718-522-3585
🕐 11:00〜18:00
🚇 地下鉄A・C・G線Hoyt-Schermerhornより徒歩約5分
megest1994.com
ボコカ
MAP 別P.24 C-2

オリジナルのコレクションも見逃せない

魅力的なデザインのワンピースばかり

Looks good?

ファッション業界の人や、セレブも通う

ノッチパンツ＆ゆったりめのトリ・トップ。大人の女性の日常にユーモアをプラスするアイテムが揃う

ブルックリン

SIGHTSEEING

ART

ENTERTAINMENT

EAT

SHOPPING

STAY

昔ながらのダイナーを思わせるインテリアはノスタルジック感たっぷり

プレーン・チーズケーキ **$8.75**

濃厚な味わいはまさにニューヨークスタイル

パストラミ・リューベン **$19.95**

ライ麦パンにジューシーなパストラミがたっぷり

Junior's Ⓖ
ジュニアズ
1950年創業の老舗店

NYのアイコン的存在として知られている。名物のチーズケーキのほか、ボリュームたっぷりのアメリカン料理を楽しむことができる。

🏠 386 Flatbush Ave. (at Dekalb Ave.)
☎ 1-718-852-5257
🕐 7:00～23:00（金・土曜～24:00）
🚇 地下鉄B・Q・R線 Dekalb Avより徒歩約1分
www.juniorscheesecake.com
ダウンタウン・ブルックリン
MAP 別P.24 C-2

It's a lot of fun!

Bococa & Park Slope 04
地元っ子に愛される老舗へ行く

ブルックリンが有名になるずっと昔から、地元っ子たちに愛され続けている店がある。いつまでもローカル感があふれる有名店に行ってみよう。

ブルックリンのアトランティック・アベニュー沿いにある

Sahadi's Ⓗ
サハディーズ
1895年創業の老舗店

アラブ系コミュニティにある中近東系の食材店。お惣菜、ドライフルーツ＆ナッツ、スパイス、コーヒーなどこだわりの食材がずらり。ブルックリンのインダストリー・シティに2号店をオープンさせたことでも話題に。

🏠 187 Atlantic Ave. (bet. Clinton & Court Sts.)
☎ 1-718-624-4550
🕐 10:00～19:00
🚇 地下鉄4・5線 Borough Hallより徒歩約6分
sahadis.com
ダウンタウン・ブルックリン
MAP 別P.24 B-2

オリーブやドライフルーツなどの量り売りも魅力

ピタなど中近東でよく食べられるパンも見つかる

パークスロープには、ブルックリン最大の公園プロスペクトパーク（MAP 別P.26 B・C-3）がある。設計者はセントラルパークと同じ。

シンプルかつアーティスティック！

ロフトタイプの部屋。マンハッタンにはない広々とした空間も魅力。

Brooklyn ステイがトレンド！
かっこいいホテルに泊まる

マンハッタンよりリーズナブルな値段で、広々した部屋に泊まれるのがBrooklyn ステイの魅力。クールで個性的な空間で、暮らすように滞在できるのもうれしい。ますます人気上昇中のエリアの散策にも便利！

What is ACE

シアトル発人気ホテル

1999年米西海岸シアトルで誕生したライフスタイルホテルチェーン。創業者が音楽仲間で滞在できるようにと古いビルを改装してホテルをオープンさせたのがきっかけ。

ここがかっこイイ
どこか和風を感じるモダンなインテリア！

デザイナーホテルの先駆け！

Ace Hotel Brooklyn
エース・ホテル・ブルックリン

話題のホテルがブルックリンに

マンハッタンのノマド地区をはじめ、シドニーや京都など世界中に展開しているエース。客室はシンプルながらもゆったり、ローカルアーティストの作品が飾られて落ち着ける。

🏠 252 Schermerhorn St. (near Bond St.)
☎ 1-718-313-3636
💲 $350〜
🚇 地下鉄A・C・G線Hoyt-Schermerhorn Stより徒歩約2分
ポコカ
MAP 別P.24 C-2

シックなロビーの奥にはバーもある。複数の地下鉄にアクセスできるロケーションもいい

© Ace Hotel Brooklyn

202

Photos : Henry Norman Hotel

どの部屋も、居心地の
よい空間を演出するク
リーンなインテリア

清潔感あふれる
快適空間！

話題沸騰中
のエリアに
滞在！

ここがかっこイイ
19世紀の倉庫をスタイ
リッシュに改装

マンハッタンの
摩天楼を一望で
きる共有テラス

Henry Norman Hotel
ヘンリー・ノーマン・ホテル

**注目エリアに
アパート感覚でステイ**

進化中のグリーンポイントにオー
プンしたブティック・ホテル。キ
ッチン完備の部屋もあり、長期滞
在者にも人気。フィットネス・セ
ンターはサウナつき。

🏠251 N. Henry St. (bet. Mese-
role & Norman Aves.)
☎1-718-489-2974
💲$346〜518
Ⓜ地下鉄G線Nassau Avより徒
歩約11分
henrynormanhotel.com
グリーンポイント
MAP 別P.23 E-1

大型アートに彩られたモダンで近未来的なロビー

2階のテラスはゲストなら誰でも使える共有スペース

ビジネス
トリップ
にも使える

シンプルで落ち着いた
雰囲気

窓を強調にした空間で、
ゆったり滞在できる

Photos : Wythe Hotel

レトロ
モダンが
イマドキ！

ここがかっこイイ
インダストリアルな雰
囲気を残しつつも今風

工場の面影を残しながらモダンに改装

かっこイイを
極めた空間！

Nu Hotel
ヌー・ホテル

**マンハッタンへの移動も楽な
便利なロケーション**

複数の地下鉄駅が近くにあるので、ブルッ
クリン散策はもちろんマンハッタンへの
移動も便利。朝食サービスもあり、無
料で自転車を使えるのもうれしい。

ここがかっこイイ
ショップやカフェが立
ち並ぶエリアにある

🏠85 Smith St. (at Atlan-
tic Ave.)
☎1-718-852-8585
💲$305〜447
Ⓜ地下鉄F・G線Bergen
Stより徒歩約5分
www.nuhotelbrooklyn.com
ボコカ
MAP 別P.24 C-2

ロビーにあるバー＆ラウンジではタパス
も楽しめる。夏期はテラスもオープン

Photos : Nu Hotel

Wythe Hotel
ワイス・ホテル

**ルーフトップバーも話題！
ヒップな街のアイコン的ホテル**

1901年建造の工場を改装。ロフトタイ
プから2段ベッドのバンクルームまで多
彩な部屋を提供。絶景が望めるルーフ
トップバーは行列ができるほどの人気。

🏠80 Wythe Ave. (at N.
11th St.)
☎1-718-460-8000
💲$320〜2480
Ⓜ地下鉄L線Bedford Av
から徒歩約10分
wythehotel.com
ウイリアムズバーグ
MAP 別P.23 D-2

天井が高く開放感たっぷりのロビー。奥
にはポップアップ・ショップがある

ブルックリン

SIGHTSEEING

ART

ENTERTAINMENT

EAT

SHOPPING

STAY

🐾 ウイリアムズバーグの散策で道に迷ったときに目印になるのがワイス・ホテル。ルーフトップ・バー（P.189）もおすすめ。

5ステップで あわてず出国・あわてず帰国

出国・帰国の流れは下記のとおり！ 何があるかわからないので
空港には、出発の約2時間前には到着するように計画を立てておこう。
機内で記入する書類があるので、ボールペンは持っていると便利。

日本 ⇒ ニューヨーク

 STEP1 機内

以前は旅行者税関申告書を到着までに記入
しておく必要があったが、2023年5月現在、
入国審査方式が簡略化され、提出が不要にな
った。ただし利用する空港により異なる。

STEP2 到着

係員の指示に従い、連絡通路を通って入国
審査所へ向かう。入国審査は混み合うので
速やかに進むこと。

STEP3 入国審査

> 観光なら Sightseeing と答えればOK

パスポートとe-チケットを提示。その後、指
紋認証（両手5本）と顔写真の撮影がある。

 STEP4 荷物受け取り

> 取り違えないよう目印をつけると尚よし

搭乗便名が表示されたターンテーブルで荷
物を受け取る。荷物が見当たらない場合は、
係員に引換証を見せて調べてもらおう。

STEP5 税関審査

パスポートを提示。税関に申請するものがあ
れば係の人に伝えてカウンターで荷物検査、
なければそのまま出口へ。

入国必須 POINT

パスポート：3カ月
滞在日数＋90日以上が望ましい

ビザ：不要
ESTAの控えを手荷物に入れておく

手荷物制限
機内には手荷物1個＋ハンドバッグが持ち込み可
※一部航空会社により異なる

ニューヨーク ⇒ 日本

 STEP1 チェックイン

> 搭乗の2時間前には空港へ

搭乗する航空会社のカウンターで、
パスポートとe-チケットを提示。
預ける荷物のチェックを受ける。

STEP2 手荷物検査

> 食べ物は機内持ち込みOK

機内持ち込みの荷物はすべてX線
検査機に通す。手荷物1個＋ハン
ドバッグまでが持ち込み可能。

 STEP3 セキュリティチェック

靴を脱ぎ、手荷物検査とボディチ
ェックを受ける。金属製のアクセ
サリーやベルトも忘れずに外そう。

 STEP4 搭乗

> 機内では機内モードに

30分前までには搭乗券に記載され
たゲートへ。ゲートを通る際、再
度パスポートチェックがある。「Vis
it Japan Web（入国手続オンライ
ンサービス）」に登録しておくと、
検疫、入国審査、税関申告などを
ウェブで行うことができ、提出を
省略できる。https://vjw-lp.digit
al.go.jp

帰国必須 POINT

おみやげの持ち込み
肉類や植物など、持ち込みが禁止され
ているものもある。事前に確認を。

機内持ち込みNG

✘ 重さ10kg以内の荷物（大きさについては航空会社により異なる）
✘ 化粧品などの液体類（ジェル、エアゾール含む）
✘ 刃物やとがったもの ✘ ゴルフクラブ、サーフボードなどの長いもの
✘ 日用品 ✘ スポーツ用のスプレー

入国・免税範囲

酒やたばこの持ち込
みは21歳～。食品も
持ち込み不可のもの
があるので注意。

酒	約1ℓまで
たばこ	紙巻きたばこ200本、葉巻100本、電子たばこは中身のたばこが200本に相当する量まで
通貨	US＄1万以上は要申告

帰国・免税範囲

免税範囲を超えると、
帰国時に関税を納め
なければならない。
「Visit Japan Web」に
よる電子申告が推奨
されている。

酒	3本（1本760cc程度）
香水	2オンス（約57g）
たばこ	紙巻きたばこ200本、葉巻たばこ50本
おみやげ	合計20万円まで

パスポートだけでは入れない!?
【入国に必要な手続きと書類】

見落とすとせっかくの旅行が台無しに！　事前準備は入念に。

ESTA

http://esta.cbp.dhs.gov/esta/
料金 $21（クレジットカード払いのみ）

NY（アメリカ）の場合、90日以内の滞在で往復の航空券があればビザは免除される。ただしビザを持っていない場合は、ESTA（エスタ・電子渡航認証システム）の認証が必要。申請はオンラインでできるので、必ず渡航72時間前までに済ませておこう。

STEP1　専用HPにアクセスし、対応言語から日本語を選ぶ。その後、申請をクリック。

⇩

STEP2　免責事項を確認し、姓名、生年月日、パスポート番号などを入力。入力は半角英数。

⇩

STEP3　入力が終わったら、送信をクリック。登録完了画面は印刷しておくと安心。

Visit Japan Web（入国手続オンラインサービス）

2022年11月、日本の入国手続きオンラインサービス、Visit Japan Webのシステムがバージョンアップされた。それにより、「入国審査」「税関申告」がウェブで行うことができるようになった。事前に登録しておくと（登録方法は以下）、帰国時の空港での手続きをスムーズに終えられる。
Visit Japanはアプリではないのでインストールの必要がなく、ひとつのアカウントで同伴家族の追加登録も可能だ。

STEP1　アカウントを作成

⇩

STEP2　利用者情報を登録

⇩

STEP3　スケジュールを登録

⇩

STEP4　必要な手続きの情報を登録

サービス案内ページ

よくある質問

ハレ旅 Info

ニューヨークの玄関口
3つの空港をマスターしよう

NYには、国際線が多く到着するジョン・F・ケネディ国際空港、ニュージャージー州にあるニューアーク・リバティ国際空港、マンハッタンに最も近いラガーディア空港の3つの空港からアプローチできる。それぞれ比較して、自分に合う空港からNY入りしよう。

市内まで約60分
ジョン・F・ケネディ国際空港
John F. Kennedy International Airport

1日の国際便の離着陸は400件以上、国内便はその2倍

マンハッタンから東へ約25kmに位置する。ニューヨーク最大の国際空港で、国際線が最も多く到着する。6つのターミナル（ターミナルの番号は8まで）からなり、観光案内所、交通案内カウンターなどがある。エアポートコードはJFK。

☎1-718-244-4444
www.jfkairport.com

空港見取り図

日本からの直行便は、アメリカン航空がターミナル8、全日空とユナイテッド航空がターミナル7、デルタ航空がターミナル4、日本航空がターミナル1に到着する。

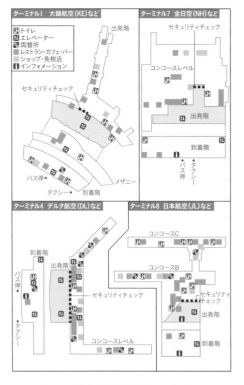

ターミナル1 大韓航空(KE)など
- 🚻 トイレ
- 🛗 エレベーター
- 🏧 両替所
- 🍴 レストラン・カフェ・バー
- 🛍 ショップ・免税店
- ℹ インフォメーション

出発階
セキュリティチェック
バス停
タクシー
到着階
メザニー

ターミナル7 全日空(NH)など
セキュリティチェック
コンコースレベル
出発階
到着階
タクシー・バス停

ターミナル4 デルタ航空(DL)など
到着階
出発階
バス停
タクシー
セキュリティチェック
コンコースレベル

ターミナル8 日本航空(JL)など
コンコースC
コンコースB
セキュリティチェック
出発階
到着階
コンコースレベル

マンハッタンへのアクセス

空港からマンハッタンへの移動は、シャトルバス、エアトレイン、タクシー（最近では配車アプリも使える）などがある。時間帯や人数、料金などを考えて、適切な手段を選ぼう。

エアトレイン&鉄道　約40分

+ $15.95~19

ロングアイランドレイルロードを利用する。地下鉄よりも速いので快適。行き先は、ペン・ステーションとグランド・セントラルがある。ブルックリンも通る。

エアトレイン&地下鉄　約40～50分

+ $11.75

時間はかかるが、渋滞がない。通勤ラッシュ時は混雑する。料金が安いので、費用を抑えることができる。駅にエレベーターやエスカレーターがない場合も。

シャトルバス　約45～120分

+ $45~

乗り合いバス。指定した行き先まで行ってくれるが、ルートによってはかなり時間がかかる。ホテル以外の場所も指定できる。ウェブサイトから予約していくとよいだろう。

タクシー　約40～60分

+ $70~

グループや荷物が多い場合は便利。チップは料金の15～20%と荷物の出し入れ1個につき$1が目安。時間により加算されることもある。白タクに気をつけよう。

市内まで約40〜60分 ニューアーク・リバティ国際空港
Newark Liberty International Airport

JFKに比べると発着枠に余裕があり、混雑は少なめ

ハドソン・リバーを挟んでニュージャージー州にある。ターミナルは3つあり、日本からの直行便は、ユナイテッド航空がターミナルCに到着する。ターミナル間は無料のモノレールで結ばれている。エアポートコードはEWR。
☎1-973-961-6000
www.newarkairport.com

マンハッタンへのアクセス

電車、空港バス、シャトルバス、タクシー、どの交通手段を利用しても、約60〜80分程度でマンハッタンまで行ける立地の良さが魅力的。

空港バス 約30〜50分	エアトレイン&NJトランジット 約30〜45分	シャトルバス 約40〜70分	タクシー 約40〜60分
 $18.70	$15.75	$40〜	 $50〜70
往復チケットを買うと割安($33)。チケットの購入は空港内のインフォメーション・デスクで。ウェブサイトで事前購入もできる。www.coachusa.com	ミッドタウンにあるペンシルバニア・ステーション駅(MAP別P.15 E-3)に到着する。渋滞に巻き込まれることがないので、目的地までどのくらいかかるか、だいたいわかる。	乗り合いバス。指定の場所まで送ってくれるので便利だが、ルートによってはかなり時間がかかることも。人数が揃うまで出発しないので、時間に余裕があるときに利用したい。	荷物の多い人や急いでいる人におすすめ。白タクの被害にあわないよう、正規のタクシー乗り場にいる係員に人数と行き先を伝えて、乗車すること。

市内まで約40分 ラガーディア空港
Laguardia Airport

国内線と国内・カナダ各都市を結ぶ国際線が中心

マンハッタン中心部から北東に約15km、クイーンズにある。マンハッタンに最も近い国内空港で、日本からの直行便はない。約20ほどの航空会社が乗り入れているが、ほとんどが国内かカナダの各都市への発着になる。エアポートコードはLGA。
☎1-718-533-3400
www.laguardiaairport.com

マンハッタンへのアクセス

渋滞にはまらなければ、マンハッタンまで約30分で行くことができる。深夜に到着したら、タクシーを利用しよう。

バス&地下鉄 約20〜50分	シャトルバス 約40〜60分	タクシー 約25〜40分	
$5.50	$40〜	$40〜60	
乗車前にメトロカードを購入しておこう。渋滞に巻き込まれることがないので、目的地までどのくらいかかるか、だいたいわかる。NYはエレベーターのない駅も多い。	乗り合いバス。指定の場所まで送ってくれるので便利だが、ルートによってはかなり時間がかかってしまうことも。ウェブサイトから予約しておくと便利。時間に余裕がある人向け。	荷物の多い人や急いでいる人、深夜や早朝発着便を利用する人におすすめ。白タクの被害にあわないよう、タクシー乗り場にいる係員に人数と行き先を伝えて、乗車すること。	マンハッタンから近く、車で25〜40分のところにある

ジョン・F・ケネディ空港のターミナル4にはハンバーガー店のシェイク・シャック(P.100)がある。食べ忘れた人はここでぜひ！

INFORMATION

出入国

空港

交通

お金

Q&A

地下鉄、バス、タクシーを使いこなす ニューヨークの交通ガイド

世界中から多くの人が集まる都市なので、交通機関の利用の仕方も簡単。主な交通手段は地下鉄、バス、タクシーの3つ。南北の移動なら地下鉄、東西の移動ならバス、急いでいたらタクシーなど、それぞれの特性を理解すると移動もスムーズ。上手に使いこなして、充実した滞在を!

ニューヨークの交通はこの3つ

地下鉄

縦に長いマンハッタンの南北の移動は地下鉄が便利。1970〜80年代は危険な場所とされていた地下鉄もいまは市民の足として利用価値大。

バス

東西の移動に便利なのが、バス。マンハッタンを網の目のように走っている。停留所もブロックごとと多いので、細かい移動にも重宝する。

タクシー

車体が黄色なのが、ニューヨークの公認営業タクシー「イエローキャブ」。運転手が交代する夕方、週末、22時過ぎはつかまえにくい。

\ 地下鉄&バスで利用する /

メトロカード

NYの地下鉄やバスを運行するMTA(Metropolitan Transportation Authority)。料金は「メトロカード(プリペイド式)」で支払う。ICカードやスマホをタッチして入場する「OMNY」もあるが、乗り放題などは旅行者でも利用価値大。2024年までにメトロカードは廃止予定。

METRO メトロカードの種類と特徴

レギュラー	1回ごとに乗車料金が引かれる。1枚で4人まで使用できる。
アンリミテッド	期限内乗り放題のカード。制限がないので、乗り換えを気にしなくてよい。7日間$33、30日間$127。
シングルライド	1回のみの乗車券$3。メトロカードと違い、白い紙のチケット。

メトロカードの買い方

① カードの種類を選択

最初に言語を選ぶ。メトロカードのタイプから新規(Get New Card)を選択する。次に、レギュラーかアンリミテッドを選ぶ。

② 料金を選択 (レギュラーの場合)

レギュラー(Regular Metro Card)を買う場合、プリペイドカードに入れる金額を決める。自分で金額を決めたいときは「Other Amounts」を選択しよう。

② 日数を選択 (アンリミテッドの場合)

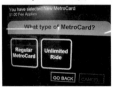

新規(Get New Card)を買う場合、次にメトロカードのタイプを選択する。乗り放題(Unlimited Ride)を選ぶと、次に7日か30日か、日数を選ぶ。

③ 支払い方法を選択

現金、ATMカード、クレジットカードから選ぶ。観光地では、現金不可の券売機が多い。クレジットカードは一度差し込んで抜き、ZIPコードは「99999」と入力。

なんと24時間運行！

地下鉄
SUBWAY

昔は危なかった地下鉄。現在は多くの人が利用しており、安全となった。全然来ないこともあり、運行にバラつきがあるが、速くて便利。朝夕の通勤ラッシュ時は大混雑する。運行は24時間だが、深夜は本数が減る。1回乗車$2.75均一。
☎511
www.mta.info

車体で行き先を確認しよう

乗り方ステップ

① 駅への入口を見つける

出入口にランプが立っている。ランプの色が、緑は24時間有人ブース、黄色は昼間と平日のみ人がいる、赤は出口専用。連絡通路がない場合もあるので、行き先を確認してから、階段を下りよう。

② メトロカードかOMNYで改札を通る

メトロカードを購入したら、改札口へ。メトロカードを自動改札機にスライドさせるかOMNYのカードリーダーにタッチさせ、エントリーのランプが緑になってサインがGOに変わったら、回転式バーを押して、中へ入る。

③ ホームで電車を待つ

同じ路線でも方向により、ホームが違うことがあるので、アップタウンかダウンタウンか、確認してホームに進もう。ホームは空調がないので、夏は暑くなる。

④ 乗車&下車

電車の先頭や側面に表示されている行き先を確認して乗車。たまに表示が間違っていることもある。運行時は揺れるので、手すりにつかまろう。混雑しているときは"Excuse me"の声をかけること。

⑤ 乗り換えの場合

Exit（出口）の文字の横に駅名と路線名とアルファベットか数字が書いてあるので、その矢印や表示がある方向に向かう。駅にある電子表示板で乗り換え検索もできるので、最短ルートを探して。

非接触型決済システム「OMNY」

NYの地下鉄&バスは、上記メトロカードのほか、OMNY（オムニー）と表示のあるリーダーにVisaなどのタッチ決済に対応したカードやデバイスをかざすだけで乗車できる。

非接触IC
マーク

乗車前に必要なもの
非接触型クレジットカード、スマートデバイス（Google PayやApple Payなどのデジタルウォレット）、OMNYカード（ドラッグストアなどで販売。カード$5、購入時には最低$1または運賃をチャージ）のいずれかが必要。

改札での使用方法
利用履歴が必要でない限り、登録不要ですぐに使用可。地下鉄の改札に取り付けられているOMNYのカードリーダーにタッチ。リーダーが「GO」になったら通行可。バーを押して入る。

ほとんどの地下鉄駅で無料Wi-Fiが利用可能。TransitWirelessWiFiを選択してコネクトする。

細かい移動はバスが便利

バス
BUS

☎511
www.mta.info

バスは市民の足として利用されているが、慣れれば、旅行者にとっても便利な乗り物。南北は2〜3ブロック、東西はほぼ1ブロックごとに停留所がある。バスも24時間運行。料金は、市内一律$2.75。乗り継ぎは2時間以内まで追加料金はかからない。

200〜300mおきにバス停がある

乗り方ステップ

① バス停を探す

バス停は、進行方向の右側にある。屋根や電光掲示板があるキレイなバス停もある。バスが来たら、先頭の路線番号と行き先を確認しよう。「M」はマンハッタン内路線、「VIA」は、経由の意味。

↓

② 乗車する

複数の路線の停留所を兼ねているバス停もあるので、自分が乗るバスがきたら、手を挙げるなどして、乗車の意思を表示しよう。乗車は前のドアから。車内では、メトロカードが買えないので注意。

③ 下車する

降車の合図は、窓枠にある黄色(または黒)のゴムテープを押す。赤いボタンや窓に沿ってつってあるひもを引っ張る場合も。降りるときは、後ろのドアから。ほかの人のためにドアを押さえてあげるのを忘れずに。

↓

④ 乗り換えの場合

現金で支払って乗り換えをする場合、乗車時に「トランスファー、プリーズ(Transfer, please)」と伝え、トランスファーチケットをもらう。乗り放題のメトロカードなら、乗り換えを気にせず使用でき、便利。

知っておくと便利

▶横移動はバスで
東西を走るバスは、ほぼ1ブロックごとに停留所があるので、少しだけ移動したいときに便利。長距離移動の場合は、時間に余裕があるときに利用しよう。

▶運転手に行き先を伝える
停留所を知らせるアナウンスがない。あらかじめドライバーに降りたい場所で教えて欲しいと頼んでおくと、その場所で声をかけてくれる。近年はアナウンスがあるバスも増加中。

▶深夜の下車
22:00から早朝5:00の間は、路線内なら、バス停でなくても降りられる。乗車時に、運転手に降りたい場所を伝えよう。ただし、リミテッドバス(LTD)とセレクトバス(SBS)は不可。

Attention

- 紙幣は使えず、おつりは出ないので、$2.75分のコインを用意しておく(1¢硬貨は使えない)。またはメトロカードかOMNYで

- 車内前方にある「Priority Seating」は優先席。通常は座らず空けておこう

- 車内アナウンスはないので、停留所を見過ごさないように

- 車内での飲食、喫煙は厳禁なので注意を

- 半手動式のドアも多い。自分で開けながら降りる。手を離すと勢いよく閉まってしまうこともあるので、注意を。

\ 通称キャブ /

タクシー
TAXI

ニューヨーク市の公認営業タクシー「イエローキャブ」。料金はメーター制。初乗り料金は$2.50。以降5分の1マイルごとに50¢追加、渋滞時は60秒ごとに50¢追加となる。

☎311
www.nyc.gov/tlc

Come on!

日産車のタクシーが多い！

乗り方ステップ

① タクシーを停める

日本同様、手を挙げて停める。マンハッタンは一方通行が多いので、進行方向へ向かう道で停めよう。「OFF DUTY」と点灯している車は、回送車なので乗車できない。

② ドアの開閉は自分で

自動でドアを開閉してくれる日本と違い、ドアは手動となっているので、自分で開け閉めを行う。これを忘れるとトラブルのもとになるので気をつけよう。

③ 行き先を伝える

行き先は、店名やホテル名、住所だけでは伝わらない。「50th St. & 5th Ave., please（50丁目と五番街の交差点）」のように、位置で告げよう。目的地に近づくと、どっち側に停めるか聞かれる。

④ お金を支払い下車

現金、クレジットカードで支払える。チップは料金の18～20％。レシートには、タクシーナンバーが記入されているので、もらうのを忘れずに。支払いが終わったらお礼を言って、降車。閉め忘れに注意。

配車アプリも利用しよう

慣れると便利！

最近では、スマホのアプリを使って車を呼べる「配車サービス」も定番になりつつある。事前に乗車位置やルート、ドライバーの顔や車種、料金が表示され、事前登録したクレジットカードで支払うので、下車時に精算する必要もなく便利。ニューヨークでは「Uber」「Lyft」などのアプリが使える。あらかじめ日本で電話番号によるSMS認証を行い、クレジットカードを登録しておくのがおすすめ。

Attention

- 空港からタクシーに乗るときは、正規の場所から乗ること。声をかけられた人の車に乗ってしまうと、見知らぬ場所に連れて行かれたり、高額な請求をされたりと、白タク被害にあう

- タクシーの屋根のナンバーが点灯していれば、乗車することができる。OFF DUTYのライトがついているのは回送車

- NYのタクシードライバーはさまざまな国の人がいる。住所や位置を書いたメモを用意しておいて、ドライバーに見せるとよいかも

事前に学んでおけば安心！
NYのお金のルールを確認する

扱い慣れていないドル通貨に、日本と少し異なるクレジットカードの使い方。
また、チップの払い方や金額もとまどう要因のひとつ。レジでスマートに会計を済ませて、
支払いの際に焦ることがないように、「お金のルール」をここできちんと確認しておこう。

NYのお金とレート

NYの通貨は$（ドル）

$1≒約140円

（2023年6月現在）

硬貨

25¢=クォーター、10¢=ダイム、5¢=
ニッケル、1¢=ペニーともいう。

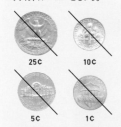

紙幣

通常出回っている紙幣は6種類。チッ
プ支払いに便利な$1や$5は、常に用
意があるといい。

 $100

 $50

 $20

 $10

 $5

 $1

rule 1 両替は日本で！

ニューヨーク市での両替はあまりレートがよくないうえに手数
料もとられるので、できれば日本で替えておきたい。どうしても
両替しなくてはならない場合は、国際空港の到着ロビーや街な
かの両替所、ホテル、銀行などで。一方、少額の支払いでもクレ
ジットカードが利用できるので便利。

空港 ニューヨークの国際空港内に両替所があるが、レートはよ
くない。手数料も比較的高め。入国後、市内へ入るまでの
間など、最低限、必要な換金にとどめておくのがベター。

rule 2 チップはマスト！！

通常は18%、より感謝を伝えたい時は20%支払うのが目安。NYの税金
8.875%を2倍し、少し多めに払うと考えても良い。

チップ早見表

$	18%	20%	$	18%	20%
$1	$1.18	$1.2	$200	$236	$240
$5	$5.9	$6	$250	$295	$300
$10	$11.8	$12	$300	$354	$360
$15	$17.7	$18	$350	$413	$420
$20	$23.6	$24	$400	$472	$480
$25	$29.5	$30	$450	$531	$540
$30	$35.4	$36	$500	$590	$600
$35	$41.3	$42	$550	$649	$660
$40	$47.2	$48	$600	$708	$720
$45	$53.1	$54	$650	$767	$780
$50	$59	$60	$700	$826	$840
$55	$64.9	$66	$750	$885	$900
$60	$70.8	$72	$800	$944	$960
$65	$76.7	$78	$850	$1,003	$1,020
$70	$82.6	$84	$900	$1,062	$1,080
$75	$88.5	$90	$950	$1,121	$1,140
$80	$94.4	$96	$1,000	$1,180	$1,200
$85	$100.3	$102	$1,050	$1,239	$1,260
$90	$106.2	$108	$1,100	$1,298	$1,320
$95	$112.1	$114	$1,150	$1,357	$1,380
$100	$118	$120	$1,200	$1,416	$1,440

有名レストランがチップの廃止を発表。完全になくなるには時間がかかるが、
レストランでのチップ廃止の動きが広がりつつある。

クレジットカードは
いたるところで使えるよ！

POINT

カードは超必須アイテム！
使えない店舗のほうが少数

カード社会が確立されているNY。多くの野外の小さな店舗でもカード支払い可能。利用可能な店には、カード会社のマークが貼ってあることが多い。

---

rule 3

ATMの使い方を確認

Visaなど大手国際ブランドのカードがあれば、現地のATMでドルを引き出せる。ただし、手数料が$1.50〜4かかる。

① **カードを入れる**

アメリカでは、ATMにカードを差してすぐ抜くタイプや、情報読み取り（裏面の黒い）部分をスライドさせるタイプが多い。

② **PIN（暗証番号）を入力**

「PIN（暗証番号）」は日本でカードを決済する際に入力する、4桁の数字と同じ。

③ **「Withdrawal」を選ぶ**

「SELECT TRANSACTION（取引内容を選択）」から希望取引内容の項目で、「Withdrawal（引き出し）」を選択する。

④ **「Credit Card」を選ぶ**

カード種類の項目になったらクレジットカードであれば「Credit Card」を選択。デビットカード、トラベルプリペイドの場合は「Saving（預金）」を選択。

⑤ **金額を入力する**

表示された金額から選ぶのが基本。自分で金額を入力する場合は「OTHER（そのほか）」を選ぶ。

●海外ATM単語帳

口座	ACCOUNT	預金	SAVINGS
金額	AMOUNT	取引	TRANSACTION
訂正	CLEAR	振り込み	TRANSFER
支払い	DISPENSE	引き出す	WITHDRAWAL

---

rule 4

カードが安全でラク

海外で多額の現金を持ち歩くのは危険。カードを活用して、持ち歩く現金は最小限に抑えよう。また、コロナ禍で現金での支払い不可の店も増えている。万が一カードを紛失、盗難または不正使用されても、カード発行金融機関が定める条件[*1]を満たせば、不正利用請求分についてはカード所有者は支払責任を負わない[*2]。不正利用の疑いが生じた場合は、速やかにカード発行金融機関に連絡を。

チップやワリカンの支払いも可！

レシートの「Tip」や「Gratuity」の欄に金額を記入すればチップが払える。「Split the bill please」と、人数分のカードを渡せばワリカンも可能。

---

rule 5

ドルは使い切ろう

円からドルへの両替と同じく、両替所があれば、ドルから円に戻すことは簡単。しかし、手数料がかかってしまうので結果的に損…。計画的にドルは両替して、うまく使いきるのが賢明だ。

NYの税金は8.875%

日本と同様買い物や食事の際に上記の税金（市税＋州税＋メトロポリタン通勤圏追加税で8.875％）がかかる。ただし$110未満の衣料品と靴は非課税。ホテル宿泊時にはさらにホテル税が加算される。

＊1　ATM現金引出取引、Visaコーポレートカード、Visaパーチェシングカードによる商業取引は保護の対象となりません。
＊2　詳しい条件および制限等については、カード発行金融機関に確認を。

ハレ旅
Info

困った！どうする？
ベストアンサー総集編

滞在中、電話をかけたくなったときや郵便を送りたくなったときなど、日本と違う海外ルールを不便に感じることも多いはず。でも、ちょっと知っておくだけで問題は解決！　旅行者の気になるふとした疑問にQ&A方式でお答え！

○○したい編 ここでは、ネットや電話など「通信環境」にまつわるものや、水やトイレなどNYの「生活事情」を紹介。知っておくと旅がもっと快適になる情報ばかり！

電話をかけたい！

BEST ANSWER

国際電話と市内電話のダイヤルを確認して！

NYから日本へかけるなら、国際電話の識別番号と日本の国番号をダイヤルする。

☎ NY→日本の場合

011	+	81	+	3	+	相手の番号

国際電話識別番号　日本の国番号　0をとった市外局番、携帯番号

☎ 日本→NYの場合

電話会社の識別番号*	+

010	+	1	+	212 718	+	相手の番号

国際電話識別番号　アメリカの国番号　NYの市外局番

*電話会社の識別番号は、KDDI=001、NTTコミュニケーションズ=0033、ソフトバンクテレコム=0061。マイラインの国際区分に登録している場合や携帯電話からかける場合は不要。KDDIは国際電話識別番号は不要

☎ NY→NYの場合

市外局番、相手の番号の順番にダイヤルする。マンハッタンの市外局番は「212」、ブルックリンやクイーンズの市外局番は「718」。

📱 **アプリを利用すれば無料で通話が可能**
携帯電話同士でやりとりをするなら、「Messenger」や「LINE」などの無料通話アプリを使おう！　ネット接続が可能であれば、現地でもかなり活用できる。

ネット接続がしたい！

BEST ANSWER

使う頻度で方法を選ぼう

Wi-Fiを利用するなら、ネット接続が可能なエリアまで足を運ぶか、あるいはルーターをレンタルする手も。使う頻度で選択しよう。

手段1　街なかの無料Wi-Fi

地下鉄はほぼ全駅。また、ショッピングセンター、デパート、カフェなどは無料でWi-Fiを提供していることも。その場を離れなければ使い放題なので、必要になったら駆け込もう。

無料Wi-Fiがある主な公共スペース
ブライアント・パーク／セントラルパーク（一部）／タイムズスクエア／スターバックス・コーヒー／マクドナルド／アップルストア／地下鉄のほぼ全駅など

手段2　ホテルの無線LAN

ホテルのロビーや客室では、使用可能な場合が多い。ただし有料の場合もあるので確認を。

手段3　ルーターをレンタル

一日中ネットを使いたいなら、ルーターを借りるのが手っとり早い。レンタルは1日単位でも可能。

グローバルWiFi
世界200以上の国と地域で使えるモバイルWi-Fiルーターを貸し出す。パケット定額制でNYは1日970円～。
☎0120-510-670
townwifi.com

羽田空港内のカウンター

郵便を送りたい！

切手購入は郵便局や
ホテルのフロントで

手紙を送る場合、切手は郵便局やホテルのフロントで購入可。郵便局や街なかに設置された青いポストに投函。1週間弱で日本に届く。宛名はJAPANとAIR MAILの記載があれば、あとは日本語で書いてOK。定形ハガキ$1.30。

便利なアプリが
知りたい！

レストランの予約や
路線検索にも使える

さまざまな手続きがあるので、日本でダウンロードしておこう。配車アプリも使える（P.15）。

RESY
ティファニーのカフェ、ブルー・ボックス・カフェをはじめ、やや高級なレストランの検索・予約ができる。

Yelp
日本でいうところの「食べログ」のようなサイトのアプリ。クチコミによる評価でレストランを探せるので便利。

MYmta
NYの地下鉄とバスを運営するMTAの公式路線検索アプリ。行きたい場所を入力すれば行き方を教えてくれる。

AMNH NYC
アメリカ自然史博物館のアプリ。事前にダウンロードしておけば、オーディオガイド代わりに館内案内もしてくれる。

トイレに行きたい！

不便なトイレ事情。
早めの行動がおすすめ！

公衆トイレは少なく、あっても使用しないほうがよい。デパートや高級ホテルのロビーなどで利用を。長蛇の列になっていることも多い。

水が飲みたい！

水道水もOKだけど
購入したほうがいい

NYの水道水は飲んでもOKだが、硬水のため、軟水の日本の水道水とは少し味が異なる。市販の水を購入するほうがいい。

種類も豊富！

ドラッグストアのほか、スーパーや飲食店で手に入るミネラルウォーター。NY産などもあり種類も豊富だ。

日本から持ってきた
電化製品を使いたい！

変圧器はあるとベター

電圧は110〜120V。短時間なら日本製品を使っても大丈夫だが、気になる人は変圧器を。

コンセントについて

コンセントは穴が3つあるAタイプ。日本よりやや電圧が高い。

日本語のフリーペーパーや
テレビを見たい

日系書店や日系レストラン
へ行ってみて

現地メディアに触れるのも旅ならではの楽しみ！　日本語放送があるのは下記のとおり。フリーペーパーやホテルのテレビを使おう。

おすすめ　**NYジャピオン**
フリーペーパー　NYの旬な話題を掲載。毎週金曜日発行。

週刊NY生活
アメリカ生活に必要な情報を掲載。月4回金曜日発行。

おすすめ　**FCI News Catch!（フジテレビ）**
TV　平日7:00〜8:00に放送される情報番組。

テレビジャパン
毎日24時間放送の日本語チャンネル。

日本語のフリーペーパーは、日系の書店や日系レストランなどで手に入る。どこよりも早いNY最新情報が日本語で読める。

旅には予期しないアクシデントはつきもの。もちろんトラブルはないのがベストだけど、万が一起こったときのために、対処法を学んでおくべき！

 ケガをしてしまった！

 なくし物をした！

BEST ANSWER 保険に入っているなら直ちに保険会社に連絡

病院を利用する場合、まずは加入している保険会社に連絡をする。指定の病院で診断を受けたあと、必要な書類をもらうことを忘れずに。

BEST ANSWER なくした物によって適切な連絡先へ報告

紛失物は内容によって異なるが、原則は警察署に被害届を出して、「盗難・紛失証明書」を発行してもらう。盗難時も同じ。

手段 ＊海外旅行保険に加入している場合

万が一の病気＆ケガを考えると、やはり保険には加入しておくべき。保険会社によって手続きが異なる場合があるので、事前にHPやもらった冊子を確認しておこう。

① **保険会社に連絡**
加入した旅行会社のサポートデスクに連絡。そして、旅行会社指定の病院で診察の予約を受ける。先に病院へ行ってしまった場合も、早急に連絡を入れること。

② **病院に行き治療を受ける**
病院の窓口では保険契約書を見せ、保険会社に請求してほしい旨を伝える。病院側には、保険会社の書類に必要事項を記入してもらうのを忘れないこと。

③ **支払いを済ませる**
受診料自体は保険会社に請求されるので、支払いは不要。病院の指示で薬を購入する場合は、自費で支払いをして、後日保険会社に請求する。

④ **保険会社に必要書類を提出する**
領収書、診断書など、必要な書類を一式揃えて保険会社に提出する。書類がきちんと揃っていないと、保険金がおりないこともあるので注意すること。

保険未加入の場合は…

保険に入っていない場合は、病院に直接連絡を入れて、同じように受診する。ただし、全額自己負担となってしまう。

旅行者がかかりやすい病気

時差や旅の疲れから、風邪をひくことが多い。また、慣れない環境とアメリカの重たい料理で胃痛を起こすことも。日本から常備薬を持参することをおすすめする。

NYの薬局事情

薬は医師の処方箋がないと購入できない。ただし、街なかのドラッグストアには、解熱剤や整腸剤、鎮痛剤など、処方箋なしで手に入る一般薬は揃っている。

パスポート

まずは警察に届けて盗難・紛失証明書（ポリス・レポート）を発行してもらう。その証明書や紛失届、身分証明書などを持参して日本国総領事館へ。もし、旅行中などで数日後に日本へ帰国しなければいけない場合は、帰国のための渡航書を交付してもらう必要がある。

万が一に備えて…
名前と写真が記載されているページをコピー。パスポート用の写真2枚と戸籍謄本を1通用意しておくと安心だ。

カード（クレジット・デビット・プリペイド）

カード発行金融機関へすぐに連絡して、カード利用停止にしてもらおう。万が一カードを不正利用されても、カード発行金融機関が定める条件を満たせば、不正利用請求分については、カード所有者は支払い責任を負わなくてもよい。条件等は、カード発行金融機関に問い合わせを。

万が一に備えて…
カード発行金融機関の連絡先、カードの番号と有効期限をどこか安全な場所に控えておく。また、紛失・盗難に備えて、カードは違う場所に複数所持しよう。

航空券

近年は各航空会社いずれも、e-チケットを導入している。そのため万が一プリントの控えを紛失しても航空会社に問い合わせればよい。

現金・貴重品

警察や日本国総領事館に届けて盗難・紛失証明書を発行してもらう。帰国後、保険会社へ保険の請求を行う。ただし、すぐに見つからなければ、残念だがあきらめるのが賢明だ。また、スマホの紛失も注意。

万が一に備えて…
現金は、複数の場所に分けて所持したり、少額にしてクレジットカードを中心に使用しよう。

盗難にあった…！

BEST ANSWER

流れは紛失時と同じ

残念ながら、コロナの影響で治安が悪化しているNY。スリや置き引きなど盗難にあってしまった際の速やかな対処はもちろん、狙われることがないよう、常に警戒しておこう。

CASE1

ホテルに置いていた貴重品が失くなっていた

客に混ざって犯罪を企む人間もいる。部屋に鍵をかけているからと安心しないこと。貴重品はセーフティボックスに入れるか、最低でも人目につかない場所にしまうこと。

CASE2

ホテルのレセプションで荷物が盗まれた

ちょっと荷物から目を離した際に、盗まれてしまうということも。重い荷物だからといって、そのまま置きっぱなしにして違う場所に行くようなことはしないように。

CASE3

夜、ホテル近くのスーパーに行く途中で強盗に遭った

たとえわずかな距離だとしても、夜中にホテルの外を出歩くのは避けたい。また大通りから1本外れた路地に入るだけで危険度が一気に高まる。なるべく明るい道を歩こう。

CASE4

街中で引ったくりに遭った

混雑している場所でわざとぶつかってきて狙うケースも。車やバイクに乗った引ったくり犯もいる。また、地下鉄のドアが閉まる直前に手にしていたスマホを引ったくられることも。

危

盗難ではないけれど街なかのこんな人や場所に注意！

●キャラクター
おもにタイムズスクエアに出没。記念に一緒に写真をと声をかけてきて、撮影後、高額な金額を請求される。さまざまな理由をつけて高い料金を言ってくるので、はじめから関わらないほうがいい。

●気をつけたい場所
・早朝や深夜のセントラルパーク
・125丁目以外のハーレム
・ブルックリンの路地裏

お役立ち☎リスト

旅先で困ったときに使えるイエローページ。
緊急時も、焦らずに落ち着いて連絡しよう。

- -

緊急

警察・消防・救急	☎911
警察（緊急時以外）	☎311
日本国総領事館	☎1-212-371-8222

病院

東京海上記念診療所	☎1-212-889-2119
安心メディカル	☎1-212-730-9010
ジャパニーズメディカルケア	
	☎1-212-365-5066

カード会社の緊急連絡先

Visaカード	Free 1-866-670-0955
JCBカード	Free 1-800-606-8871
Amex	Free 1-800-766-0106
ダイナースクラブ	☎81-3-6770-2796
NICOSカード	Free 1-800-665-1703
MasterCard（英語）	Free 1-800-307-7309

※最初にJapanese speaker please.と言えば日本語オペレーターにつながる。

保険会社の緊急連絡先

三井住友海上火災保険	Free 1-833-835-0380
東京海上日動火災保険	Free 1-800-446-5571
AIG損保	Free 1-800-8740-119
Chubb損害保険	Free 1-877-213-1913

交通

ジョン・F・ケネディ国際空港	
	☎1-718-244-4444
ニューアーク・リバティ国際空港	
	☎1-973-961-6000
ラガーディア空港	☎1-718-533-3400
MTAカスタマーセンター	☎511

快適で楽しい
ハレ旅を！

ハレ旅INDEX

219

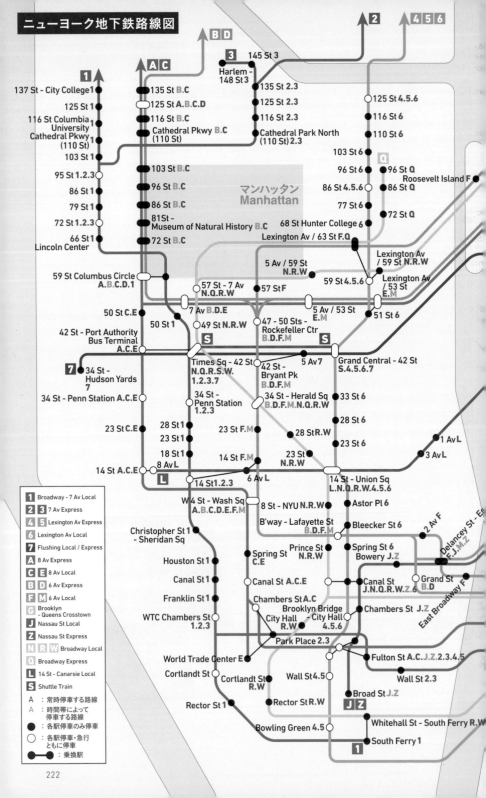

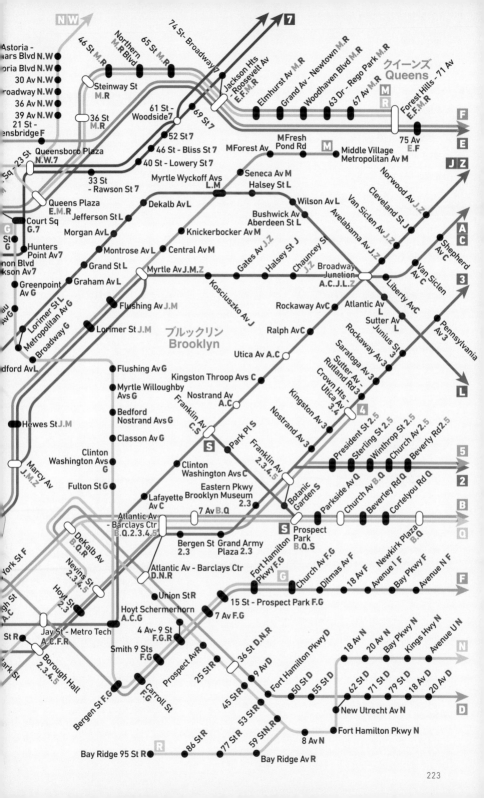

STAFF

編集制作
山田あやか　田中美弥子　きとうふみこ　芦野政吉
山内友美　青木加奈　池田俊（RUSH）　升本久美

執筆
海心珠　吉村理乃　田中美弥子
山田あやか　池田俊

撮影　葦原チャコ　夏野うた子　海心珠

現地コーディネート　葦原チャコ

表紙デザイン　菅谷真理子＋髙橋朱里（マルサンカク）

本文デザイン
今井千恵子　大田幸奈、濱﨑美穂（Róndine）
菅谷真理子＋髙橋朱里（マルサンカク）
石嶋弘幸　鈴木勝　渡部沙椰加（フォルム）

表紙イラスト　大川久志　ナカオテッペイ

本文イラスト　榎本直哉　細田すみか

マンガ　おたぐち

図版制作　岡本倫幸

地図制作　s-map

組版・印刷　大日本印刷株式会社

企画・編集　清永愛　白方美樹（朝日新聞出版）

ハレ旅　ニューヨーク

2023年7月30日　改訂3版第1刷発行

編　著　朝日新聞出版

発行者　片桐圭子

発行所　朝日新聞出版
　　　　〒104-8011　東京都中央区築地5-3-2
　　　　（お問い合わせ）infojitsuyo@asahi.com

印刷所　大日本印刷株式会社